新经典高等学校西班牙语专业高年级系列教材

总主编　郑书九

Manual de economía y comercio internacional

国际经贸教程

李紫莹　王子刚 ◎ 主　编

外语教学与研究出版社
北京

图书在版编目（CIP）数据

国际经贸教程 / 李紫莹，王子刚主编．-- 北京 ：外语教学与研究出版社，2021.5

新经典高等学校西班牙语专业高年级系列教材 / 郑书九总主编

ISBN 978-7-5213-2617-8

Ⅰ．①国… Ⅱ．①李… ②王… Ⅲ．①国际贸易－西班牙语－高等学校－教材 Ⅳ．①F74

中国版本图书馆 CIP 数据核字（2021）第 090689 号

出 版 人　徐建忠
责任编辑　李　丹
责任校对　李欣欣
封面设计　水长流文化
出版发行　外语教学与研究出版社
社　　址　北京市西三环北路 19 号（100089）
网　　址　http://www.fltrp.com
印　　刷　北京虎彩文化传播有限公司
开　　本　787×1092　1/16
印　　张　17.5
版　　次　2021 年 5 月第 1 版　2021 年 5 月第 1 次印刷
书　　号　ISBN 978-7-5213-2617-8
定　　价　56.00 元

购书咨询：（010）88819926　电子邮箱：club@fltrp.com
外研书店：https://waiyants.tmall.com
凡印刷、装订质量问题，请联系我社印制部
联系电话：（010）61207896　电子邮箱：zhijian@fltrp.com
凡侵权、盗版书籍线索，请联系我社法律事务部
举报电话：（010）88817519　电子邮箱：banquan@fltrp.com
物料号：326170001

↘ 总 序

西班牙语是联合国6种工作语言之一，同时也是世界其他主要国际组织使用的正式语言之一。据西班牙塞万提斯学院2018年统计，全世界约有5.77亿人讲西班牙语，其中把它作为母语的人口约为4.8亿；西班牙语人口呈增长趋势，预计到2050年约占世界总人口的7.7%；以西班牙语作为外语学习或作为第二外语使用的人数超过2,100万，在世界各语种中名列前茅。这些数据表明西班牙语在世界的影响及所发挥的作用不可小觑。

目前，全世界以西班牙语为官方语言的国家和地区共计21个，其中，除西班牙本土和赤道几内亚外，余下19个国家和地区集中在拉丁美洲与加勒比海地区。进入21世纪后我国经济快速发展，对外投资增长迅速，我国对拉丁美洲的投资仅次于对亚洲的投资，居我国对外投资第二位。无论是中国对拉美的贸易及投资的发展，还是同拉美西语国家的文化交流，都有赖于更多西班牙语人才的培养。

新中国成立后的1952年，在时任政务院总理周恩来的关心及直接批示下，外国语学校（北京外国语大学前身）创立了西班牙语专业。但是，在此之后我国的西班牙语教育发展缓慢，平均每四年新增一所开设西语专业的院校。截至1999年全国仅有12所院校开设西班牙语专业，在校生总数约500人。

进入21世纪后，我国高校的西班牙语专业呈"井喷式"的发展态势，2000—2020年间新开设西班牙语专业的院校达88所，平均每年约有四所院校新开设西语专业。2020年开设西班牙语专业的院校已达100所，在校生人数大约为20,000—22,000人，是1999年在校生总数的40—44倍。

我在《全国高等院校西班牙语教育研究》一书的绪论《高等院校西班牙语教育的机遇、挑战与对策》中指出，进入21世纪后的十余年间是我国西班牙语教育规模快速发展的时期，与此同时，我国高校的西班牙语教育也面临着一系列严峻的问题与挑战：缺乏宏观、科学、合理、与社会高速发展形势相适应的整体规划与布局，基本处于无序、自发的发展状态；教学内容和教学方法陈旧，跟不上国际外语教育的发展；课程设置仍然沿袭传统的教学思路，缺乏创新，各校大同小异，缺乏宏观、有区别、有特色、与社会高速发展形势相适应的整体构思；合格师资数量匮乏，教师学术水平及教学质量堪忧；西语四级、八级水平测试缺乏系统、科学的研究与指导；对于西语专业学生的学习动机、学习习惯、自我评估等相关性研究以及对于用人单位对学生的评价和需求等方面的研究基本空白；缺少完整、系统、科学、具有改革思路、与信息社会发展相适应的西班牙语系列教材。

新中国开设西班牙语专业至今有近70年的历史，但是始终没有一套完整的、成体系的教材。近十年来外语教学与研究出版社（以下简称“外研社”）等出版社开始重视高校西班牙语专业教材的编写与出版工作，截至2016年基础阶段的教材（如精读、泛读、听力等）已经基本落实，但是高年级课程教材的缺口仍然较大。在这种情况下，全面规划、系统设计、保质保量地编写出一套高年级教材，成为西班牙语教育界急需做的事情。

2017年春我向外研社综合语种出版分社（现综合语种教育出版分社，以下简称“综语分社”）领导及西葡意语部主任建议，希望外研社抓紧时间，编写一套高校西班牙语专业高年级系列教材。综语分社领导邀我做该系列教材的总主编。我深知此事的艰难，本无意担当此任，但最后还是被“逼上梁山”，做了这套“新经典高等学校西班牙语专业高年级系列教材”（以下简称“新经典系列教材”）的总主编。我之所以接受邀约，就是想踏踏实实地将这套教材编好，也算作在西语界摸爬滚打一辈子的老教师对我国西班牙语教育发展做的最后一点贡献。

我与外研社一起，对“新经典系列教材”做了统筹考虑。我们坚持“开放式”的理念，秉承创新精神，不断开发新选题，扩展并深化该系列。这套教材基本上以西班牙语编写（翻译类除外），大致规划了以下几个板块：语言学板块（包括语言学导论等），文学板块（包括西班牙文学及拉丁美洲文学），语言对象国文化板块（包括西班牙文化及拉丁美洲文化），翻译板块（包括西译中、中译西及口译等），国际贸易板块，中国文化板块（包括中国旅游与文化等）。

“中国文化走出去”不是一句空话，它不仅要求我们的学生学习、了解中国文化的精髓，还要学会如何将所学的知识用外语表述出来，这就需要我们用西班牙语编写一套适当的教材。陶玉平教授主编的《中国旅游与文化教程》是一个尝试，他的不同职业背景的优势以及他娴熟的西班牙语水平，使这部教材值得期待。我们希望通过中国文化板块教材的编写，使西班牙语专业的学生不但了解中国文化传统，还能够用西班牙语传承中国文化。我们也试图将一些行之有效的课堂教学理念引入教材的编写，如“翻转课堂教学模式”及“线上线下混合教学法”在《拉丁美洲文学教程》的编写中均有所体现。

“新经典系列教材”的编写者均为各门课程教学的长期实践者。我们组成了老中青结合、以中青年教师为主的编写班子。各卷主编中既有60—70岁的资深教授，也有30—40岁、学有专长并且有比较丰富教学经验的中青年教师。全国高校西班牙语专业以副教授职称被遴选为博士生导师的两位教师，均在本系列教材主编之列。

该系列教材的编写程序大致如下：根据每门课程的不同情况，我们将不同的教材设计为16—20个教学单元的教程；总主编、外研社西葡意语部主任及责任编辑与每卷主编反复探讨编写计划，提出教材的大致设想；每卷教材主编与合作者探讨编写的具体内容，提出每卷教材的目录；总主编在此基础上提出意见及建议，大家再次开会确定教材结构与具体内容；整体设计完成后，各卷主编及合作者编写出两个样章供讨论，总主编及责任编辑根据样章再提出具体修改意见。

在确定每部教材的整体内容后，外研社负责设计版式，编写者依照相关格式正式开始编写工作。所有教材在提交定稿前，要请外国专家对语言表述进行认真修改。每卷教材提交定稿后，总主编还会再选取一两个单元审看，并提出修改意见或建议。再次修改后的稿子由外研社正式发排，一校稿由编者及外研社另外邀请的外国专家最后审订。该系列教材实行主编负责制。我们坚持整套教材质量第一，达不到质量要求的书稿坚决不能进入这个系列。

我们衷心希望，该系列教材的编写出版能够对我国高校西班牙语专业高年级课程体系与教材建设发挥积极的推动作用。

郑书九

2020年6月1日于北外西院塔楼

↘前言

我国的经贸西班牙语教材起步较晚，它是随着国家改革开放的不断发展和与西班牙语国家经贸往来的日益增多应运而生的。最早的经贸西班牙语教材出版于20世纪90年代，主题为贸易活动中的会见与简单谈判口语。之后我国又陆续出版了一些经贸文章阅读和经贸应用文写作教材，这些教材基本围绕贸易实务中的往来函电、贸易术语和简单的合同文本展开，还包括部分经贸类报刊文章的阅读理解。它们都对我国高校经贸方向西班牙语专业教学和相关领域专业人才培养起到了非常重要的作用。

新世纪开始以来，随着国家经济的长足发展，中国已经成为世界第二大经济体，特别是自2014年起，中国成为了资本净输出国，对外经贸合作全面深化。在传统的贸易合作之外，我们的对外直接投资迅猛增长，国际金融合作日益密切，电子商务和数字支付水平领先全球并向海外输出。然而，中国企业"走出去"的同时面临着对象国风险问题，全球化和区域一体化在新的时代有了新的内涵，也面临着新的挑战。所有这些实际经济活动和对外交往中的新内容、新变化对高校经贸西班牙语课程教学提出了更高的要求，业界急需一本能够涵盖更广泛的经贸合作内容、采用更全面合理的结构、拥有更广阔视野和更前沿视角的新教材——这正是我们编写这本《国际经贸教程》的初衷。

基于上述考虑，我们在教材的结构上下了一番功夫，数易其稿，最终将这本《国际经贸教程》呈现在大家面前。本教程共计八单元二十课，每单元各有侧重，但在内容上又互相关联：第一单元介绍了经贸全球化的总体时代背景；第二、三单元分别围绕对外贸易和境外投资进行展开；第四、五单元对经贸活动的重要载体——企业的相关实用性知识及其在国际贸易中的实践活动进行了介绍；第六单元重点介绍了数字商务的基本概念和相关知识；第七、八单元中我们重回全球视角，对国际金融合作、国家信用评级和投资风险进行了讲解。这八个单元整体上深入浅出，前后呼应，共同构成了一个有机的经贸知识框架。本教程在广度上力求基本覆盖当今西班牙语专业学生可能接触到的经贸领域专业知识，在深度上则注重知识的实践性，避免过多深奥的经济学理论，力求让学生"学得懂，用得了"。

每节课中的知识板块（Conocimientos）、课文板块（Textos）和练习板块（Actividades）是教学目标达成的主体部分，需要教师精讲，要求学生掌握；专业贴士板块（Etiquetas específicas）和补充阅读板块（Lecturas complementarias）是拓展部分，各校教师可根据学生是否学有余力和课时安排有选择性地进行讲授。从编者角度而言，我们为学生的能力拓展提供了可能。

随着国家经济实力的不断增强，我国的对外经济合作发展也不断涌现出新形势和新课题。我们既希望这本教材能够应对新时代的新情况，在一段时间内满足为国家培养合格的专业人才的需求，也希望它能够起到抛砖引玉的作用，为我国高校经贸方向西班牙语专业教材的建设添砖加瓦，并提供一个阶段性的新模式。

鉴于编者水平有限，错漏在所难免，敬请读者指正。

编　者

2020年5月于京西

编者：

李紫莹：法学博士，教授，博士生导师，北京外国语大学区域与全球治理高等研究院副院长、西葡语学院副院长（兼）。主要学术方向为拉美政治、拉美国际关系、拉美区域国别方向和经贸西班牙语教学研究。

王子刚：经济学博士，硕士生导师，对外经济贸易大学西班牙语系教师。博士毕业于西班牙巴塞罗那自治大学跨文化研究专业，研究方向为东亚经济。

↘ 目录

UNIDAD 1

GLOBALIZACIÓN Y ORGANIZACIONES INTERNACIONALES
全球化和国际组织 1

Lección 1 Globalización e integración regional 2

Lección 2 Globalización con características chinas 14

Lección 3 Tratado de libre comercio 25

UNIDAD 2

COMERCIO EXTERIOR
对外贸易 36

Lección 1 Comercio de mercancías y servicios 37

Lección 2 Términos comerciales y formas de pago 50

Lección 3 Barreras comerciales y antidumping 63

UNIDAD 3

INVERSIÓN EN EL EXTRANJERO
境外投资 76

Lección 1 Formas de inversión extranjera 77

Lección 2 Adquisición de activos tangibles e intangibles 89

UNIDAD 4

ADMINISTRACIÓN EMPRESARIAL
企业管理 102

Lección 1 Creación de empresa y su proceso 103

Lección 2 Administración financiera de empresa 116

Lección 3 Impuestos que paga una empresa 128

UNIDAD 5

LICITACIÓN INTERNACIONAL
国际招投标 139

Lección 1 Anuncio y modelo de Pliegos de Licitación 140

Lección 2 Carta Proposición 153

Lección 3 Garantías 165

UNIDAD 6 NEGOCIOS DIGITALES
数字商务 ······ 178
Lección 1 La economía digital ······ 179
Lección 2 Comercio electrónico ······ 191

UNIDAD 7 INSTITUCIONES FINANCIERAS Y COOPERACIONES INTERNACIONALES
国际金融机构与国际金融合作 ······ 202
Lección 1 Instituciones financieras internacionales ······ 203
Lección 2 Cooperaciones financieras internacionales ······ 216

UNIDAD 8 CALIFICACIONES CREDITICIAS Y RIESGO PAÍS
信用评级与国家风险 ······ 229
Lección 1 Calificaciones crediticias ······ 230
Lección 2 Riesgo país ······ 242

CLAVE ······ 255

UNIDAD 1

GLOBALIZACIÓN Y ORGANIZACIONES INTERNACIONALES

全球化和国际组织

- ↘ **Lección 1　Globalización e integración regional**
- ↘ **Lección 2　Globalización con características chinas**
- ↘ **Lección 3　Tratado de libre comercio**

全球化是20世纪80年代以来在世界范围日益凸现的新现象，是当今时代的基本特征。在这一背景下，新的经济与政治现象不断涌现，并与全球化紧密相关、相互作用，共同构成了当今复杂和多元的世界格局。

本单元分为三课：第一课我们将学习与全球化和区域一体化相关的基本概念，建立宏观的当代经贸知识框架；第二课我们将学习具有中国特色的全球化进程，了解中国是如何参与到全球化当中以及如何在其中发挥作用；第三课我们将对全球化的重要新趋势之一——自由贸易协定进行专项学习，了解全球化的体现形式。

通过这一单元的学习，同学们将对“全球化”这一主题及其相关概念、现象和组织建立基本认识，为之后的学习打下基础。

Lección 1 Globalización e integración regional

Conocimientos

I. Definición y características

La globalización es un proceso económico, tecnológico, político, social, empresarial y cultural a escala mundial que consiste en la creciente comunicación e interdependencia entre los distintos países del mundo, uniendo sus mercados, sociedades y culturas. La globalización es a menudo identificada como un proceso dinámico producido principalmente por la sociedad, y que ha abierto sus puertas a la revolución informática y que ha llegado a un nivel considerable de liberalización y democratización en su cultura política, en su ordenamiento jurídico y económico nacional, y en sus relaciones nacionales e internacionales.

Aunque en el ámbito académico se considera que la globalización moderna tiene su inicio a finales del siglo XX y principios del siglo XXI, se suele señalar que comenzó con la llegada de Colón a América en el siglo XV y el consecuente proceso de colonización por parte de las potencias europeas alrededor del mundo. Este proceso se acentúo a partir de la Revolución Industrial del siglo XIX.①

Las características claves y más importantes de la globalización moderna son las siguientes: libre comercio, industrialización, internacionalización del sistema financiero mundial, globalización económica, conectividad y telecomunicaciones, movilidad migratoria y formación de nuevo orden mundial.

II. Impactos de la globalización

– Impactos sobre la economía

La apertura de los mercados de bienes y capitales supone el fin de las barreras comerciales y la facilidad de resolución de necesidades económicas que los actores locales no habían conseguido satisfacer. La globalización facilita las transacciones financieras y la expansión de los negocios, que se encontraban limitados por el mercado interno, hacia los mercados

① 关于全球化时期的划分学界存在着不同观点。大体上我们可将其分为三个阶段：第一阶段是由殖民方式推动的全球化，第二阶段则是二战之后以国际贸易作为动力的全球化，第三阶段则是今天以全球资源配置为主的全球化。

distantes y mercados emergentes.

La globalización ha sido importante en la lucha contra la **inflación**① y en la entrada de productos importados, algo que ayuda mucho a la economía y que posibilita al consumidor acceder a los productos importados de mejor calidad y más baratos. La globalización, además, atrae inversiones de otros países, trae desarrollo tecnológico, mejora las relaciones con otros países, potencia el comercio internacional y abre las puertas a las diferentes culturas.

Pero también conlleva inconvenientes como la devaluación de la cultura nacional de los países, la explotación de algunos recursos como la mano de obra barata y las materias primas de países más pobres, además de la concentración de la riqueza. La mayoría se queda en los países desarrollados y solo el 25% de las inversiones internacionales van a las naciones en desarrollo, lo que hace que el número de personas que viven en pobreza extrema aumente. Algunos economistas sostienen que en las últimas décadas, la globalización y la revolución científica y tecnológica son las principales causas del aumento del desempleo.

– Impactos sobre la política

El proceso de globalización social y sus efectos están estrechamente relacionados también con la política. Todo esto es debido a que globalizar la economía ha generado interconexión, interdependencia e interrelación entre los estados del planeta de manera muy rápida, haciendo que se construya una sociedad global en la que cada vez las fronteras entre los países son más borrosas. En este sentido, los impactos que trae pueden ser los siguientes:

Poder descentralizado: los países firmantes de los bloques ceden parte del poder de regulación dentro del territorio a los organismos multinacionales.

Cooperación internacional: problemáticas como el calentamiento global, la hambruna entre otros, requieren la cooperación de la mayor cantidad de países para resolverlos.

Soluciones diplomáticas: los organismos establecidos como consecuencia lógica de la globalización política, impulsan las soluciones diplomáticas entre los países en conflicto lo que ayuda a su solución.

Regulación militar: las políticas y legislaciones globales también contemplan la regulación de uso y desarrollo de armamento por parte de los Gobiernos, también regulan las actividades militares intervencionistas.

Justicia: la creación de tribunales internacionales es otro factor de la globalización política. Estas instancias judiciales buscan aplicar justicia en casos de genocidio, conflictos territoriales internacionales o crímenes de guerra. Se consigue reducir las injusticias jurídicas.

---

① inflación: 通货膨胀。deflación: 通货紧缩。

III. Integración regional

Teniendo en cuenta que integrar es armar un todo, uniendo distintas partes, a partir de allí no es difícil de entender la integración regional. Esta se refiere a la formación de una unidad o un bloque político-económico y también, en ciertos casos, social, cultural y ambiental, que esté constituido por unidades político-económicas menores (países) vecinas entre sí, con el fin de lograr juntos mayor fuerza competitiva, más rendimiento en sus operaciones, cooperación y solidaridad, minimizando riesgos y fijándose metas compartidas.

En general, la integración regional implica la eliminación de impuestos aduaneros, fijación de aranceles comunes para productos provenientes de otros estados que no integren el mismo bloque. Algunos tienen libre circulación de personas, y en el caso de la Unión Europea, una moneda única, un Parlamento, un Consejo y un Tribunal de Justicia.

Textos

GLOBALIZACIÓN EN EL SIGLO XV Y XVI

La globalización de los siglos XV y XVI, a veces conocida como **protoglobalización**[①], estuvo caracterizada por el surgimiento de los imperios navales europeos, en los siglos XVI y XVII, primero los imperios portugués y español, luego los imperios holandés y británico. En el siglo XVII, la globalización se volvió un fenómeno que también afectaba a las empresas privadas cuando compañías constituidas como la Compañía Británica de las Indias Orientales (fundada en 1600), descrita con frecuencia como la primera corporación multinacional, y la Compañía Neerlandesa de las Indias Orientales (fundada en 1602) se establecieron.

La **Era de los Descubrimientos**[②]trajo un extenso cambio en la globalización del mundo, siendo el primer periodo en el cual Eurasia y África atrajeron un intercambio cultural, material y biológico con el **Nuevo Mundo**[③]. Se inició a finales del siglo XV, cuando los dos Reinos de la Península Ibérica —Portugal y **Castilla**[④]— enviaron los primeros viajes de exploración por

---

① protoglobalización: 原始全球化（或早期现代全球化）。它是全球化历史中的一个时期，大约从1600年起至1800年止，指在19世纪所谓的“现代全球化”出现之前贸易联系和文化交流日益加深的时期。

② Era de los Descubrimientos: 地理大发现。指15世纪到17世纪之间，欧洲的船队出现在世界各处的海洋上，寻找着新的贸易路线和贸易伙伴，以发展欧洲新生的资本主义。在这些远洋探索中，欧洲人发现了许多当时在欧洲不为人知的国家与地区。

③ Nuevo Mundo: 即“新大陆”。是欧洲人于15世纪末发现美洲大陆及其邻近群岛后对这片土地的称呼。

④ Castilla: 指卡斯蒂利亚联合王国（Corona de Castilla）。它是伊比利亚半岛上的复合君主国，形成于中世纪时期的1230年，由费尔南多三世继承了卡斯蒂利亚王国、托莱多王国、莱昂王国和加利西亚王国的王位而产生。1469年，卡斯蒂利亚联合王国和阿拉贡联合王国又形成共主邦联，由天主教双王联合统治。1516年，哈布斯堡的继承人、神圣罗马帝国皇帝查理五世（西班牙的查理一世）同时继承了这两个王位。

el Cabo de Buena Esperanza y de las Américas, "descubierto" en 1492 por Cristóbal Colón. Poco antes de la vuelta del siglo XVI, los portugueses comenzaron a establecer puestos de comercio (fábricas) desde África a Asia y Brasil, para hacer frente a la comercialización de productos locales como el oro, las **especias**① y la madera, iniciando un centro internacional de negocios bajo el monopolio real: la **Casa de Contratación de Indias**②.

La integración mundial continuó con la colonización europea de las Américas iniciando el llamado "**intercambio colombino**③" con América, un gran generalizado intercambio de plantas, animales, alimentos, poblaciones humanas (incluidos los esclavos), enfermedades transmisibles y de cultura entre los hemisferios Oriental y Occidental. Fue uno de los eventos mundiales más importantes de la historia en relación con la ecología, la agricultura y la cultura. Nuevos cultivos llegados de las Américas a través de los navegantes europeos en el siglo XVI, contribuyeron significativamente al crecimiento de la población mundial.

INTERCAMBIO COMERCIAL ENTRE EUROPA Y AMÉRICA EN LA ÉPOCA COLONIAL

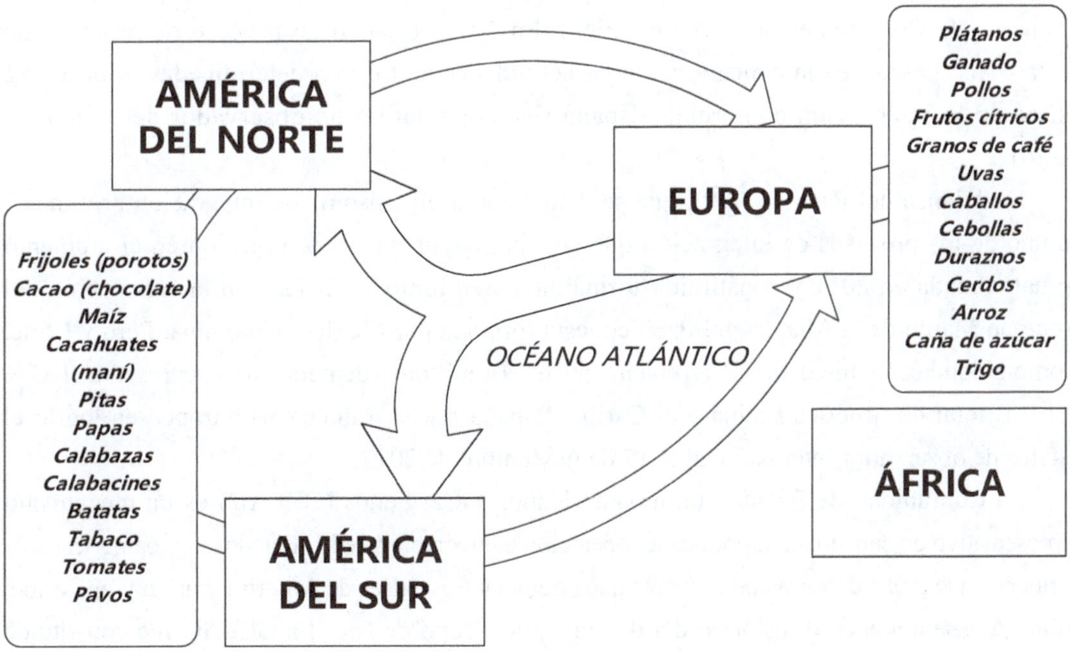

① especias: 香料，香辛料，例如胡椒、丁香、肉桂等。

② Casa de Contratación de Indias: 西印度交易所。创建于1503年，其作用是管理和促进西班牙与其海外殖民地的商贸及航海活动。

③ intercambio colombino: 哥伦布大交换。是一场东半球与西半球之间关于生物、农作物、人种（包括欧洲人与非洲人）、文化、传染病以及思想观念的突发性交流。

LOS PROCESOS DE INTEGRACIÓN EN AMÉRICA LATINA

Los procesos de integración en América Latina viven un renovado impulso político con avances en diferentes frentes y a distintas velocidades. En la actualidad, existen múltiples organizaciones regionales o subregionales de integración y concertación. El proceso de integración más reciente es la Alianza del Pacífico. Entre los organismos regionales se destacan MERCOSUR, CAN, la Alianza del Pacífico y CELAC.①

El Mercado Común del Sur (MERCOSUR) se constituye el 26 de marzo de 1991 por el Tratado de Asunción. Está integrado por Argentina, Brasil, Uruguay y Paraguay. En la Cumbre de Brasilia de diciembre de 2012, Bolivia firma el Protocolo de Adhesión. MERCOSUR aglutina el 75 por ciento del **Producto Interno Bruto (PIB)**② de América del Sur.

La Comunidad Andina de Naciones (CAN) está integrada por Bolivia, Colombia, Ecuador y Perú y construye el proceso de integración más antiguo de la región (Se inicia en 1969). El gran logro de la CAN ha sido la creación de una Zona de Libre Comercio que se completó en enero de 2006. En 2004, se firmó un Acuerdo de Libre Comercio CAN-Mercosur (Acuerdo de Complementación Económica). En 2013 se lanzó un proceso de refundación de la CAN, basado en la concentración de actividades en torno a determinadas prioridades, así como la integración comercial. España tiene el estatuto de observador desde agosto de 2011.

La Alianza del Pacífico (AP), que se define como organismo "de integración profunda", es uno de los procesos de integración que concita mayor interés y atracción en el momento actual. Creada en 2011 y constituida formalmente en junio de 2012, con la suscripción del Acuerdo Marco de la Alianza del Pacífico, está formada por México, Colombia, Perú y Chile. Como bloque económico, la AP agrupa a más de 214 millones de personas y representa el 37% del PIB total de América Latina y el Caribe. España fue el primer país europeo en lograr el estatus de observador internacional el 17 de noviembre de 2012.

La Comunidad de Estados Latinoamericanos y Caribeños (CELAC) es un mecanismo representativo de concertación política, cooperación e integración de los Estados latinoamericanos y caribeños que reúne de forma permanente a los treinta y tres países de América Latina y el Caribe, sobre la base del acervo histórico del denominado Grupo de Río. La CELAC fue constituida en diciembre de 2011, en la Cumbre de América Latina y el Caribe celebrada en Caracas. Por

① 部分区域一体化组织名称：
- Comunidad Económica Europea (CEE): 欧洲经济共同体。
- Unión Europea (UE): 欧盟。
- Mercado Común del Sur (MERCOSUR): 南方共同市场。
- Comunidad Andina (CAN): 安第斯共同体。
- Alianza del Pacífico (AP): 太平洋联盟。

② Producto Interno Bruto (PIB): 国内生产总值。是指按市场价格计算的一个国家（或地区）所有常驻单位在一定时期内生产活动的最终成果，常被公认为衡量国家经济状况的最佳指标。（PIB es un indicador económico que refleja el valor monetario de todos los bienes y servicios finales producidos por un país en un determinado periodo de tiempo, normalmente un año. Se utiliza para medir la riqueza de un país.）

deseo expreso de sus miembros, carece de órganos administrativos; las decisiones se adoptan por consenso y la instancia suprema es la Cumbre de jefes de Estado y de Gobierno que se reúne anualmente en el país que ejerce la **Presidencia Pro Témpore (PPT)**①.

LA UNIÓN EUROPEA-INTEGRACIÓN REGIONAL DE EUROPA

La Unión Europea (UE) es una asociación económica y política única en su género y compuesta por 27 países europeos que abarcan juntos gran parte del continente.

La organización que se convertiría en la UE se creó en el periodo posterior a la Segunda Guerra Mundial. Sus primeros pasos consistieron en impulsar la cooperación económica con la idea de que, a medida que aumentara la interdependencia económica entre los países, disminuirían las posibilidades de conflicto.

En 1958 se creó, pues, la Comunidad Económica Europea (CEE), que en un principio establecía una cooperación económica cada vez más estrecha entre seis países: Alemania, Bélgica, Francia, Italia, Luxemburgo y los **Países Bajos**②.

Desde entonces se han unido a ellos otros 22 miembros, creando un enorme mercado único (también conocido como "mercado interior") que sigue avanzando hasta lograr todo su potencial.

Lo que comenzó como una unión meramente económica ha evolucionado hasta convertirse en una organización activa en todos los frentes políticos: desde el clima hasta el medio ambiente y desde la salud hasta las relaciones exteriores y la seguridad, pasando por la justicia y la migración. El cambio de nombre de Comunidad Económica Europea a Unión Europea, en 1993, no hizo sino reflejar esta transformación.

Actividades

I. Señala con "F" (Falsa) o "V" (Verdadera) las siguientes afirmaciones.

1. ( ) La globalización tiene su inicio en el siglo XXI.
2. ( ) Los movimientos internacionales de capital y de mano de obra son fenómenos de la globalización.
3. ( ) La globalización afecta particularmente a la política, tanto de los países grandes como de los países pequeños.

① Presidencia Pro Témpore (PPT): 轮值主席国。

② Países Bajos: 直译为"低地国家"，指荷兰本土。

4. ( ) Un objetivo de la integración regional es fortalecer la competitividad de la región.
5. ( ) En la actualidad, existen pocos ejemplos de integración regional.
6. ( ) En el siglo XV, los estadounidenses y anglosajones fueron promotores de la protoglobalización.
7. ( ) CELAC es un mecanismo integrado por Argentina, Brasil, Uruguay, Paraguay y Venezuela.
8. ( ) España, Argentina, Venezuela y Uruguay son los cuatro fundadores de la Alianza del Pacífico.
9. ( ) La Comunidad Económica Europea es antecedente de la Unión Europea.
10. ( ) La Unión Europea tiene ahora 28 miembros.

II. Indica cuáles son fenómenos de la globalización y cuáles no.

1. Aumento del comercio bilateral entre China y Argentina.
2. La crisis financiera tardó poco en expandirse por todo el mundo.
3. Se pueden encontrar a usuarios de Huawei en muchos países.
4. Se ven locales de comida rápida en todas las ciudades del mundo.
5. El Reino Unido decide salir de la UE.
6. El Gobierno de los Estados Unidos puede edificar un muro fronterizo con México.
7. El nacimiento de las redes sociales.
8. El euro entró en circulación el 1 de enero de 2002 en los 12 Estados de la Unión Europea.
9. La canción *Despacito* pasa a ser popular y conocida por todo el mundo.
10. Aumenta el número de los inmigrantes internacionales en los últimos años.

III. Rellena los espacios en blanco con palabras adecuadas.

1. El término "_________" se utiliza para describir una variedad de cambios _________, culturales, sociales y políticos que han dado forma al mundo en los últimos 50 años, desde la muy celebrada revolución de la tecnología de la información a la disminución de las fronteras nacionales y geopolíticas en cada vez mayor circulación _________ de bienes, servicios y capitales.
2. Cuando la gente critica los efectos de la globalización, suele referirse a la _________ económica. La _________ económica se produce cuando los países reducen los obstáculos, como los _________ de importación, y abren su economía a la inversión y al comercio con el resto del mundo. Los detractores se quejan de que las disparidades que se producen en el sistema comercial mundial de hoy perjudican a los países en desarrollo.
3. El impulso actual hacia la _________ regional ha sido influenciado por el éxito de la región de Asia Oriental y el Pacífico, donde el comercio intrarregional y las _________

al resto del mundo han aumentado significativamente los ingresos. A primera vista, esto sugiere que perseguir acuerdos políticos formales para fortalecer los lazos económicos dentro de la región podría impulsar el crecimiento en _________ y Caribe.

IV. Traduce al chino las siguientes oraciones.

1. Las bondades de la integración comercial, según los expertos, podrían ser clave para un futuro con crecimiento positivo y sostenible.
2. España figura en el decimoséptimo lugar de los países más globalizados del mundo, según el índice de 2017 publicado hoy por la Universidad Politécnica de Zúrich.
3. "Los países con niveles de renta más bajos son los principales beneficiados del proceso de liberalización de los intercambios comerciales internacionales ya que el mayor crecimiento y bienestar económico que está generando la globalización les permite converger más rápidamente con las economías más ricas."
4. La Alianza Bolivariana para los Pueblos de Nuestra América (ALBA) (美洲玻利瓦尔联盟) es una iniciativa promovida por Venezuela para la integración de los países de América Latina y el Caribe, basada en la solidaridad y en la complementariedad de las economías nacionales. Fue propuesta por el expresidente venezolano, Hugo Chávez.
5. La integración regional es un proceso multidimensional cuyas expresiones incluyen iniciativas de coordinación, cooperación, convergencia e integración profunda, y cuyo alcance abarca no solo las temáticas económicas y comerciales, sino también las políticas, sociales, culturales y ambientales.
6. Por primera vez, los distintos continentes estaban enlazados. Desde América llegaban a China nuevos alimentos —el maíz, el boniato— que sustentaron un aumento de la población. De Asia se importaban especias, sedas, porcelanas, productos de lujo de una calidad inencontrable en la acaudalada América hispana o en Europa. Ciudades como Manila o México se convertían en verdaderas metrópolis tal y como las concebimos hoy, con poblaciones y productos llegados de los distintos continentes.

V. Traduce al español las siguientes oraciones.

1. 16 世纪时，中国曾与西班牙共同引领了史上第一次全球化浪潮。
2. 欧盟是迄今为止一体化进程最快、范围最广、层次最高、成就最大的组织。
3. 全球化带来的负面影响也不容忽视，比如它增大了各国经济运行的风险。
4. 全球化的日益发展是直接关系到世界经济发展前景的重要因素之一。
5. 目前，太平洋联盟和南方共同市场成员国的国内生产总值总和超过拉美地区总量的 80%。
6. 南方共同市场是南美地区最大的经济一体化组织，也是世界上第一个完全由发展中国家组成的共同市场。

7. 区域一体化是当今世界最具活力的经济现象之一。它是一个多维度的空间现象，也是一个多学科参与的科学问题。
8. 经济全球化和区域一体化是大势所趋。各方应继续巩固开放、包容、透明、非歧视、以规则为基础的多边贸易体制，反对任何形式的贸易保护主义（proteccionismo）。
9. 20 世纪 90 年代以来，随着冷战结束，科学技术日新月异，跨国公司迅猛发展，各国经济相互依存和影响的局面日益加深，全球化进程明显加快。
10. 2018 年 7 月，第十三届太平洋联盟首脑峰会在墨西哥举行。会议强调将坚持多边主义和自由贸易，深入推进区域一体化进程。会后，秘鲁接任联盟轮值主席国。

VI. Lee las noticias y reflexiona.

— *"La Compañía Comercial de Aviones Chengfei (CCAC, por sus siglas en inglés) entregó una serie de timones, un componente clave de los aviones, que fueron fabricados en Chengdu, capital de la provincia de Sichuan, suroeste de China, para los nuevos aviones 737 MAX y 787-10 Dreamliner de Boeing."*

— *"Boeing ha invertido 40 millones de libras (45 millones de euros) en una nueva fábrica de piezas para aviones de 6.200 metros cuadrados en Sheffield, Reino Unido."*

— *"Boeing está tratando de compensar retrasos previos provocados, en parte, por problemas derivados de administrar a 325 proveedores que construyen partes para el 787 en 5.000 fábricas en todo el mundo."*

1. ¿Qué fenómeno muestran estas noticias?
2. ¿Se pueden producir piezas de Boeing solo en Estados Unidos?
3. ¿Por qué Boeing fabrica algunas de sus partes y componentes en unos países extranjeros?
4. ¿Cómo afecta este método de producción de Boeing a la economía de los países productores de piezas?
5. ¿Quién es el mayor beneficiario de este método de producción?
6. ¿Se puede llevar a cabo este método de producción antes del siglo XX? ¿Por qué?

Etiquetas específicas

El intercambio colombino

Intercambio colombino es el término usado para describir el intercambio de plantas, animales y enfermedades entre Afro-Eurasia (África, Europa y Asia) y las Américas. El intercambio se inició a raíz de la expedición inicial que tuvo lugar en 1492. Ese año, el navegador italiano Cristóbal Colón navegó al oeste de Europa, a través del Océano Atlántico, a la región del Caribe. Su viaje inició un periodo de exploración europea del norte y de Sudamérica. El historiador americano Alfred Crosby introdujo el término intercambio colombino, así como el concepto del intercambio, en el inicio de los años 70 del siglo XX.

Impacto en las Américas: los europeos que viajaron a las Américas comenzaron a intercambiar mercancías por la gente de allí. La aceituna, la llevaban viajeros europeos junto a otros árboles frutales, vid, y trigo al hemisferio occidental. En un cierto plazo, un número importante de especies de cultivos se transportaron de Afro-Eurasia las bases de plantación agricultura a través de las Américas. Estas cosechas incluían plátanos, café, arroz y azúcar. Las plantaciones fueron trabajadas principalmente por los esclavos, y un aumento de la demanda de estos productos hizo el comercio del esclavo crecer. Los primeros viajeros europeos también transportaron animales domésticos a las Américas. Las vacas, los caballos, los cerdos y las ovejas prosperaron en el nuevo ambiente. Tenían abundancia para alimentarse y casi sin depredadores naturales. Los animales rápidamente se multiplicaron y pronto tendrían un impacto en el ambiente, así como el pasto pesado dañó mucho la tierra vegetal.

Impacto en Afro-Eurasia: El intercambio colombino también implicó el transporte de productos americanos a Afro-Eurasia. La extensión de cosechas americanas nativas ha tenido un impacto enorme en la población global, como ser la cosecha de cacao, de árboles de goma, de vainilla, y desarrollo posterior de la plantación de tabaco. Las medicinas vinieron de algunas plantas, tales como el árbol de quino, usado en drogas para tratar malaria. Algunos cultivos alimenticios, especialmente maíz y patatas, eran altamente nutritivos y crecieron bien en muchas regiones. La extensión de cosechas americanas aumentó fuertemente la cantidad de alimento disponible para la población mundial y ha conducido al gran crecimiento de la misma.

• Desglobalización

La desglobalización es el proceso de disminución de la interdependencia y la integración entre ciertas unidades en todo el mundo, por lo general de los estados-nación. Es ampliamente utilizado para describir los periodos de la historia económica, cuando el comercio y la inversión entre países disminuyen. Se destaca como contraste de la globalización, en el que las unidades incrementan su integración cada vez más con el tiempo y, por lo general, se extiende el tiempo entre los periodos de globalización. El término de desglobalización tiene origen en algunos de los muy profundos cambios en muchos países desarrollados, donde el comercio como proporción de la actividad económica se redujo entre 1914 y 1970. Este descenso se refiere a que sus economías se vuelven menos integradas con el resto de las economías del mundo, a pesar de la profundización del alcance de la globalización económica.

Mientras que, con la globalización, se hace referencia a la economía, al comercio, a las dimensiones sociales, tecnológicas, culturales y políticas, gran parte del trabajo que se ha llevado a cabo en el estudio de la desglobalización se refiere al campo de la economía internacional.

Lecturas complementarias

GLOBALIZACIÓN 4.0

Es innegable que la economía de libre mercado, el libre comercio y, en particular, la globalización ha traído innumerables beneficios políticos, económicos, sociales y culturales a los países.

La globalización no solo ha permitido un mayor intercambio cultural entre las sociedades, sino que también ha dado lugar al intercambio de conocimientos en áreas como la ciencia y la tecnología y ha posibilitado la búsqueda de una mejor calidad de vida a partir de la libre movilidad de personas entre países.

Sin embargo, recientes movimientos políticos populistas de corte aislacionista y antinmigración —como el Brexit y los movimientos euroescépticos de extrema derecha en la Unión Europea—, en un contexto de recuperación económica desigual, especialmente al interior de los países más ricos, tras la crisis financiera del 2008, han puesto en tela de juicio las bases que sostienen el sistema económico mundial y la globalización misma.

En esta línea, Klaus Schwab, Presidente Ejecutivo del World Economic Forum, presenta el tema de la próxima reunión anual del foro, planteando repensar la globalización a partir de una redefinición de la gobernanza en los Estados que pase por "forjar un nuevo pacto social entre los ciudadanos y sus líderes", como se hizo tras la Segunda Guerra Mundial. Ello permitiría darle una mayor seguridad a la gente en una época en que se tiene la percepción que "las fuerzas globales lo dominan todo".

Peor aún, esta percepción se ve reforzada, como señala Schwab, con la cada vez más notoria Cuarta Revolución Industrial (4IR), que, si bien puede generar enormes ganancias de eficiencia para las empresas y, por ende, ampliar las posibilidades de producción y de consumo de la gente; puede tener un efecto pernicioso sobre la desigualdad de las micro y pequeñas empresas, frente a las grandes, dado que no puedan optar por modelos de negocio "4.0". Ello puede también tener fuertes implicaciones en la desigualdad interna de cada país ("nacional"), aun cuando a nivel global se ha producido una gran reducción de la desigualdad.

Es por ello que Schwab propone que esta nueva gobernanza venga acompañada de arreglos institucionales —que, en algunos casos implica diseñar desde cero instituciones existentes— que permitan abordar el progreso tecnológico en todas las grandes áreas en las que se mueve el ser humano, llámese, salud, educación, transporte, comunicación, etc.

En este marco, el caso de la educación es particularmente importante, ya que implica preparar a las nuevas generaciones de jóvenes para un mercado laboral en el que la automatización de tareas implicará el desarrollo de ciertas habilidades como la creatividad y la innovación.

Todo ello es posible, pero es vital reconocer la importancia no solo de la cooperación público-privado sino también de la cooperación internacional ya que los cambios que ocurren en un país no están aislados del mundo y, por ende, se justifica la colaboración y el constante diálogo con la comunidad internacional para dar una respuesta adecuada.

Esta es una razón más para desechar las opciones nacionalistas y proteccionistas que hoy en día pululan en el mundo político.

En ese sentido, creemos al igual que Schwab, que para lograr reformar la globalización se requerirán dos cosas por parte de la comunidad internacional: Un compromiso más amplio, en el sentido, de promover una participación masiva de los países en esta discusión. Una mayor imaginación, en el sentido, de pensar sistémica y estructuralmente, más allá de las propias consideraciones institucionales y nacionales a corto plazo.

(Adaptación de un artículo de LAMPADIA)

Lección 2 Globalización con características chinas

Conocimientos

En el contexto de la globalización de la economía, la gente de China está reinterpretando su identidad personal, histórica y cultural en formas globales, pero con características propias. China está sin duda en la senda del desarrollo y del progreso material. Si echamos un vistazo a su historia de globalización, descubriremos dos propuestas que desempeñan papeles de suma importancia en la globalización propia de China, que son el **"Going Out"**① y **la Iniciativa de la Franja y la Ruta**②.

I. La estrategia "Going Out"

En los últimos años de la década de 1990, debido al crecimiento de la economía nacional y al desarrollo de la industrialización, dejó de haber escasez de mercaderías en China. Conforme al desarrollo de la globalización económica a través de la aplicación de la estrategia de **"Bringing In"**③, se sumó la abundancia al precio barato de la fuerza de trabajo, convirtiendo a China en un destino importante de la **Inversión Extranjera Directa (IED)**④ de las empresas extranjeras, que establecieron fábricas allí con el fin de aprovechar la mano de obra barata. A inicios del siglo XXI, China se convirtió en la "fábrica del mundo", debido a la demanda del mercado occidental y a sus inversiones en China para producir para exportar. En esta época, la industria manufacturera china tuvo una tendencia creciente, incluso había un exceso en la capacidad de producción, siendo la oferta superior a la demanda. Frente a este nuevo entorno económico de China, el entonces Gobierno chino mencionó por primera vez la estrategia de "Going Out" en el año 1997, indicando que se debería estimular a las empresas a salir al extranjero. En **la tercera sesión de la IX Asamblea Popular Nacional**⑤ celebrada el año 2000, el Gobierno chino anunció la implementación oficial de esta estrategia. Marcando el comienzo del "Going Out" como la estrategia abierta de economía china en este nuevo

---

① "Going Out": "走出去" 战略。

② la Iniciativa de la Franja y la Ruta: "一带一路" 倡议。在西班牙语媒体中有多种称呼方式，如Nueva Ruta de la Seda、un Cinturón una Ruta、OBOR (One Belt One Road)、Belt and Road或BRI。

③ "Bringing In": "引进来" 战略。是指将国外的先进科技人才和领先的管理理念引进来。

④ Inversión Extranjera Directa (IED): 对外直接投资。更多内容我们将在第三单元讲解。

⑤ la tercera sesión de la IX Asamblea Popular Nacional: 第九届全国人民代表大会第三次会议。

siglo, promocionando las empresas estatales a invertir en el extranjero con el fin de acelerar su internacionalización. El año siguiente, 2001, un año histórico y significativo para China, la integración a la OMC impulsó su comercio internacional, al mismo tiempo que también facilitó a las grandes empresas multinacionales chinas aprovechar la estrategia de "Going Out". Dicha estrategia impulsó a China hacia una mayor integración en el proceso de globalización económica, fomentando el crecimiento de los flujos de IED hacia el exterior.

II. La Iniciativa de la Franja y la Ruta

Como una profundización de la estrategia "Going Out", la Iniciativa de la Franja y la Ruta apareció por primera vez en un discurso del presidente Xi Jinping en el 7 de septiembre de 2013 en Kazajstán. En este discurso incitó a unir esfuerzos para construir conjuntamente una **Franja Económica de la Ruta de la Seda**①, en referencia a la mejora de infraestructuras de conectividad a lo largo del corredor euroasiático, y en particular en Asia Central. Poco después, en octubre de ese año, en el discurso de Xi ante el Parlamento de Indonesia, apareció la **Ruta de la Seda Marítima del Siglo XXI**②, en referencia esta vez a las rutas de navegación entre China, el Sudeste Asiático y el Océano Índico, llegando hasta África Oriental, y también al Mar Rojo para llegar a Europa por el Mediterráneo. Estas dos rutas se llaman conjuntamente la Franja y la Ruta.

Dicha iniciativa fue diseñada para mantener el comercio libre mundial y la economía mundial abierta con el espíritu de la cooperación regional. Es decir, el contexto de la globalización económica y el cambio de la situación mundial está directamente relacionado con la iniciativa, la cual pretende ser un marco importante para acelerar la globalización de la economía. La manifestación de "la Franja y la Ruta" más visible, sería una extensa red de infraestructuras de comunicación y transporte, nuevas o renovadas, para mejorar la conectividad entre China y Eurasia, Europa, Sur de Asia y África. La mayor parte de los países que se encuentran a lo largo de "la Franja y la Ruta" son países en desarrollo. Estos países tienen mercados potenciales y necesitan inversiones extranjeras para la construcción de infraestructura, lo cual muestra la complementariedad económica entre China y esos países.

La enmienda a los Estatutos del Partido Comunista de China aprobada en el XIX **Congreso Nacional del Partido Comunista de China**③ en octubre de 2017 eleva esta iniciativa al máximo nivel para avanzar en la cooperación internacional. Desde su propuesta, no solo recibe el reconocimiento a nivel mundial, sino también basando en esta iniciativa, se han llevado a cabo cooperaciones varias con distintos países. Debido a sus características de transparente, abierta e inclusiva, todos los países participantes van a beneficiarse de la misma.

① Franja Económica de la Ruta de la Seda: 丝绸之路经济带。

② Ruta de la Seda Marítima del Siglo XXI: 21世纪海上丝绸之路。

③ Congreso Nacional del Partido Comunista de China: 中国共产党全国代表大会。

Textos

FORO MINISTERIAL CHINA-CELAC EN LA RUTA DE LA SEDA

América Latina y el Caribe anunciaron el lunes 22 de enero de 2018 en Santiago de Chile su compromiso con la iniciativa china "La Franja y la Ruta", que busca estimular el comercio entre Asia, Europa y África.

El II Reunión Ministerial del Foro China-CELAC① incluyó una declaración "especial" que da el visto bueno a la propuesta de interconexión que impulsa el Gobierno chino, además de una declaración política en la que se comprometen a defender los acuerdos sobre desarrollo sostenible y un plan de acción para los próximos años.

"Esperamos que la ruta de la seda del siglo XXI esta vez no quede solamente en Europa, sino que llegue a América Latina y el Caribe", dijo el canciller chileno, Heraldo Muñoz, en rueda de prensa al finalizar la cita.

"Vamos a trabajar juntos para promover la interconectividad de las infraestructuras para crear un gran puente, un corredor entre ambos lados del Pacífico", uniendo al continente asiático a América Latina y el Caribe, señaló Wang Yi, el canciller chino.

En tanto, Hugo Martínez, canciller de El Salvador, país Presidente Pro Témpore de la CELAC, remarcó que China llegó a la reunión comprometida a transformarse en el socio más fiable para la región, que coloca en el inmenso mercado chino materias primas como el cobre y la soja, pero que pretende un futuro con ventas de mayor valor agregado.

El comercio entre los países de la región y China supera los 200.000 millones de dólares por año, mientras que en la región funcionan unas 2.000 empresas de origen chino, según datos oficiales.

COMUNICADO② DE PRENSA CONJUNTO ENTRE LA REPÚBLICA POPULAR CHINA Y LA REPÚBLICA DEL ECUADOR (texto omitido)

1. Por invitación del Presidente de la República Popular China, Xi Jinping, el Presidente de

---

① El II Reunión Ministerial del Foro China-CELAC: 中国—拉共体论坛第二届部长级会议。Foro China-CELAC：中国—拉共体论坛（英文为China-CELAC Forum，简称CCF），简称中拉论坛。Ministerial: 部长的。补充词汇：
– canciller: 外交部长。
– mandatario: 统治者。
– primer ministro: 首相。
– presidente: 主席。

② comunicado: 公报。补充词汇：
– comunicado conjunto: 联合公报。
– declaración: 声明。
– declaración conjunta: 联合声明。
– memorándum: 备忘录。

la República del Ecuador, Lenín Moreno Garcés, realizó una Visita de Estado a China, del 11 al 13 de diciembre de 2018.

2. Durante la visita, el Presidente Xi Jinping mantuvo conversaciones con el Presidente Lenín Moreno Garcés, quien también se reunió con el Primer Ministro del Consejo de Estado Li Keqiang y el Presidente del Comité Permanente de la Asamblea Popular Nacional Li Zhanshu. Ambos mandatarios analizaron a profundidad e intercambiaron puntos de vista sobre la agenda bilateral y otros temas de interés común, **llegando a importantes consensos**①.

…

8. Ambos Jefes de Estado coincidieron en que la Iniciativa de la Franja y la Ruta abrirá nuevos espacios de cooperación entre China y Ecuador y expresaron su complacencia por la firma del Memorando de Entendimiento sobre la Iniciativa de la Franja y la Ruta. Con similar propósito, el Mandatario ecuatoriano manifestó el interés del Ecuador de adherirse al **Banco Asiático de Infraestructura e Inversiones (BAII)**②. Tomando en cuenta lo anterior, en base a consultas bilaterales y al principio de "construir juntos y compartir los beneficios", los dos Presidentes acordaron realizar esfuerzos por profundizar la cooperación en coordinación de políticas y conectividad en infraestructura; comercio; y financiación; así como para fomentar la diplomacia ciudadana y el contacto entre los respectivos pueblos.

…

19. Finalmente, los Presidentes Xi Jinping y Lenín Moreno Garcés manifestaron su complacencia y satisfacción por la suscripción de varios instrumentos bilaterales de cooperación en el ámbito de la Franja y la Ruta; finanzas; aviación civil; agricultura; asistencia legal en temas penales; y mitigación y prevención de desastres naturales, así como para el desarrollo de programas de cooperación económica y técnica.

El Presidente Lenín Moreno Garcés expresó su sincero agradecimiento al Presidente Xi Jinping y al Gobierno y al pueblo de la República Popular China por su hospitalidad y demostraciones de afecto y cariño a favor del Ecuador.

Beijing, 12 de diciembre de 2018

---

① llegando a importantes consensos: 达成重要一致。llegar a consenso: 达成一致。

② Banco Asiático de Infraestructura e Inversiones (BAII): 亚洲基础设施投资银行（亚投行）。更多信息请参见第七单元第一课中的Etiquetas específicas板块。

FERROCARIL DE YIXIN´OU, PRÁCTICA DE LA FRANJA Y LA RUTA EN ESPAÑA

Es el viaje más largo (en tren) jamás contado. 13.052 kilómetros a través de estepas heladas a -30ºC, desiertos donde abundan los bandidos y cordilleras descomunales por las que anduvo el mismísimo Marco Polo. Desde el extremo más oriental de China, el Yixin'Ou cruzará Kazajstán, Rusia, Bielorrusia, Polonia, Alemania, Francia... Hasta ocho países para alcanzar el mismo corazón de la capital de España-Madrid. En total, 21 días sobre raíles, batiendo en un 40% el trayecto del mítico **Transiberiano**①.

En España, por las fechas en las que hará su entrada y por los muchos juguetes que trae en sus vagones azules, será recibido como el tren de los Reyes Magos. En total, 30.560 metros cúbicos de mercancías, con un peso superior a las 1.000 toneladas.

Todo es desmesurado en el Yixin'Ou, concebido por los capitostes chinos para inaugurar lo que sería la rama española de la Nueva Ruta de la Seda del siglo XXI. Ahora, según los cálculos de un periodista estadounidense que cubrió para The New York Times el trayecto entre Kazajstán y Polonia meses atrás, "más de 100 conductores y vigilantes se montan en turnos a lo largo de un viaje de tres semanas".

El Yixin'Ou español sigue los pasos de un exitoso precedente ferroviario euroasiático. Desde hace más de dos años, un tren recorre la ruta entre Chongqing, en el centro de China, hasta Duisburgo, al este de Alemania. Cada semana, una media de cinco convoyes realizan esta ruta, con medio centenar de contenedores cargados de computadoras, maquinaria, piezas de automóviles...

El tren tiene infinitas ventajas como método de transporte. Es más rápido que el barco, que puede tardar más de un mes en llegar. Y sale más barato que los envíos aéreos. "Además, está la ventaja de que llega a Madrid, que no tiene puerto, y atraviesa varios países europeos donde se pueden enviar mercancías", explica Adrián Díaz, fundador de la empresa Sede en China, dedicada al comercio exterior, con oficina en Yiwu.

El empujón definitivo al proyecto Yixin'Ou llegó el 26 de septiembre. Ese día, **Mariano Rajoy**② visitó en Pekín a Xi Jinping.

(Adaptación de un artículo de GONZALO SUÁREZ)

① Transiberiano: 西伯利亚铁路。又称西伯利亚大铁路，是一连串连接莫斯科和俄罗斯远东地区的铁路网络，全长9000余公里，是世界上最长的铁路线。该线设有通往蒙古国、中国和朝鲜的支线。

② Mariano Rajoy: 马里亚诺·拉霍伊。西班牙政治家，2011年11月20日领导人民党（PP）赢得大选，成为西班牙首相并任职至2018年。2018年6月1日，西班牙国会以180票赞成、169票反对、1票弃权通过了对拉霍伊的不信任动议，使他成为首位被国会罢免的西班牙首相。

Actividades

I. Señala con "F" (Falsa) o "V" (Verdadera) las siguientes afirmaciones.

1. ( ) Como China es un país en desarrollo, todavía no ha participado en la globalización.
2. ( ) "Going Out" tiene como objetivo de impulsar a las empresas chinas a los mercados extranjeros, para que estudien conocimientos desarrollados de administración de las empresas extranjeras.
3. ( ) Además de "Going Out", la Iniciativa de la Franja y la Ruta también fue propuesta en el año 2013.
4. ( ) La Franja y la Ruta es una estrategia de China, que intenta fomentar la conectividad entre diversos países.
5. ( ) La Nueva Ruta de la Seda ahora es una idea y concepto, todavía no tiene ningún proyecto realizado.
6. ( ) La Franja y la Ruta no solo va a beneficiar a China, sino también a todos los países participantes.
7. ( ) No solo los países asiáticos y europeos, los países latinoamericanos también están incluidos en la iniciativa, ya que OBOR es una iniciativa abierta a todo el mundo.
8. ( ) Los proyectos de construcción de infraestructuras en los países menos desarrollados y en vía de desarrollo son prácticas importantes de la Franja y la Ruta.
9. ( ) Yixin'Ou tiene su partida en Yiwu de China y su destino final en Madrid, eso demuestra el papel especial de España en esta iniciativa.
10. ( ) Los países hispanohablantes están muy interesados en asistir en la iniciativa OBOR, algunos de ellos han firmado memorándum de esta iniciativa con China.

II. Explica los siguientes términos con tus propias palabras.

1. "Going Out"
____
2. "Bringing In"
____
3. Franja Económica de la Ruta de la Seda
____
4. Ruta de la Seda Marítima del Siglo XXI
____

5. La Iniciativa de la Franja y la Ruta

____

6. El tren Yixin'Ou

____

III. Rellena los espacios en blanco con las palabras adecuadas.

1. La fuerza cada vez mayor a nivel mundial de la cooperación internacional con la iniciativa de la ________, propuesta por el Gobierno chino , como marco está generando nuevas oportunidades en la cooperación China-Latinoamérica. La iniciativa, diseñada para promover el ________ común a lo largo de la antigua Ruta de la Seda y más allá, integra la Franja Económica de la Ruta de la Seda y ________, y esta última está conectada estrechamente con América Latina.
   Durante dos siglos y medio, desde mediados de siglo XVI hasta principios del XIX, ________ cargados de seda, ________, porcelana y otras mercancías chinas cruzaban el océano hasta el actual puerto de Acapulco, en la costa mexicana del Pacífico.
2. El II Foro concluyó con la adopción de un Comunicado ________ en el que se ensalza la idea de integración y cooperación. Además, se destaca el compromiso con el multilateralismo y la necesidad de una economía abierta, inclusiva, interconectada y sostenible como motor de prosperidad a nivel ________. Por otro lado, se insta a fortalecer la sinergia de políticas de desarrollo, potenciar la ________ a través de la infraestructura, promover el desarrollo sostenible, avanzar en los intercambios culturales y reforzar la cooperación. Esta cooperación debe basarse en el diálogo y en el beneficio ________, debe ser abierta, "limpia" y sostenible.
3. China da la bienvenida a todos los países afines para formar parte en la construcción conjunta de la Franja y la Ruta, destacó hoy miércoles el________ del Ministerio de Relaciones Exteriores. Según informaciones recientes, Stephen Jacobi, director ejecutivo del Consejo Nueva Zelanda-China, indicó que la Iniciativa de la Franja y la Ruta es propicia para el desarrollo económico doméstico de Nueva Zelanda y la profundización de los ________ entre los dos países. "Desde su concepción, con el principio de buscar beneficios ________ a través de amplias consultas y contribuciones conjuntas, la ________ ha sido reconocida por la mayoría de los miembros de la comunidad internacional", manifestó el portavoz Lu Kang en una ________ de prensa.

IV. Traduce al chino las siguientes oraciones.

1. Actualmente hay 12 países de América Latina y el Caribe que han firmado el memorándum de entendimiento de cooperación sobre "la Franja y la Ruta".

2. El funcionario dominicano indicó que su país está dispuesto a impulsar la cooperación en varios campos a diferentes niveles, y aumentar la cooperación de beneficio mutuo en el marco de la iniciativa de la Franja y la Ruta.
3. Bolivia valora la perseverancia de China en el camino de desarrollo pacífico y su voluntad de trabajar juntos para construir un nuevo tipo de relaciones internacionales, caracterizadas por el respeto mutuo y la cooperación de beneficio compartido.
4. La inversión directa china en 47 países que participan en la Iniciativa de la Franja y la Ruta aumentó un 8,1 por ciento interanual, hasta 1.330 millones de dólares, en enero de este año, mostraron datos del Ministerio de Comercio.
5. La distancia cubierta por el Yixin'ou es la ruta ferroviaria más larga del mundo y la que mayor número de países atraviesa: China, Kazajstán, Rusia, Bielorrusia, Polonia, Alemania, Francia y España.
6. La Iniciativa de la Franja y la Ruta, conocida también como Franja Económica de la Ruta de la Seda y Ruta Marítima de la Seda del Siglo XXI, tiene por objetivo construir una red de comercio e infraestructura que conecte a Asia con Europa, África y más allá a lo largo de las antiguas rutas comerciales de la Ruta de la Seda.
7. El presidente de la República Checa, Milos Zeman, dijo que apoya que las compañías participen en la Iniciativa de la Franja y la Ruta propuesta por China y que espera firmemente que esto ayude a impulsar a las industrias del país, como la ferroviaria y la inmobiliaria.
8. "Estamos preparados para trabajar con todas las partes para avanzar en la cooperación mutuamente beneficiosa que se basa en los principios de apertura, inclusividad, resultados de ganancia mutua a través de la cooperación, así como la búsqueda de los beneficios compartidos a través de amplias consultas y contribuciones conjuntas", concluyó.

V. Traduce al español las siguientes oraciones.

1. 在中共十九大报告中，“一带一路”倡议是重要议题之一。
2. “一带一路”绝不是零和博弈（juego de suma cero），所有参与国家都将从中获益。
3. 双方外长在会谈中表示，将以基础设施建设作为未来两国合作的重点。
4. 习近平主席在2018年底抵达西班牙，与西班牙首相会面，探讨“一带一路”问题。
5. “一带一路”是一个开放和包容的倡议。它旨在增强地区的连通性，促进经济全球化发展。
6. “一带一路”指的是丝绸之路经济带和21世纪海上丝绸之路。它是中国于2013年提出的世界范围的经济倡议。
7. 作为“走出去”战略的延伸和发展，“一带一路”倡议一经提出就受到了世界的关注，短短几年间就获得了众多国家的认可。
8. 目前，已有不少拉丁美洲国家加入“一带一路”倡议，并与中国签署相关备忘录或发表相关声明和公报。

9. 西班牙语国家在“一带一路”中扮演着重要角色。西班牙是“义新欧”铁路的终点，也是联结非洲和拉丁美洲的桥梁；而拉美国家则与中国存在很大的互补性。

10. “一带一路”倡议是具有中国特色的全球化，它对于促进全球经济、文化、人员和信息的交流都发挥着重要的作用。

Etiquetas específicas

Galeón de Manila

El Galeón de Manila, también llamado Nao de China, era el nombre con el que se conocían las naves españolas que cruzaban el océano Pacífico una o dos veces por año entre Manila (Filipinas) y los puertos de Nueva España en América, principalmente Acapulco.

El servicio fue inaugurado en 1565 por el marinero español Andrés de Urdaneta, tras descubrir el tornaviaje o ruta de regreso a Nueva España a través del océano Pacífico. El trayecto entre Acapulco hasta las Filipinas, incluida la escala en Guam, solía durar unos tres meses. La línea Manila-Acapulco-Manila, también conocida como la Ruta de la Seda Marítima en el Océano Pacífico, fue una de las rutas comerciales más largas de la historia, y funcionó durante dos siglos y medio. El último barco zarpó de Acapulco en 1815 cuando la guerra de Independencia de México interrumpió el servicio.

Los galeones llevaban especias (pimienta, clavo y canela), porcelana, marfil, laca y elaboradas telas (tafetanes, sedas, terciopelo, raso), recogidos tanto de las islas de las Especias como de la costa asiática del Pacífico, mercancías que se vendían en los mercados europeos. También llevaban artesanía china, biombos japoneses, abanicos, espadas japonesas, alfombras persas, jarrones de la dinastía Ming y un sinfín de productos más. Asia oriental comerciaba principalmente con un estándar de plata y los bienes eran comprados principalmente con la plata mexicana. Los cargamentos fueron transportados por tierra a través de México hasta el puerto de Veracruz, en el golfo de México, donde fueron reembarcados en la Flota de Indias (西班牙珍宝船队) con destino a España.

Casi cincuenta años después de la muerte de Cristóbal Colón, los galeones de Manila finalmente cumplieron su sueño de navegar rumbo al oeste para llegar a Asia, a fin de beneficiarse del rico comercio con el océano Índico.

• Antigua Ruta de la Seda

La Ruta de la Seda fue una red de rutas comerciales organizadas a partir del negocio de la seda china desde el siglo I a. C., que se extendía por todo el continente asiático, conectando a China con Mongolia, el subcontinente indio, Persia, Arabia, Siria, Turquía, Europa y África. Sus diversas rutas comenzaban en la ciudad de Chang'an (actualmente Xi'an) en China, llegando hasta los reinos hispánicos en el siglo XV, en los confines de Europa, y a Somalia y Etiopía, en el África oriental.

El término "Ruta de la Seda" fue creado por el geógrafo alemán Ferdinand Freiherrvon Richthofen, quien lo introdujo en su obra *Viejas y nuevas aproximaciones a la Ruta de la Seda*, en 1877. Debe su nombre a la mercancía más prestigiosa que circulaba por ella, la seda, cuya elaboración era un secreto que solo los chinos conocían. Los romanos se convirtieron en grandes aficionados a este tejido, tras conocerlo antes del comienzo de nuestra era a través de los partos (帕提亚人), quienes se dedicaban a su comercio. Muchos productos transitaban estas rutas: piedras y metales preciosos, telas de lana o de lino, ámbar, marfil, laca, especias, porcelana, vidrio, materiales manufacturados, coral, etc.

En junio de 2014, la UNESCO eligió un tramo de la Ruta de la Seda como Patrimonio de la Humanidad, con la denominación Rutas de la Seda: red viaria de la ruta del corredor Chang'an-Tianshan. Se trata de un tramo de 5.000 kilómetros de la gran red viaria de las Rutas de la Seda que va desde la zona central de China hasta la región de Zhetysu, situada en Asia Central.

Lecturas complementarias

INSTRUMENTOS FINANCIEROS DE LA NUEVA RUTA DE LA SEDA

Los dos instrumentos financieros tradicionales de los que se ha valido China para financiar las operaciones internacionales de sus empresas son sus dos "policy banks": el China Development Bank (CDB) y el China Exim Bank.

El CDB tenía como mandato original la financiación de infraestructuras dentro de China, pero, entre 1998 y 2013, expandió vigorosamente su cartera de créditos internacionales, desde prácticamente cero en 2007 hasta 187.000 millones de USD en 2013. El CDB financió adquisiciones de minas, campos petrolíferos, etc., por parte de empresas chinas y ha sido la contraparte en los acuerdos de crédito a cambio de suministro de crudo con otros Gobiernos, como los de Venezuela, Rusia o Brasil. Sin embargo, desde 2013, el banco ha modificado sus prioridades, de manera que su cartera exterior se viene reduciendo (en 2014 su crédito neto al exterior bajó en 22.000 millones de USD), mientras crecen sus operaciones domésticas. En todo caso, y dados los volúmenes señalados, es previsible que el CDB siga siendo activo en el exterior y, en particular, en la zona OBOR, aunque menos que antes.

En paralelo, el China Exim Bank, cuyo ámbito de actuación tradicional era *trade finance*, ha venido incrementando su actividad, superando ya al CDB como primer *policy bank*. Desde 2014, la mayor parte se su actividad recae fuera de ese ámbito tradicional, presumiblemente, destinada a financiar —en una proporción importante— infraestructuras en países en desarrollo. La vocación exterior de China Exim Bank es clara, y es previsible que sea un actor destacado en los proyectos OBOR.

Por parte de China, últimamente, se han creado tres nuevos agentes en el universo financiero internacional: El Silk Road Fund, el New Development Bank (NDB) y el Banco Asiático de Inversión en Infraestructuras (BAII).

El Silk Road Fund es un nuevo fondo soberano, creado en diciembre de 2014 específicamente para financiar proyectos OBOR. Tiene una capitalización de 40.000 millones de USD, procedentes de las reservas de divisas del People's Bank of China, del fondo soberano preexistente China Investment Corporation, CIC, del CDB y del China Exim Bank. Está diseñado como fondo de *private equity*, similar a la IFC (International Financial Corporation) del Grupo Banco Mundial, para aportar capital semilla a los proyectos, para así facilitar que éstos capten financiación adicional de otras entidades, tanto chinas como extranjeras.

El NDB (antes conocido como Banco de los BRICS) es un banco fundado por China, Rusia, India, Brasil y Sudáfrica, con un capital de 100.000 millones de USD a partes iguales entre los cinco miembros. Es probable que también acometa proyectos OBOR, si bien el reparto paritario del poder de voto, la presencia de accionistas alejados de la zona propiamente OBOR y la ausencia de un mandato claro, limitan su operatividad como instrumento de financiación de la estrategia.

El BAII, cuyos Artículos de Acuerdo (*Articles of Agreement*, en su versión en inglés) entraron en vigor el 25 de diciembre de 2015, con un capital de 100.000 millones de USD y 57 miembros fundadores potenciales, es el más reciente de todos ellos (será presentado en la Lección 1 de la Unidad 7).

(Adaptado de un artículo de Javier Serra Guevara)

Lección 3 Tratado de libre comercio

Conocimientos

I. Definición y características

Un tratado de libre comercio (TLC) es un acuerdo comercial vinculante que suscriben dos o más países para acordar la concesión de preferencias arancelarias mutuas y la reducción de **barreras no arancelarias**① al **comercio de bienes y servicios**②. A fin de profundizar la integración económica de los países firmantes, un TLC incorpora, además de los temas de acceso a nuevos mercados, otros aspectos normativos relacionados al comercio, tales como propiedad intelectual, inversiones, políticas de competencia, servicios financieros, telecomunicaciones, comercio electrónico, cumplimiento de las normas laborales, **medidas sanitarias y fitosanitarias**③, disposiciones medioambientales y mecanismos de **defensa comercial**④ y de solución de controversias. Los TLCs tienen un plazo indefinido, es decir, permanecen vigentes a lo largo del tiempo por lo que tienen carácter de perpetuidad.

Los TLCs forman parte de una estrategia comercial de largo plazo que busca consolidar mercados para los productos nacionales con el fin de desarrollar una oferta exportable competitiva, que a su vez genere más y mejores empleos. La experiencia muestra que los países que más han logrado desarrollarse en los últimos años son aquellos que se han incorporado exitosamente al comercio internacional, ampliando de esta manera el tamaño del mercado para sus empresas.

II. El origen de TLC

Históricamente el primer TLC fue el Tratado franco-británico de libre comercio (o Tratado de Cobden-Chevalier) firmado en 1860, que introduce también la cláusula de **nación**

---

① barreras no arancelarias: 非关税壁垒。

② comercio de bienes y servicios: 货物和服务贸易。comercio de bienes/mercancías: 货物贸易。comercio de servicios: 服务贸易。有关国际贸易的问题我们将在第二单元中详细讲解。

③ medidas sanitarias y fitosanitarias: 卫生与植物卫生措施。

④ defensa comercial: 贸易救济。是指当外国进口行为对一国国内产业造成负面影响时，该国政府所采取的减轻乃至消除该类负面影响的措施，主要包括三种形式：反倾销、反补贴和保障措施。

más favorecida①. Su nombre procede de sus principales inspiradores, el británico Richard Cobden y el francés Michel Chevalier. Este tratado franco-británico de 1860 pretendía promulgar la libertad de comercio, reduciendo y eliminando todos los aranceles entre los dos países firmantes, lo que provocó una oleada de acuerdos arancelarios bilaterales entre los demás países europeos. Casi todos estos acuerdos incluían la cláusula de nación más favorecida, por lo que se generalizaron las **concesiones arancelarias**②, abriendo el camino hacia un comercio multilateral.

III. Los TLCs de China

El Gobierno chino considera los TLCs como una nueva plataforma para una mayor apertura al exterior y para la aceleración de las reformas internas, un método eficaz para integrarse en la economía mundial y fortalecer la cooperación económica con otros países, así como un complemento importante en el sistema multilateral de comercio.

En los últimos años, China ha estado concluyendo activamente TLC con varios países. A finales del año 2019, China tiene ya 17 TLCs firmados con 25 economías o regiones. Además, sigue teniendo más de diez tratados en proceso de negociación. Entre los ya consolidados, en América Latina, China tiene TLC con Perú, Chile y Costa Rica.

Textos

TRATADO DE LIBRE COMERCIO ENTRE CHINA Y CHILE

Las negociaciones de TLC comenzaron en Beijing en enero del 2005 y luego de cinco rondas, culminaron en noviembre del mismo año. A partir de la entrada en vigencia del TLC, el 1 de octubre de 2006, China fue aumentando su presencia en el comercio nacional hasta convertirse el 2015 en el primer socio comercial de Chile y receptor del 28,48% de las exportaciones totales de Chile al mundo.

El TLC consta de una negociación progresiva con cuatro etapas:

1. Tratado de Libre Comercio en Bienes, suscrito en noviembre de 2005 en Busán,

① nación más favorecida: 最惠国待遇。在国际贸易学中指缔约国一方现在和将来给予任何第三国在贸易、关税、航运、公民法律地位等方面的优惠和豁免，也都给予缔约国另一方国家。享有最惠国待遇的国家称为受惠国，其享受依据多是一项双边或多边条约的规定。

② concesiones arancelarias: 关税减让。

Corea del Sur, en el contexto de la Cumbre de Líderes **APEC**[①] de ese año, entrando plenamente en vigencia en octubre de 2006.

2. Acuerdo Suplementario de Comercio de Servicios, suscrito en abril de 2008, y en vigencia desde agosto de 2010. Este es el marco normativo para la prestación de servicios entre ambos países, que otorga a Chile igualdad de condiciones que los nacionales de China.
3. Acuerdo Suplementario de Inversiones, suscrito en septiembre de 2012, durante la Cumbre de Líderes de APEC. Entró en vigencia el 8 de febrero de 2014 y contiene una serie de disposiciones que mejoran sustancialmente el Acuerdo de Protección y Promoción de las Inversiones (APPI) del año 1995, protegiendo las inversiones establecidas en el territorio de la otra Parte conforme a las normativas vigentes de cada país.
4. Profundización del Tratado de Libre Comercio en el noviembre de 2017.

Desde el 1 de enero de 2015, el 97,2% de las mercancías chilenas (7.336 **categorías de productos**[②]) pueden ingresar al mercado chino libres de arancel. En tanto, desde la misma fecha, los productos originarios de China ingresan libre de **derechos aduaneros**[③], a excepción del 2% de los productos contenidos en la Lista de Exclusión del TLC.

TRATADO DE LIBRE COMERCIO ENTRE CHINA Y PERÚ

El Tratado de Libre Comercio entre el Perú y China, publicado en el Diario Oficial ***El Peruano***[④] el 19 de setiembre de 2011, fue suscrito el 28 de abril de 2009 en la ciudad de Beijing (China) por la Ministra de Comercio Exterior y Turismo de Perú. Dicho acuerdo entró en vigencia el 1 de marzo de 2010.

Este acuerdo representa una gran oportunidad para los exportadores peruanos, al permitirles ingresar en condiciones favorables al mercado chino. Este se compone de más de 1,300 millones de habitantes y cual está experimentando un fuerte crecimiento económico y un incremento en su capacidad adquisitiva desde hace más de dos décadas.

Las partes concluyen este tratado, entre otros, para los siguientes propósitos:

1. Fomentar la expansión y diversificación del comercio entre las partes.
2. Eliminar los obstáculos al comercio de bienes y servicios y facilitar su movimiento transfronterizo entre ambas partes.

---

① APEC: 亚太经济合作组织。西语全称为Foro de Cooperación Económica Asia-Pacífico。它是亚洲和太平洋地区的国家和地区为进行经济的交流、促进经济的合作与发展而建立起来的国际经济贸易组织，是区域经济一体化代表之一。

② categorías de productos: 产品类别。

③ derechos aduaneros: 关税。

④ *El Peruano*:《秘鲁人报》。秘鲁的官方日报，直属秘鲁官方新闻和文化出版机构——秘鲁出版社（Editora Perú），由南美解放者西蒙·玻利瓦尔创办于1825年，是拉美历史最悠久的西班牙文报纸之一。

3. Promover una competencia conjunta en los mercados de las partes.
4. Crear nuevas oportunidades de empleo.
5. Proporcionar un foro y un enfoque para la **solución de controversias**[①] de manera amistosa.

En este acuerdo, se negociaron los siguientes temas: el comercio exterior de productos y servicios, las **reglas de origen**[②], la defensa comercial, la inversión extranjera directa, la entrada temporal de personas de negocios, las medidas sanitarias y fitosanitarias, los **obstáculos técnicos al comercio**[③], los derechos de propiedad intelectual, los procedimientos aduaneros, etc.

MARCO DEL TRATADO DE LIBRE COMERCIO ENTRE COSTA RICA Y CHINA

ÍNDICE

Preámbulo
Capítulo 1: **Disposiciones Iniciales**[④]
Capítulo 2: Definiciones de Aplicación General
Capítulo 3: Trato Nacional y Acceso a Mercados para el Comercio de Mercancías
Capítulo 4: Reglas de Origen y Procedimientos Operativos Relacionados
Capítulo 5: Procedimientos Aduaneros
Capítulo 6: Medidas Sanitarias y Fitosanitarias
Capítulo 7: Obstáculos Técnicos al Comercio
Capítulo 8: Defensa Comercial
Capítulo 9: Inversión, Comercio de Servicios y Entrada Temporal de Personas de Negocios
Capítulo 10: Propiedad Intelectual
Capítulo 11: Cooperación, Promoción y Mejoramiento de las Relaciones Comerciales
Capítulo 12: Transparencia
Capítulo 13: Administración del Tratado
Capítulo 14: Solución de Controversias
Capítulo 15: Excepciones
Capítulo 16: **Disposiciones Finales**[⑤]

---

① solución de controversias: 争端解决。

② reglas de origen: 原产地规则。也称货物原产地规则，指一国根据国家法令或国际协定确定的原则而制定并实施的、以确定生产或制造货物的国家或地区的具体规定。

③ obstáculos técnicos al comercio: 技术性贸易壁垒。是一国或区域组织为维护国家或区域安全、保障人类健康和安全、保护动植物健康和安全、保护环境、防止欺诈行为、保证产品质量等而采取的一些强制性或自愿性的技术性措施。这些措施将对其他国家或区域组织的商品、服务和投资进入该国或该区域市场产生影响，形成贸易扭曲，因而具有贸易壁垒的实际效果。

④ Disposiciones Iniciales: Aquí se presentan los objetivos de este tratado, la relación con otros acuerdos internacionales y el alcance de las obligaciones (初始条款).

⑤ Disposiciones Finales: Consiste en las cláusulas sobre los anexos, modificación del tratado y su vigencia (最终条款).

Actividades

I. Señala con "F" (Falsa) o "V" (Verdadera) las siguientes afirmaciones.

1. ( ) Un TLC es un acuerdo comercial bilateral.
2. ( ) La historia del TLC puede remontarse al siglo XIX.
3. ( ) Un TLC puede hacer a las empresas domésticas entrar en unos mercados extranjeros libremente.
4. ( ) Un TLC solo puede reducir las barreras no arancelarias.
5. ( ) Para China, los TLCs pueden servir como plataformas para desarrollar su comercio exterior, al mismo tiempo también ayudarán a nuestro país a integrarse en la economía mundial.
6. ( ) Después de cinco rondas de negociaciones, entró en vigencia el Tratado de Libre Comercio entre China y Chile en enero de 2005.
7. ( ) En noviembre de 2017, China y Chile profundizaron más el TLC firmado anterior.
8. ( ) El TLC entre China y Perú entró en vigor en 2010.
9. ( ) Las reglas de origen y obstáculos técnicos al comercio son dos de los temas que mencionan en el TLC firmado entre China y Perú.
10. ( ) El Tratado de Libre Comercio entre Costa Rica y China incluye temas muy diferentes que los del tratado entre China y Perú.

II. Rellena los espacios en blanco con las preposiciones adecuadas.

1. El ________ entre el Perú y China fue suscrito el 28 de abril de 2009 en la ciudad de Beijing (China) por la entonces Ministra de Comercio Exterior y Turismo de Perú, Mercedes Aráoz y por el Viceministro de Comercio de China, Yi Xiaozhun. Dicho acuerdo entró en ________ el 1 de marzo de 2010.
2. A lo largo del planeta, existe una red de tratados de libre comercio en expansión. Los TLCs de gran valor, ayudan a ________ tarifas arancelarias y cuotas de importación en la mayoría los ________ y servicios entre los países bajo firmantes del tratado.
3. Desde tratados con ________ como la Asociación de Naciones del Sudeste Asiático (东南亚国家联盟) hasta ________ bilaterales con países pequeños como Maldivas (马尔代夫), los TLCs de China ya abarcan 21 países, lo que se compara con los 20 países que cubren los acuerdos de EE.UU. Según el Ministerio de ________ de China, se están negociando o estudiando más de una docena de tratados adicionales.
4. El Tratado de Libre Comercio de América del Norte (TLCAN) es un ________ comercial que pretende beneficiar a los tres países que lo suscriben: México, ________ y Canadá. El TLCAN sustituyó al Tratado de Libre Comercio de Canadá y ________, que fue firmado

en 1988. En 1991, iniciaron las negociaciones del TLCAN, que fue suscrito por Brian Mulroney, primer ministro canadiense, George Bush, ________ de ________ y Carlos Salinas de Gortari, presidente de México, y que entró en ________ el 1 de enero de 1994.

III. Traduce al chino las siguientes oraciones.

1. En el acuerdo fueron negociados distintos aspectos de las relaciones comerciales: acceso a los mercados, procesos de aduanas, medidas de sanidad, comercio de servicios, inversiones, protección de propiedad intelectual, entre otros.
2. Los asuntos de acceso a mercados tienen como objetivo remover las barreras arancelarias y no arancelarias al comercio de bienes y servicios, es decir, buscan un acceso preferencial y trato nacional en el mercado del otro país.
3. Según el Banco, la propuesta es realista ya que el 90% del comercio regional ya se encuentra libre de aranceles. Además, los dos grandes bloques económicos de la zona, el MERCOSUR y la Alianza del Pacífico, ya expresaron su voluntad de integrarse.
4. Los TLCs permiten a los productores locales ampliar su mercado a otras naciones generando empleo en sus países, además este mismo productor puede contar ahora con materias primas más económicas, haciéndolo mucho más competitivo.
5. El archipiélago (群岛) de Mauricio (毛里求斯), en el este de África, será el primer país de ese continente en tener un TLC con China, según acordaron los primeros ministros de los dos países en los márgenes de la cumbre chino-africana de Beijing.
6. Desde el lanzamiento del Tratado de Libre Comercio entre Costa Rica y China, los intercambios entre ambas naciones han crecido de manera significativa: en 2012, la balanza comercial alcanzó los US$ 1483,5 millones; años después, en 2016, esa cifra aumentó hasta los US$ 2128,6 millones.
7. Además, las negociaciones entre China, Japón y Corea, se iniciaron el 20 de noviembre de 2012. Cada uno de estos países goza de economías globales y dinámicas, con un PIB conjunto de 14 trillones (兆) de dólares en 2011, que supone prácticamente un quinto de la producción mundial total. Por lo tanto, cuando el TLC sea finalmente implementado, su impacto seguramente se extenderá más allá la relevancia de los tres países involucrados.
8. En los últimos años, Perú ha iniciado un proceso de acercamiento con el Asia, el cual incluye el inicio de negociaciones con sus principales socios comerciales en dicho continente. En este contexto, surge el interés de negociar con China, país cuyo mercado es el más grande del mundo, cuyo crecimiento ha sido el más elevado a nivel mundial en las dos últimas décadas, con tasas de 10% anual aproximadamente y que viene experimentando una mayor demanda de importaciones tanto de bienes de consumo, como de materias primas, bienes intermedios y bienes de capital, de sus socios comerciales.

IV. Traduce al español las siguientes oraciones.

1. 十年间，中国—哥伦比亚的贸易总量上升了 15 倍，双方正在商讨签署自贸协定的可能性。
2. 中国与毛里求斯就自贸协定谈判内容达成协议。这是我国与非洲国家签署的首个自贸协定。
3. 得益于中智自由贸易协定，智利水果进入中国市场时可以享受零关税的待遇。2018 年，中国进口了 16 万吨的智利车厘子，占智利车厘子出口量的 85%。
4. 中国—智利自由贸易协定第三轮升级谈判在智利首都圣地亚哥举行。中智双方就货物贸易、服务贸易、经济技术合作、原产地规则、海关程序等议题进行了深入磋商。
5. 经济全球化和贸易自由化（Liberalización）是世界经济发展的大趋势，推动与有关国家的自贸区建设是中国扩大对外开放、建设开放型世界经济过程中的重要任务。
6. 考虑到双方的经济状况和社会、文化需求，并为促进双方的技术创新、技术转让与技术传播，双方应确保对知识产权提供适当、有效的保护。
7. 未来，在货物贸易领域，双方零关税的产品类别比例将超过 90%。中国游客前往该国将更加便利，中国投资者可以在该国设立酒店、餐馆等；该国投资者也可以在中国设立旅行社。
8. 一般而言，自由贸易协定中的章节会包含：序言、定义、货物贸易、原产地规则、海关手续、卫生与植物卫生措施、技术性贸易壁垒、投资、商务人员流动、透明度、知识产权、贸易救济、争端解决、例外、最终条款。
9. 截至 2016 年 1 月，我国已经签署并实施 14 个自贸协定，其中包括中国与东盟（ASEAN）、新西兰、新加坡、巴基斯坦、智利、秘鲁、哥斯达黎加、冰岛、瑞士、韩国和澳大利亚的自贸协定。

V. Reflexiona y resume por escrito tu opinión.

En esta lección hemos conocido y estudiado los conocimientos y conceptos básicos del TLC. ¿Cómo ves los TLCs y el libre comercio? ¿Qué opinas de sus beneficios y riesgos que pueden traernos? ¿Por qué?

Etiquetas específicas

• Primera Zona Franca de América Latina — Zona Libre de Colón

Una zona franca es un territorio delimitado de un país donde se goza de algunos beneficios tributarios, como la exención del pago de derechos de importación de mercancías, así como exoneraciones de algunos impuestos o una diferente regulación de estos. **Pero no se debería confundir con un área de libre comercio,** esta se crea mediante la suscripción de un acuerdo de libre comercio entre dos o más naciones, como su nombre lo indica, permite el libre tránsito de bienes y servicios entre sus países miembros, eliminando progresivamente o llevando a una mínima expresión los trámites trasfronterizos recíprocos y los impuesto o aranceles mutuos, la UE es un ejemplo representativo.

Muchos Gobiernos de países establecen zonas francas en regiones apartadas o extremas, con el fin de atraer allí a población y promover el desarrollo económico de la región. En las zonas francas suelen crearse grandes centros de compra y también se instalan con frecuencia industrias maquiladoras, plantas procesadoras o almacenes especiales para la mercancía en tránsito. A veces esas zonas francas son llamadas puertos libres, por una analogía con los puertos libres conocidos desde hace mucho tiempo: los puertos libres de tasas aduaneras o con regulaciones de tasas favorables.

La Zona Libre de Colón (Zolicol o ZLC) es una zona franca de primera generación localizada en la costa caribeña de Panamá, en la provincia de Colón. Se encuentra en la esquina sudeste de la Ciudad de Colón y ocupa 1.064,58 hectáreas, es la zona franca más grande del continente americano y la segunda del mundo, es considerada la primera Zona Franca en el hemisferio occidental. Capta servicios y centros de importación, almacenaje, embalaje y reexportación de productos de todas partes del mundo, en especial aparatos eléctricos, productos farmacéuticos y licores, entre otros. Las principales importaciones provienen de China, Singapur y Estados Unidos, con destino a países de Sudamérica, Centroamérica y el Caribe.

Esta zona franca que está próxima a cumplir 70 años como líder de la región, abrió sus puertas en 1948 con la primera empresa en instalarse y operar en ZLC, Motta Internacional empresa líder. Hoy ZLC cuenta con más de 2.600 compañías usuarias, y recibe la visita de inversionistas, turistas y nacionales que deseen invertir y comprar artículos al por mayor y libre de impuestos de importación y exportación.

• La zona franca del puerto Waigaoqiao de Shanghai

La zona franca del puerto Waigaoqiao de Shanghai es el recinto fiscalizado más importante de China. Se encuentra en la confluencia del río Yangtsé y el mar de China, a unos 40-60 minutos en coche desde el centro de Shanghai. Está situada en la zona de Shanghai conocida como Pudong, al este del río Huangpu, relativamente cerca del aeropuerto internacional de la ciudad, el Pudong International Airport.

Hay numerosos edificios de almacenamiento de mercancías y numerosos países tienen aquí oficinas y recintos para poder vender sus productos libres de impuestos. Esta zona cuenta con una superficie total de 10 kilómetros cuadrados, fue diseñada originalmente para el proceso de exportación. Las materias primas pueden ser importadas a esta zona libre de aranceles, no se pagan impuestos sobre el valor añadido o tasas en las mercancías que lleguen a Waigaoqiao a no ser que sean vendidas a clientes fuera de la zona.

La Zona Franca de Waigaoqiao es uno de los pocos lugares en China donde los inversores extranjeros pueden establecer una empresa de carácter comercial que se dedique al mismo tiempo a los negocios nacionales e internacionales. No hay restricciones en las clases de mercancías con las que se puede operar: manufacturas importadas para uso propio, equipos de almacenamiento, materiales de construcción, equipamiento de oficinas, etc., todas ellas están exentas de pagar tasas arancelarias, IVA y licencia sobre la importación.

No hay límite ni en el tiempo ni en los tipos de mercancías almacenadas, tanto si están en depósito o han pagado aranceles. Se les permite a los almacenes (ya sean para uso propio o para explotación) llevar a cabo procesos comerciales simples, como cargamento y empaquetado, selección, etiquetado, descatalogación, etc.

Según las "Regulaciones de la Zona Franca Comercial de Waigaoqiao (Shanghai)" vigentes, las empresas en la ZFC pueden desarrollar libremente sus negocios entre la ZFC y el territorio de la China continental, dentro y fuera de la propia ZFC y con otras zonas francas nacionales del país. Además, se les alienta para que realicen actividades relacionadas con la distribución y el transporte marítimo internacional.

Desde que se comenzó a poner a prueba las zonas de libre comercio en Shanghai en 2013, China ya estableció sucesivamente 11 más en Guangdong, Tianjin, Fujian, Liaoning, Zhejiang, Henan, Hubei, Chongqing, Sichuan, Shanxi y Hainan. En agosto de 2019, China anunció su plan para establecer seis nuevas zonas piloto de libre comercio como una acción estratégica para seguir impulsando el avance de la reforma y la apertura.

(Adaptación de un artículo de Bonffati en China, El Litoral)

Lecturas complementarias

ORGANIZACIÓN MUNDIAL DE COMERCIO

¿QUÉ ES OMC?

La OMC nació como consecuencia de unas negociaciones y todo lo que hace resulta también de negociaciones. El grueso del trabajo actual de la OMC proviene de las negociaciones mantenidas en el periodo 1986-1994, la llamada Ronda Uruguay, y de anteriores negociaciones en el marco del Acuerdo General sobre Aranceles Aduaneros y Comercio (GATT). La OMC es actualmente el foro de nuevas negociaciones en el marco del "Programa de Doha para el Desarrollo", iniciado en 2001.

Cuando los países han tenido que hacer frente a obstáculos al comercio y han querido que se reduzcan, las negociaciones han contribuido a abrir los mercados al comercio. Sin embargo, la labor de la OMC no se circunscribe a la apertura de los mercados y en algunos casos sus normas permiten mantener obstáculos comerciales, por ejemplo, para proteger a los consumidores o para impedir la propagación de enfermedades.

El propósito primordial del sistema es contribuir a que el comercio fluya con la mayor libertad posible, sin que se produzcan efectos secundarios no deseables, porque ello es importante para el desarrollo económico y el bienestar. Esto conlleva, en parte, la eliminación de obstáculos. También requiere asegurarse de que los particulares, las empresas y los Gobiernos conozcan cuáles son las normas que rigen el comercio en las distintas partes del mundo, de manera que puedan confiar en que las políticas no experimentarán cambios abruptos. En otras palabras, las normas tienen que ser "transparentes" y previsibles.

Las relaciones comerciales conllevan a menudo intereses contrapuestos. Los acuerdos, incluidos los negociados laboriosamente en el sistema de la OMC, tienen muchas veces que ser interpretados. La forma más armoniosa de resolver estas diferencias es mediante un procedimiento imparcial basado en un fundamento jurídico convenido. Ese es el propósito del sistema de solución de diferencias integrado en los Acuerdos de la OMC.

¿QUÉ HACE OMC?

Negociaciones comerciales

Los Acuerdos de la OMC abarcan las mercancías, los servicios y la propiedad intelectual. En ellos se establecen los principios de la liberalización, así como las excepciones permitidas. Incluyen los compromisos contraídos por los distintos países de, por un lado, reducir los aranceles aduaneros y otros obstáculos al comercio; y por otro, de abrir y mantener abiertos los mercados de servicios. Establecen procedimientos para la solución de diferencias. Dichos Acuerdos no son estáticos, son de vez en cuando objeto de nuevas negociaciones, y pueden añadirse al conjunto nuevos acuerdos. Muchos de ellos se están negociando actualmente en el marco del Programa de Doha para el Desarrollo, iniciado por los Ministros de Comercio de los Miembros de la OMC en Doha (Qatar) en noviembre de 2001.

Aplicación y vigilancia

Los Acuerdos de la OMC obligan a los Gobiernos a garantizar la transparencia de sus políticas comerciales notificando a la OMC las leyes en vigor y las medidas adoptadas. Diversos consejos y comités de la OMC tratan de asegurarse de que esas prescripciones se respeten y de que los Acuerdos de la OMC se apliquen debidamente. Todos los Miembros de la OMC están sujetos a un examen periódico de sus políticas y prácticas comerciales y cada uno de esos exámenes contiene informes del país interesado y de la Secretaría de la OMC.

Solución de diferencias

El procedimiento de la OMC para resolver controversias comerciales en el marco del "Entendimiento sobre Solución de Diferencias" es vital para la observancia de las normas, y en consecuencia para velar por la fluidez de los intercambios comerciales. Los países someten sus diferencias a la OMC cuando estiman que se han infringido los derechos que les corresponden en virtud de los Acuerdos. Los dictámenes de los expertos independientes designados especialmente para el caso se basan en la interpretación de los Acuerdos y de los compromisos contraídos por cada uno de los países.

Creación de capacidad comercial

Los Acuerdos de la OMC contienen disposiciones especiales para los países en desarrollo, con inclusión de plazos más largos para aplicar los Acuerdos y los compromisos y de medidas para aumentar sus oportunidades comerciales, con objeto de ayudarles a crear capacidad comercial, solucionar diferencias y aplicar normas técnicas. La OMC organiza anualmente centenares de misiones de cooperación técnica a países en desarrollo. También organiza cada año en Ginebra numerosos cursos para funcionarios gubernamentales. La Ayuda para el Comercio tiene por objeto ayudar a los países en desarrollo a crear la capacidad técnica y la infraestructura que necesitan para aumentar su comercio.

Proyección exterior

La OMC mantiene un diálogo regular con organizaciones no gubernamentales, parlamentarios, otras organizaciones internacionales, los medios de comunicación y el público en general sobre diversos aspectos de la Organización y las negociaciones de Doha en curso, con el fin de aumentar la cooperación y mejorar el conocimiento de las actividades de la OMC.

(Fuente: Web Oficial de OMC)

UNIDAD 2

COMERCIO EXTERIOR

对外贸易

↘ Lección 1　Comercio de mercancías y servicios

↘ Lección 2　Términos comerciales y formas de pago

↘ Lección 3　Barreras comerciales y antidumping

对外贸易是一国国民经济中重要的有机组成部分，也是一国国民经济整体中不可缺少的重要环节。当前，随着全球化进程的不断深化，各国间的商品和服务往来变得更加多样、紧密和频繁，对外贸易的重要性也在日益凸显。

本单元分为三课：第一课我们将了解国际贸易的基本组成部分——商品与服务贸易，建立与对外贸易相关的基本概念；第二课我们将学习与对外贸易有关的术语和国际贸易中的支付方式，从实用角度进一步熟悉对外贸易；第三课我们将对贸易壁垒和反倾销进行学习，了解当代贸易问题，探寻其根源。

通过这一单元的学习，同学们将对“对外贸易”这一主题建立基本认识，对其概念、术语和现象有初步了解，为将来从事或研究该领域打下基础。

Lección 1 Comercio de mercancías y servicios

Conocimientos

I. Definición y características

Comercio exterior

El comercio exterior consiste en el intercambio de bienes y servicios entre dos o más países. El comercio exterior es la compra o venta de bienes y servicios que se realiza fuera de las fronteras geográficas de un país (en el exterior). Esto es, se transan productos en donde las partes interesadas se encuentran ubicadas en distintos países o regiones.

El comercio exterior generalmente se encuentra sujeto a diversas normas tanto de control de los productos (sanitarios, seguridad, etc.), como de procedimientos (trámites burocráticos, registros, etc.) y de tributación (impuestos, aranceles, etc.).

El objetivo principal del comercio exterior es satisfacer la demanda de los consumidores aprovechando las **ventajas comparativas**① que tiene cada país.

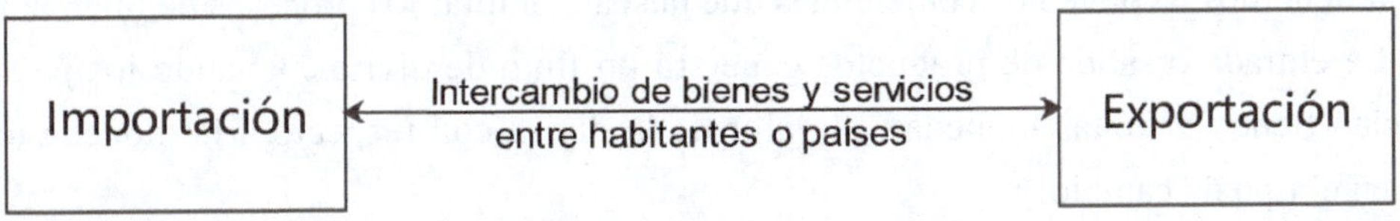

Comercio exterior de servicios

El comercio de servicios incluye el intercambio o venta de un servicio, a través de uno de los cuatro modos de suministro definidos subsecuentemente, entre residentes de un país y residentes de otro país. Los servicios transados caen dentro de las doce amplias categorías definidas.

① ventajas comparativas: 比较优势（或相对优势）。经济学概念，解释了为何在拥有较低机会成本的优势下进行生产时，贸易对双方都有利。当一方（一个人，一间公司或一国）进行一项生产时所付出的机会成本比另一方低，这一方便拥有了进行这项生产的比较优势。假设甲国和乙国都只生产衣服和食物，在同质的资源下，甲国生产一单位衣服的机会成本是二单位食物，而乙国生产一单位衣服的机会成本是三单位食物。根据比较优势理论，甲国享有生产衣服的比较优势，便应该专业生产衣服，并出口乙国以换取食物；而乙国在生产食物上有比较优势，意味着它应该专业生产食物，并出口甲国以换取衣服。没有任何一方在所有物品的生产上均享有比较优势，所以比较优势的本质是互利的。

Modalidades (módulos) de comercio internacional de servicios①

La definición del comercio de servicios presenta cuatro **vertientes**② en función de la presencia territorial del proveedor y del consumidor en el momento de la transacción:

Modo 1. Comercio transfronterizo: Del territorio de un Miembro (de OMC) al territorio de cualquier otro Miembro;

Modo 2. Consumo en el extranjero: En el territorio de un Miembro a un consumidor de servicios de cualquier otro Miembro;

Modo 3. Presencia comercial: Por un proveedor de servicios de un Miembro mediante la presencia comercial en el territorio de cualquier otro Miembro;

Modo 4. Presencia de personas físicas: Por un proveedor de servicios de un Miembro mediante presencia de personas físicas de un Miembro en el territorio de cualquier otro Miembro.

Características del comercio exterior

El comercio exterior presenta las siguientes características básicas:

– Por definición, se trata de un comercio fuera de las fronteras del país. Un país puede comerciar con uno o más países.

– Los países que comercian tienen economías abiertas (permiten las transacciones con otros países) o al menos tienen acuerdos de comercio exterior con algún país en particular.

– Suele estar sujeto a una normativa especial (control, proceso, tributos, etc.).

– Los países interesados en intercambiar bienes y servicios con otros suelen suscribir acuerdos o convenios comerciales que buscan facilitar los procesos de intercambio.

– La entrada o salida de productos generará un flujo de divisas. Cuando los países que comercian tienen distintas monedas, el valor de la divisa con respecto a la moneda local se refleja en el tipo de cambio.

– Las fluctuaciones del tipo de cambio pueden afectar los flujos de comercio exterior entre los países que tienen distintas monedas.

– Usualmente existe un organismo público encargado de controlar la entrada y salida de bienes de un país. Este organismo se llama Aduana y está encargado de controlar los flujos de entrada y salida de bienes a través de la frontera y de la aplicación de impuestos (aranceles o tributos) que determine la ley.

---

① 关贸总协定乌拉圭回合谈判达成的《服务贸易总协定》于1995年1月正式生效，其中规定国际服务贸易具体包括四种方式：跨境交付（Cross-border Supply）、境外消费（Consumption Abroad）、商业存在（Commercial Presence）和自然人流动（Movement of Natural Persons）。

② vertientes: 方面。近义词有aspecto、faceta、sector、cara。

II. Formas de comercio exterior

Las tres formas básicas de comercio exterior son las siguientes:

Exportación: son el conjunto de bienes y servicios vendidos por un país en territorio extranjero.

Importación: son el conjunto de bienes y servicios comprados por un país en territorio extranjero para su utilización en territorio nacional.

Comercio de tránsito: se consideran comercio de tránsito los servicios económicos, en los que el individuo que ejecuta la operación no tiene domicilio social ni en el país exportador ni en el importador, sino que está situado en un tercer país.

III. Ventajas y desventajas del comercio exterior

Ventajas

Una de las mayores ventajas del comercio exterior es la posibilidad de que las personas y empresas puedan acceder a bienes y servicios (incluyendo **insumos**①) más variados y baratos. En efecto, el comercio exterior impulsa la competencia entre distintos países que cuentan con una disponibilidad de recursos diferentes. Lo anterior permite que las personas puedan acceder a bienes que no se producen localmente o los mismos bienes locales, pero a un precio reducido.

El comercio exterior permite también complementar a la producción interna cuando esta es insuficiente para poder satisfacer la demanda local.

Además, el comercio exterior impulsa la eficiencia ya que permite que los países aprovechen sus ventajas comparativas, tanto en recursos como en tecnología o ubicación.

Desventajas

El comercio exterior puede ser perjudicial para las empresas locales menos eficientes. En efecto, la mayor competencia de las empresas de otros países puede presionar a la salida de las empresas locales que no son capaces de adaptarse y atraer las preferencias de los clientes. No obstante, esto no es perjudicial para los consumidores ni para la sociedad en general. De hecho, este es el objetivo del libre mercado, promover la competencia para que solo los más eficientes puedan quedarse y satisfacer de la mejor forma posible la demanda de los consumidores (con menores precios y mayor calidad).

① insumos:（用于生产的）物资，耗材，原料。

Textos

PRINCIPALES TEORÍAS SOBRE COMERCIO INTERNACIONAL

Para poder entender de una manera más clara lo que es el comercio internacional es necesario comenzar por plantear cómo surge y sobre todo cuáles son sus bases teóricas, es decir, las diversas teorías que se han formado a través del propio desarrollo y evolución del comercio internacional. Dentro de las principales se pueden plantear de manera sintética las siguientes:

1 *Teoría de la ventaja absoluta*①

La teoría de la ventaja absoluta planteada por **Adam Smith**② destaca la importancia del libre comercio para que la riqueza de las naciones se incremente, basándose en el ejemplo de que ningún jefe de familia trataría de producir en casa un bien que incurriera en un costo mayor que comprarlo. Si se aplicara este ejemplo concretamente a un país extranjero "A", se llegaría a la conclusión de que "A" podría proveer a otro país "B" de un bien más barato de lo que el país "B" pudiera producirlo.

De esta manera se puede definir a la ventaja absoluta como la capacidad de producir un bien a un costo absolutamente menor medido en términos de unidades de trabajo.

2 *Teoría de la ventaja comparativa*

Originalmente a Adam Smith se le atribuye la noción de ventaja absoluta, en la que explica y plantea que una nación exportará un artículo si es el productor de más bajo costo del mundo, pero David Ricardo llega a refinar esta teoría, hasta llegar a plantear lo que conocemos como la teoría de la ventaja comparativa, por medio de la cual reconoce que las fuerzas del mercado asignarán los recursos de una nación a aquellos sectores donde sean relativamente más productivos. Es decir que una nación puede importar un bien que podría ser el producto de más bajo costo, si todavía es más productiva en la producción de otros bienes.

De esta manera los países podrán exportar aquellos otros que su trabajo produce de forma relativamente más eficiente e importarán los bienes que su trabajo produce de forma relativamente más ineficiente.

---

① Teoría de la ventaja absoluta: 绝对优势理论。由英国古典政治经济学家亚当·斯密于1776年在《国富论》一书中提出，他认为国际贸易产生的原因是国与国之间的绝对成本的差异，如果一国在某一商品的生产上所耗费的成本绝对低于他国，该国就具备生产该产品的绝对优势，从而可以进行出口，反之则进口。各国应分别按照本国的绝对优势形成国际分工格局，各自提供交换产品。

② Adam Smith: 亚当·斯密。英国政治经济学家、哲学家，经济学的主要创立者。亚当·斯密是现代资本主义经济制度的创立者，强调自由市场、自由贸易以及劳动分工，被誉为“经济学之父”。

3 *Teoría de las proporciones factoriales*①

Esta teoría plantea que las naciones tienen toda una tecnología equivalente pero que difieren en sus dotaciones de factores de producción, se llama factores de producción a elementos como la tierra, el trabajo, recursos naturales y capital, que son los insumos básicos para la producción. De esta manera las naciones consiguen ventaja comparativa basada en los factores en aquellos sectores de los cuales se hace un uso intensivo, de aquello que tienen en abundancia, permitiendo exportar los bienes que producen e importando productos en los que se tiene una desventaja comparativa en cuanto a estos factores.

En cuanto a esta teoría, se puede decir que existen opiniones que consideran que el planteamiento de la misma no es suficiente para explicar las estructuras del comercio y por otro lado en algunos países se ha cumplido al pie de la letra los supuestos de esta teoría.

4 *Teoría del ciclo de vida del producto*②

La teoría decía que, de manera aparente, las empresas pioneras en un producto creían que era mejor mantener las plantas productivas cerca del mercado y del lugar de toma de decisiones. Debido a la novedad del producto, las empresas pueden cobrar precios relativamente elevados por sus nuevos productos. La demanda inicial en otros países avanzados no justifica la producción inicial en esos países del nuevo producto, pero sí requiere exportaciones del país de origen. Con el tiempo, la demanda del nuevo producto empieza a crecer en otros países avanzados y entonces los productores extranjeros encuentran un motivo para iniciar la producción de tales bienes en estos países y de esta forma, abastecer a sus mercados nacionales. Conforme el mercado madura, el producto se vuelve más estandarizado, al ocurrir esto, las consideraciones de costos representan un papel más importante dentro del proceso competitivo y la producción se vuelve a trasladar, esta vez hacia países en vías de desarrollo. El ciclo puede repetirse conforme los países en desarrollo empiezan a adquirir una ventaja de producción sobre los países desarrollados.

Esta es otra teoría que presenta un modelo para explicar el funcionamiento del comercio, válido principalmente para el momento en que se elaboró. Aquí la producción de bienes de reciente creación pasa del país desarrollado donde se desarrolló a otro país desarrollado y de ahí a un tercer país menos desarrollado.

---

① Teoría de las proporciones factoriales: 要素禀赋论。又称H-O理论（即赫克歇尔–俄林理论，英文全称为Heckscher-Ohlin theory）。该理论以要素分布为客观基础，强调各个国家和地区不同要素禀赋和不同商品的不同生产函数对贸易产生的决定性作用。

② Teoría del ciclo de vida del producto: 产品生命周期理论。该理论由美国哈佛大学教授雷蒙德·弗农于1966年在《产品周期中的国际投资和国际贸易》一文中首次提出。产品生命周期是指产品的市场寿命，即一种新产品从进入市场到被市场淘汰的整个过程。

5 *Nueva teoría del comercio internacional*①

La nueva teoría del comercio empezó a surgir en la década de los ochenta. De acuerdo con ella, muchas industrias experimentaban rendimientos crecientes de la especialización, debido a la presencia de economías sustanciales de escala. Además, los teóricos del nuevo comercio aseveran que, por la presencia de economías de escala importantes, la demanda mundial únicamente apoyará a unas cuantas firmas en varias industrias. Los teóricos del nuevo comercio afirman que los países pueden exportar ciertos productos simplemente porque cuentan con una firma que entró por primera vez en una industria que solo puede sostener a unas cuantas empresas. Gracias a que pueden obtener **economías de escala**②, los primeros en entrar en una industria pueden colocar un candado en el mercado mundial que desaliente los intentos de una penetración subsecuente. Muchas industrias globales tienen un número muy limitado de empresas. Tal es el caso de las industrias de aviones comerciales, químicos, equipo de construcción, camiones, neumáticos, aparatos electrónicos y motores de reacción. Mediante la utilización juiciosa de los subsidios, un Gobierno puede incrementar las probabilidades de que las firmas nacionales sean las primeras en actuar dentro de las industrias emergentes.

Al parecer esta nueva teoría del comercio internacional se cumple en aquellas compañías de grandes dimensiones, sin embargo, no se debe olvidar que hay países en los que las pequeñas y medianas empresas son el motor de la economía exportadora.

¿CÓMO AFECTA EL CAMBIO DE DIVISAS A LAS EXPORTACIONES?

El tipo de cambio③ y su extraordinaria importancia

El tipo de cambio es la magnitud que determina el valor que posee una moneda determinada frente a otra distinta. Su fijación corresponde a la autoridad monetaria a la que esté sometido cada país en cuestión, por lo que dependerá de las diferentes políticas monetarias seguidas por los diversos estados. No obstante, la decisión de variar el tipo de cambio no es, ni mucho menos, algo caprichoso, sino que viene determinada en gran medida por los desequilibrios que puedan existir en las respectivas balanzas comerciales de cada país.

Esta variabilidad del tipo de cambio lleva a que cada divisa posea un valor relativo distinto respecto de las demás, lo que tiene una enorme trascendencia dentro del comercio internacional, afectando de manera directa tanto a las importaciones como a las exportaciones de un país.

---

① Nueva teoría del comercio internacional: 新国际贸易理论。主要是指二战结束后，特别是20世纪80年代以来，为解释新的贸易现象而产生的一系列国际贸易理论学说。主要代表人物包括迪可西特、克鲁格曼、赫尔普曼、斯宾塞和布兰德等，其中最主要的代表人物是克鲁格曼。

② economías de escala: 规模经济。是指扩大生产规模引起的经济效益增加的现象，是长期平均总成本随产量增加而减少的特性。规模经济反映的是生产要素的集中程度同经济效益之间的关系。

③ tipo de cambio: 汇率。补充词汇：
– avaluación: 升值。
– devaluación: 贬值。

¿De qué forma afecta el cambio de divisas a las exportaciones?

El comercio internacional se ve muy afectado por el cambio de divisas, como consecuencia de las fluctuaciones del tipo de cambio.

Así, cuando una moneda va mermando su valor en el mercado internacional, los precios de los productos asociados a la misma se reducen igualmente de cara a los demás países, lo que puede llevar a que sus exportaciones se incrementen de un modo significativo, tanto mayor cuanto mayor sea la devaluación. Esto tiene lugar porque los menores precios hacen que en los otros países resulte menos oneroso el consumo de tales productos, aumentando así la demanda externa y, por tanto, la exportación.

Por el contrario, si la moneda se revaloriza en el mercado internacional, los precios de los productos del país afectado se verán asimismo incrementados, lo que afectará de un modo negativo a sus exportaciones.

A nivel interno, sin embargo, las consecuencias son justo las opuestas, esto es, una pérdida de valor de la moneda propia tiende a ser inflacionista, provocando a buen seguro un aumento general del nivel de precios internos, sucediendo lo contrario en el caso de revalorizaciones monetarias.

La importancia del tipo de cambio como herramienta reguladora del mercado

La proliferación constante de tratados de libre comercio ha supuesto, entre otras cosas, la supresión de numerosas tasas arancelarias encargadas de gravar la importación de determinados productos. Como consecuencia de ello, las políticas de aranceles tienen cada vez menos margen de maniobra en lo que se refiere a la regulación del comercio internacional. Y esto ha llevado a que, de forma correlativa, esté cobrando una trascendencia cada vez mayor la fluctuación de valor en las divisas como método de control de las exportaciones e importaciones.

Actividades

I. Interpreta en español los siguientes conceptos según el entendimiento del texto.

1. comercio de servicios
2. tipo de cambio
3. comercio de tránsito
4. ventaja comparativa
5. proporciones factoriales

II. Rellena los espacios en blanco con la expresión adecuada del recuadro.

datos	interanual	descenso	superávit	ralentización	guerra
comercial	gigante	comparación	tendencia	flujo	

El comercio internacional de China avanzó un 3,9% __________ en el acumulado del primer semestre de 2019, lo que supone una __________ de 4 puntos porcentuales respecto al mismo periodo del año anterior, según datos oficiales publicados este viernes.

La Administración General de Aduanas indicó que en estos seis meses el comercio exterior de China se situó en los 14,67 billones (un billón equivale a 10^{12}) de yuanes (2,13 billones de dólares, 1,89 billones de euros), y que las exportaciones crecieron un 6,1% mientras que las importaciones lo hicieron un 1,4%.

Así pues, el __________ comercial fue de 1,24 billones de yuanes (179.773 millones de dólares, 159.579 millones de euros), lo que supone un aumento del 41,6% con respecto al dato del año anterior.

Los intercambios con Estados Unidos, país con el que libra una __________ desde marzo del años pasado, se redujeron en un 9% durante el primer semestre, __________ marcada principalmente por el __________ del 25,7% en el __________ de bienes procedentes del país norteamericano.

En el mes de junio, el comercio exterior del __________ asiático descendió un 1,2% con respecto al registrado en mayo, aunque en la__________ interanual hubo un ascenso del 3,2%.

Al comparar los __________ con los de junio de 2018, destaca que las exportaciones avancen un 6,1% mientras las importaciones disminuyen un 0,4%.

III. Lee las siguientes definiciones y compáralas con las nociones en chino.

1. **Acceso a mercados:** Condición que determina la posibilidad real de los proveedores de bienes y servicios de un país, de competir frente a los bienes importados, o de los proveedores de un país de penetrar en un mercado externo.
2. **Certificado sanitario:** Documento expedido por los organismos correspondientes (autoridades sanitarias o autoridades correspondientes) del país de donde viene el producto en el que se hace constar que está exento de elementos contagiosos.
3. **Derechos de propiedad intelectual:** Derechos sobre la propiedad de las obras de creación, las invenciones, los signos identificadores de los productos de una empresa (marcas de fábrica o de comercio) y demás elementos de la propiedad industrial, como las denominaciones de origen.
4. **Derechos aduaneros (derechos de aduana o impuesto aduanero):** Monto establecido

en los aranceles de Aduana que deben pagar las mercancías tanto a la entrada como a la salida del territorio aduanero.

5. **Facilitación del comercio:** Supresión o reducción de obstáculos al movimiento transfronterizo de mercancías (por ejemplo, simplificación de los procedimientos aduaneros).
6. **Mercado común:** Supone la existencia de una unión aduanera, la liberalización de los factores productivos, la liberalización de las mercancías, de las personas, de los servicios y de los capitales. Alude a la ausencia de obstáculos a la entrada, a la salida y a lo interno de cada Estado miembro del mercado común.
7. **Ronda de Uruguay:** Última ronda de negociaciones del GATT (1986-1994), la cual originó el Acuerdo de Marrakech y sus Anexos. Establece, por primera vez, negociaciones sobre agricultura, propiedad intelectual y servicios. Sentó las bases para un sistema equitativo y orientado al mercado para el comercio de productos agropecuarios; estableció compromisos vinculantes y específicos en las esferas de acceso a mercados, ayuda interna y subvenciones a la exportación.

IV. Traduce del español al chino las siguientes frases.

1. Las crecientes tensiones comerciales y las condiciones más estrictas del mercado crediticio moderarán el crecimiento del comercio mundial de mercancías al 3,7% en 2019 desde el 3,9% en el 2018, según la Organización Mundial de Comercio (OMC).
2. La mayor digitalización del país, las nuevas leyes fiscales y la demografía más joven presentan un futuro brillante para el país.
3. Año tras año el comercio internacional experimenta una importante transformación a medida que las nuevas soluciones tecnológicas entran a formar parte de lo cotidiano, impulsadas por las tendencias del mercado.
4. Existen factores externos como el cambio climático, las transformaciones portuarias y tecnológicas, el surgimiento de nuevos mercados, los cambios legislativos en las cadenas de suministros internacionales, para comprender las nuevas tendencias del comercio internacional y que son de utilidad para la movilidad de productos de forma global.
5. El Comercio Justo es movimiento internacional que lucha por la justicia global a través de la comercialización de productos elaborados en condiciones justas, la movilización social y la incidencia política. El Comercio Justo denuncia los orígenes de la pobreza y desigualdad, desarrollando un sistema comercial alternativo al convencional en el que los derechos de los pueblos y del medio ambiente están en el centro de la actividad económica.
6. Los cambios y continuidades del sistema internacional han repercutido en diversas áreas e interacciones de la economía política global. Es en este marco en el que Chile aplica

una estrategia que responde a la coyuntura y busca superar las complejidades y desafíos actuales, para continuar con una lógica de inserción internacional.

V. Traduce del chino al español las siguientes frases.

1. 一季度中国对外贸易亮点突出，成为全球贸易增长的助推器。
2. “澳门明天会更好”基金会的统计显示，得益于内地经济的高速发展和赴澳个人游的推动，澳门本地生产总值连续十个月稳步复苏。
3. 总体来看，2019 年上半年全球货物和服务贸易金额都出现明显下滑，这主要是因为受到了贸易量增长放缓、大宗商品价格下降和美元汇率变动的影响。
4. 年初以来，一些国际组织下调了全球经济和国际贸易的增速预期，其中国际货币基金组织对拉美地区的经济增长率预期下调了 0.5 个百分点，从 1.2% 下调至 0.7%。
5. 民营企业继续成为推动中国外贸增长的重要力量。今年前 8 月，民营企业进出口同比快速增长 11.2%，占外贸总值的 42.2%，比去年同期提升了 2.9 个百分点，显示出外贸的内生性增长动力正在不断增强。
6. 在外部环境充满不确定性的背景下，中国外贸稳中提质。这有利于企业进一步加快科技创新、提升产品附加值、提高劳动生产率、增强抵御风险的能力。

Etiquetas específicas

• Certificado de origen

El certificado de origen acredita el lugar de origen de tus mercancías, con la finalidad de satisfacer los requisitos aduaneros o comerciales. No se debe confundir entre país de origen con la procedencia o país desde donde ha sido enviada la mercancía. El origen de las mercancías condiciona el tratamiento arancelario o comercial que se da a las mismas en el momento de su entrada en un determinado territorio aduanero.

El certificado de origen lo emiten las Cámaras de Comercio del país exportador y tiene una vigencia indefinida. No obstante, las autoridades aduaneras de destino pueden exigir la reelaboración del certificado en caso que se retrase la expedición del certificado y de la mercancía. Un certificado de origen se emite en el país de salida y en el momento de la exportación de la mercancía.

• Trato arancelario preferencial

Bajo el marco de OMC, en el comercio normal de productos (sin Acuerdo), los países al ingreso del producto importado a su territorio cobran un determinado arancel aduanero, conocido como arancel de nación más favorecida.

Bajo un Acuerdo, este arancel aduanero se establece o negocia la forma o categorías de desgravación bajo la cual este se aplicará entre los países Parte del Acuerdo, según el producto. Eso consiste en el trato arancelario preferencial. Véase la siguiente tabla:

Instrumentos preferenciales	Trato arancelario preferencial
Tratado de Libre Comercio (TLC).	Trato arancelario preferencial recíproco entre los países Parte del instrumento preferencial.
Acuerdo de Asociación (AA).	
Acuerdo de Alcance Parcial (AAP).	
Sistema Generalizado de Preferencias (SGP)（普惠制，即普遍优惠制，英文缩写为 GSP），otros.	Trato arancelario preferencial de aplicación unilateral a beneficio de los países en vías de desarrollo y países menos adelantados.

Lecturas complementarias

CHINA NO NECESITA MANIPULAR LA TASA DE CAMBIO DEL RMB

En respuesta a la reciente acusación unilateral de EE.UU. de que China está manipulando la tasa de cambio del Renminbi (RMB), el economista jefe del Fondo Monetario Internacional (FMI), Maurice Obstfeld, declaró recientemente a los medios estadounidenses: "No tenemos evidencia de manipulación de la moneda por parte de China".

De hecho, la teoría de "manipulación de la tasa de cambio de China" es una teoría anticuada de EE.UU., que no solo carece de base objetiva, sino que también va en contra de la dirección de la reforma china en la mercantilización de la tasa de cambio del RMB. Como ha dicho el portavoz del Ministerio de Relaciones Exteriores de China, Geng Shuang, la tasa de cambio del RMB está determinada principalmente por la oferta y la demanda del mercado. Hay altibajos y fluctuaciones bidireccionales. China no tiene intención de estimular las exportaciones mediante la devaluación competitiva de la moneda.

Según el FMI, la "manipulación del tipo de cambio" se refiere a una intervención a largo plazo, a gran escala y unidireccional de un país en su tasa de cambio nacional, cuyo objetivo es conducir a un tipo de cambio beneficioso a su propio comercio y, por lo tanto, obtiene una ventaja injusta en el comercio.

Analistas señalan que China no tiene motivos ni necesidad de manipular el tipo de cambio para estimular su exportación. Hay tres razones principales:

La primera, que el consumo interno se ha convertido en la fuerza predominante en el crecimiento económico de China. En la primera mitad del año, el producto interno bruto (PIB) del país creció un 6,8%, del cual el 78,5% fue contribuido por el consumo, mientras que el valor de las exportaciones netas fue negativo. Esto refleja el hecho de que el crecimiento económico de China depende cada vez menos de las exportaciones. Con la mejora continua de la producción nacional y el consumo de su población, el consumo de alta gama acelerará la transformación de la economía hacia una liderada por la industria de servicios moderna y fortalecerá el papel dirigente del consumo para la economía china. Por eso, China no necesita intervenir en la tasa de cambio del RMB para estimular las exportaciones.

En segundo lugar, la expansión de la apertura formará un soporte sólido para los activos del RMB. En comparación con los mercados financieros de los países europeos y americanos, el de China tiene mayores rendimientos y un mayor potencial. Con la profundización de la apertura hacia exterior y la constante internacionalización del RMB, los activos en la moneda china disfrutan cada vez más preferencia de las instituciones extranjeras. Una prueba directa es el gran aumento en las tenencias de bonos de tesoro de China por parte de instituciones extranjeras en el pasado mes de junio. Se espera que los fondos extranjeros continúen fluyendo en el país y que los flujos de capital transfronterizos se tiendan a equilibrarse.

La tercera, no vale la pena interferir en la depreciación del RMB. Desde el comienzo de este año, China ha lanzado una serie de medidas para profundizar la apertura y ampliar las importaciones. Si en este momento interfiere en la devaluación de la moneda, inevitablemente aumentará el costo de importación, sin contar con que el crecimiento actual de las importaciones de China es mucho más rápido que el de las exportaciones. Las exportaciones crecieron un 4,9% en el primer semestre, mientras que las importaciones un 11,5%. En estas circunstancias, si se adopta como estrategia la desvalorización del RMB, indudablemente los logros no recompensarán las pérdidas.

¿Entonces, cómo se analizan las recientes fluctuaciones de la tasa de cambio del RMB?

En primer lugar, el fenómeno está relacionado con la creciente aversión global al riesgo. El proteccionismo comercial de la administración Trump ha excitado la aversión global al riesgo, afectando a todo el mercado de divisas y causando fluctuaciones repetidas de las acciones estadounidenses. Mientras tanto, aumenta la incertidumbre en el mercado y va descendiendo el precio de los productos básicos. Las fluctuaciones recientes en la tasa de cambio del RMB son muestra de la aversión del mercado.

En segundo lugar, está relacionado con la fortaleza del índice del dólar estadounidense. El índice del dólar estadounidense subió un 2,45% en la primera mitad del año, pero la paridad central del RMB frente al dólar solo se redujo en 1,67% durante el mismo periodo, muy por debajo de la subida del índice del dólar. Por lo tanto, las fluctuaciones del RMB son una conducta espontánea de "compensación de la caída" en el mercado bajo la aversión al riesgo.

En tercer lugar, está relacionado con el aumento de las tasas de interés por parte de la

Reserva Federal (Fed). Desde abril, el RMB se ha depreciado en más del 8% con relación al dólar estadounidense. Durante este periodo, la política monetaria de EE.UU. está en el proceso de elevar las tasas de interés y reducir su balance. La Fed elevó dos veces las tasas de interés, en marzo y junio respectivamente, y ha decidido aumentar de 3 a 4 veces el alza de las tasas de interés este año. Al mismo tiempo, aplica medidas de reducción de balance correspondientes para drenar liquidez. Sin embargo, el Banco Popular de China (el Banco Central) se adhiere a una política monetaria prudente y neutral, y realiza un preajuste progresivo para administrar desde la puerta el suministro de monedas. En cierto sentido, esta ronda de fluctuaciones del tipo de cambio del RMB es un comportamiento del mercado causado por la diferenciación de las políticas monetarias entre China y EE.UU., y no hay ningún componente de intervención.

Como han señalado algunos analistas, las fluctuaciones recientes en la tasa de cambio del RMB no han excedido el rango razonable, y el RMB sigue siendo relativamente fuerte entre las monedas del mundo. Las fluctuaciones del tipo de cambio en ambos sentidos son el resultado de la acción del mercado. Dadas las circunstancias en que la economía de China funciona bien y la oferta y demanda de divisas están equilibradas, en la actualidad y por un cierto período en el futuro, el RMB es totalmente capaz de mantenerse a un nivel de tasas razonable y equilibrado. China no tiene necesidad de intervenir en la tendencia del tipo de cambio de su moneda.

(Autor: Dong Ximiao, CRI 2018-07-31)

Lección 2 Términos comerciales y formas de pago

Conocimientos

I. Cámara de Comercio Internacional①

La Cámara de Comercio Internacional (en adelante ICC) es la organización empresarial mundial, la única asociación representativa que habla con la voz que emana de las empresas de todos los sectores y de todos los países del mundo.

La ICC fomenta la apertura del comercio y de la inversión internacionales, así como la economía de mercado. La convicción de que el comercio es una poderosa fuerza en pro de la paz y la prosperidad data de los orígenes de la organización a principios del siglo XX. El grupo de líderes empresariales que fundaron la ICC se llamaron a sí mismos "mercaderes de la paz".

La ICC se fundó en 1919. Hoy agrupa a miles de empresas miembros, cámaras de comercio, asociaciones empresariales procedentes de más de 130 países. Sus comités nacionales, establecidos en más de 90 países, se coordinan con sus miembros para dirigir los intereses de la comunidad empresarial y para hacer llegar a sus Gobiernos los puntos de vista empresariales formulados por la ICC.

Dada su fuerza representativa, la ICC goza de la condición de entidad consultiva de primer orden ante las Naciones Unidas, sus agencias y organismos especializados, y mantiene una fluida y estrecha relación con otras organizaciones internacionales, la Organización Mundial del Comercio, la **Organización Mundial de la Propiedad Intelectual**②, la **OCDE**③, el Fondo Monetario Internacional y el Banco Mundial, donde expone las visiones del mundo de la empresa y aboga a favor de sus intereses. Asimismo, hace llegar a las autoridades de los Estados las declaraciones y tomas de posición que adopta sobre los problemas del comercio internacional y las inversiones, que son el resultado de los trabajos de sus diversas comisiones y grupos de trabajo, a través de sus Comités Nacionales. Cada vez que se reúne el G20, la ICC hace llegar, a través del primer ministro del Gobierno convocante, la opinión de la comunidad

---

① Cámara de Comercio Internacional: 国际商会。创建于1919年，是世界上最大、最有代表性的商业组织，其数以千万计的成员来自130多个国家不同行业的私人企业。英文缩写为ICC。

② Organización Mundial de la Propiedad Intelectual：世界知识产权组织。联合国专门机构之一，致力于促进人类智慧作品的使用和保护。

③ OCDE: 经济合作与发展组织。全称为Organización para la Cooperación y el Desarrollo Económicos，是全球30多个市场经济国家组成的政府间国际组织，总部设在法国巴黎。

internacional de empresas sobre las prioridades del momento. La ICC mantiene también fluidas relaciones con la Unión Europea y todas sus agencias.

II. Incoterms® 2020①

El instrumento de los negocios internacionales más usado por los comerciantes del mundo son las reglas de los Incoterms® creadas por la Cámara de Comercio Internacional. Su uso es generalizado y aceptado en cualquier contrato de compraventa del mundo. Sin embargo, la interpretación errónea y frecuente del alcance de estas reglas puede ser fuente de conflictos, litigios y pérdidas económicas entre compradores y vendedores.

Comprender las reglas en su forma y fondo, conocer su correcta aplicación y por demás, aprender a interpretar y aplicar cada una de las obligaciones, reduce los riesgos en los contratos por la mala aplicación de los términos y sus obligaciones.

El objetivo principal de las reglas Incoterms® es tanto facilitar la operativa de las transacciones de comercio internacional, como establecer un conjunto de términos y reglas que determinen los derechos y las obligaciones tanto del vendedor como del comprador.

Con la correcta utilización de las reglas Incoterms®, las empresas obtienen seguridad en la interpretación de los términos negociados entre comprador y vendedor, ya que se aplican reglas internacionales uniformes que ayudan a delimitar en detalle el reparto de responsabilidades y obligaciones entre comprador y vendedor, haciendo una referencia directa al transporte que se utiliza y al lugar donde se entrega la mercancía, así como los trámites, gastos y pagos que deben efectuar.

A partir del 1 de enero de 2020 entraron en vigor las reglas de los Incoterms® 2020.

III. Términos comerciales de Incoterms® 2020

Clasificación por grados ascendentes de obligaciones para el vendedor

	Descripción	
	Texto inglés	Texto castellano
EXW	Ex Works...named place	Fábrica (en)...lugar convenido
FCA	Free Carrier...named place	Franco transportista...lugar convenido
FAS	Free Alongside Ship...named port of shipment	Franco al costado del buque...puerto de carga convenido
FOB	Free On Board...named port of shipment	Franco a bordo...puerto de carga convenido

① Incoterms® 2020：《国际贸易术语解释通则 2020》。

Tabla continua

	Descripción	
	Texto inglés	Texto castellano
CFR	Cost and Freight...named port of destination	Coste y flete...puerto de destino convenido
CPT	Carriage Paid To...named port of destination	Transporte pagado hasta...puerto de destino convenido
CIF	Cost Insurance and Freight...named port of destination	Coste, seguro y flete...puerto de destino convenido
CIP	Carriage and Insurance Paid To...named place of destination	Transporte y seguro pagados hasta...puerto de destino convenido
DPU	Delivered at Place Unloaded...named port of destination	Entregado en el lugar descargado...puerto de destino convenido
DAP	Delivered at Place...named port of destination	Entregado en un punto...lugar de destino convenido
DDP	Delivered Duty Paid...named place of destination	Entregados derechos pagados...lugar de destino convenido

El término FOB: Free On Board / Franco a bordo ... puerto de carga convenido

Vendedor

Debe poner a disposición la mercancía, en el puerto de embarque designado, a bordo del buque escogido por el comprador, y efectuar los trámites de aduana para la exportación, si fuesen necesarias. En un contrato de tipo FOB, el vendedor cumple con su obligación de entrega cuando la mercancía está a bordo del buque en el puerto de embarque designado o, en el caso de las ventas sucesivas, el vendedor consigue las mercancías así entregadas para su transporte hasta su destino designado e indicado en el contrato de venta.

Comprador

Escoge el buque, paga el flete marítimo y el seguro, y se encarga de las formalidades a la llegada de la mercancía. Asume así todos los gastos y riesgos de pérdida o de deterioro que pueden ocurrirle a la mercancía desde el momento en que fue entregada.

Gastos de documentación

El vendedor debe, llegado el caso, proporcionar al comprador (o incluso ayudarle a obtenerlos) todo documento o información relacionados con la seguridad necesaria para la exportación y/o la importación de sus mercancías y/o para su transporte a su destino final. Los documentos entregados y/o la ayuda prestada corren por cuenta y riesgo del comprador.

El término CIF: Cost Insurance and Freight / Coste, seguro y flete ... puerto de destino convenido

Vendedor

Término idéntico al CFR, con la obligación adicional para el vendedor de proporcionar un seguro marítimo contra el riesgo de pérdida o de daños de las mercancías. El vendedor paga la prima del seguro. El seguro debe ser conforme a la garantía mínima estipulada en las cláusulas sobre facultades del Institute of London Underwriters, o cualquier otra serie de cláusulas similares. Debe por lo menos cubrir el precio previsto en el contrato, aumentado de un 10%, y debe estar indicado en la divisa del contrato. Es un seguro FPA (Franco de Avería Particular) del 110% del valor. Es posible recargar hasta un 20% sin justificación. Un recargo superior puede ser admitido por los aseguradores si es justificado. Este recargo del valor sirve para cubrir los gastos generados por posibles daños (gastos de preparación del dossier y seguimiento, correspondencias, etc.) y las pérdidas financieras (intereses) entre el momento de la pérdida y la indemnización por los aseguradores. El vendedor paga la prima de seguro.

Comprador

Asume el riesgo de transporte cuando la mercancía ha sido entregada a bordo del buque en el puerto de embarque. Verificar y recibir la mercancía del transportista en el puerto de destino convenido.

Los compradores aprecian este término, porque se liberan de las formalidades logísticas.

Gastos de documentación

Las informaciones y documentos relacionados con la seguridad que requiere el comprador para la exportación y/o la importación y/o el transporte hasta el destino final deben ser entregados por el vendedor al comprador.

IV. Formas de pago

Las formas de pago más utilizadas en el comercio internacional son las que se encuentran reguladas por la Cámara de Comercio Internacional.

Son las siguientes:

Pago por adelantado

Este es el sistema más seguro para el exportador. Consiste en el pago o transferencia antes de realizarse el embarque de los productos. El uso de este método es limitado en los mercados internacionales, porque se requiere de una profunda confianza del importador.

Cobranza documentaria①

Este método implica que el exportador entregue los documentos representativos de sus mercaderías o servicios al banco. Esta institución los entrega al comprador contra el pago, la aceptación de una letra o la presentación de un pagaré. En resumen, se le encarga el cobro al banco, sin que este se comprometa a cubrir los costos de los productos.

Carta de crédito (L/C, letter of credit)

① cobranza documentaria: 跟单托收。即托收银行要求进口方付款才可交单的托收行为。补充词汇：
– documentos: 贸易单证。
– cobranza simple: 光票托收。即不附贸易单证的托收行为。

Con este medio el importador solicita a su banco que le pague al exportador. La cantidad determinada se entregará solo en caso que se cumplan ciertos términos y condiciones de las cartas de crédito. Esta forma ofrece la credibilidad bancanria a ambas partes.

Textos

CARTAS DE CRÉDITO Y SU UTILIZACIÓN

Las cartas de crédito son más utilizadas en el comercio internacional. **Las Reglas y usos uniformes relativos a los créditos documentarios, publicación 600 de la Cámara de Comercio Internacional**① (en adelante, referidas como UCP 600 o las Reglas) rigen las relaciones entre exportadores e importadores y banqueros en todos los aspectos de créditos documentarios.

Según la definición de crédito documentario que aparece en el artículo 2 de UCP 600 un crédito es "todo acuerdo, como quiera que se denomine o describa, que es irrevocable y por el que se constituye un compromiso firme del banco emisor para honrar una presentación conforme".

De acuerdo con esta definición y con el conjunto de las definiciones contenidas en el artículo 2 de las UCP 600, un crédito documentario es:

- una promesa irrevocable de un banco.
- de honrar, es decir, de pagar u obligarse a un pago.
- una presentación conforme, es decir, una entrega de documentos que está de acuerdo con los términos y condiciones de la promesa, con las Reglas y con la Práctica bancaria internacional estándar.

Además, según el artículo 4, el crédito documentario es una operación independiente de la venta o de cualquier otro contrato en el que pueda estar basado. En consecuencia, desde un punto de vista más instrumental, podemos entender el crédito documentario como un compromiso de pago bancario contra presentación de documentos, que es independiente de la obligación subyacente. Es decir, el banco se obliga a pagar por documentos (a comprarlos) con independencia del buen cumplimiento del contrato subyacente.

Las cartas de crédito son, por su naturaleza, operaciones independientes de los contratos en los que pueden estar basadas y a los bancos no les afecta ni están vinculados por tales contratos, pero es muy importante que en una cláusula del contrato se estipulen los acuerdos a

① Las Reglas y usos uniformes relativos a los créditos documentarios, publicación 600 de la Cámara de Comercio Internacional:《跟单信用证统一惯例（2007年修订本）》第600号出版物。

que hayan llegado las partes para el manejo de las cartas de crédito.

Es importante destacar que los bancos, y todas las partes que intervengan en el manejo de una carta de crédito, se vinculan solamente con los documentos que se tramitan con base a esa operación, pero no con las mercancías; también hay que considerar que los bancos son muy cuidadosos al revisar la documentación de una carta de crédito, y aplican un criterio de estricta literalidad al texto y los términos y condiciones previstas en la carta de crédito, una falta de ortografía, un acento, una coma de más o la omisión de la coma o hasta incluso un espacio de menos y corregir una palabra mal escrita o la falta de una copia fotostática de un documento original entregado es considerada como una discrepancia.

Los participantes para una carta de crédito son los siguientes:

Exportador o "beneficiario", el cual su intervención inicia cuando negocia en un contrato los términos y condiciones de la carta de crédito.

Importador o "ordenante", quien es el que pone en marcha los trámites para establecer la carta de crédito.

Banco Emisor, es el banco que emite o abre la carta de crédito a petición del ordenante o importador.

Banco Intermediario, este se divide en: notificador, si únicamente avisa del crédito; y confirmador, si entrega la confirmación del crédito a su cliente (exportador o beneficiario).

Las modalidades de las cartas de crédito son las siguientes:

Revocables: El banco emisor puede en cualquier momento modificar o cancelar las cartas de crédito revocables, sin que sea necesario avisar en forma anticipada al beneficiario. Sin embargo, el banco emisor está obligado a reembolsar a cualquier otro banco que haya intervenido, antes de la modificación o cancelación de la carta de crédito, en la transacción para cualquier pago, aceptación o compromiso contraído por pago diferido, siempre que los documentos estuvieran conformes con las condiciones de la carta de crédito original.

Irrevocables: Tiene como característica principal que el banco emisor se compromete en forma total y definitiva a pagar, aceptar, negociar o cumplir con los pagos diferidos a su vencimiento, siempre que los documentos respectivos cumplan con los términos y condiciones. La única forma de cancelarlos o modificarlos es cuando todas las partes que intervienen en la operación expresan su consentimiento para ese efecto.

Notificada: Es la carta de crédito que exime a los bancos distintos al emisor de todo compromiso de pago ante el beneficiario, ya que solo se limitan a notificar al beneficiario los términos y las condiciones de la operación; el único banco que se compromete a pagar es el emisor.

Confirmada: Esta carta de crédito proporciona al exportador o beneficiario la seguridad absoluta del pago.

Por su disponibilidad de pago: Todos los créditos deben indicar claramente si se utiliza para pago a la vista, para pago diferido, aceptación o negociación, un gran número de cartas de crédito se clasifican como a la vista, lo cual significa que el beneficiario obtendrá el pago tan pronto como presente la documentación en orden y el banco pagador los haya revisado en su entera satisfacción.

Revolventes: Una carta de crédito expira cuando se ha cumplido el acuerdo establecido en la carta de crédito, en el caso de que tanto el importador como el exportador, por sus relaciones comerciales, tienen operaciones continuamente desean restablecerlas, es recomendable utilizar este tipo de carta de crédito.

Transferibles: Es aquel que da derecho al beneficiario total o parcialmente a uno o más segundos beneficiarios; normalmente el beneficiario del crédito es el vendedor de las mercancías; sin embargo, por convenio entre las partes el crédito puede estar a favor de un tercero.

Stand by: Son utilizadas para garantizar el pago a un acreedor, si su deudor incumple sus obligaciones contractuales; el único requisito para que el beneficiario pueda cobrarle es el que compruebe, normalmente con un documento certificado por un tercero, que su deudor no le pagó en su oportunidad.

Procedimiento para tramitar un crédito documentario:

Ambas partes, comprador y vendedor deben celebrar un contrato de compraventa y un pedido en forma pactando las condiciones generales de la transacción, y el pago de la misma mediante una carta de crédito.

El comprador o importador notificará al banco de su preferencia en su localidad que emita un crédito a favor del vendedor o exportador.

El banco emisor a su vez debe solicitar a otro banco corresponsal en el país del vendedor que notifique o confirme el crédito al vendedor conforme a las condiciones pactadas.

El banco notificador confirmador, según sea el caso, deberá informar al vendedor sobre la existencia de un crédito a su favor.

El vendedor debe acudir ante el banco en el cual está disponible el crédito a presentar toda la documentación que compruebe que el embarque de mercancía ha sido efectuado conforme a lo estipulado a fin de poder solicitar el pago de acuerdo al vencimiento especificado.

PRINCIPALES DOCUMENTOS UTILIZADOS EN UNA OPERACIÓN DE EXPORTACIÓN O IMPORTACIÓN

Conocimiento de embarque[①]

Documento de embarque (Contrato de Fletamento) emitido por la compañía naviera (transportista) y firmado por el capitán de la nave que acredita el embarque, con fecha, puerto de origen y destino, cantidad y condiciones de la mercancía recibida a bordo. Constituye un título de propiedad para el consignatario y lo habilita para solicitar la entrega de las mercancías en el punto de destino.

Se exige siempre que el conocimiento de embarque "limpio", es decir, sin anotaciones del capitán referente a la calidad, embalaje o presentación de las mercancías.

Cuando el transporte es aéreo, el documento se denomina guía aérea. Cuando el transporte es terrestre, se denomina carta de porte o conocimiento de embarque rodoviario.

Permiso de embarque de exportación

Documento de destinación aduanera a través del cual la aduana certifica la salida legal de las mercancías hacia el exterior.

Este documento es elaborado por el despachante de aduanas y legalizado por la información, tal como antecedentes del exportador, antecedentes financieros (modalidad de venta, cláusula de venta, modalidad de pago, sucursal del banco avisador que controlará los retornos, monto de la exportación, valor líquido de retorno), fecha de embarque, puerto de embarque y desembarque, país de destino, vía de transporte y descripción de las mercaderías.

Factura comercial

Documento privado que el vendedor de una mercancía le extiende a su comprador.

Contiene información que la diferencia de las facturas comerciales para las transacciones locales, tal como: condición en que se entregará la mercancía, cláusula de venta, vía de transporte utilizada, nombre del exportador y comprador extranjero, etc.

Factura pro forma

Documento en que el exportador le indica al importador el precio (cotización) y las condiciones en que se realizará la venta de la venta de la mercancía (vía de transporte, cantidad de embarques, plazo de entrega y modalidad de pago).

Es un compromiso escrito, no una factura de cobro, y tiene un determinado plazo de vigencia fijado por el exportador.

---

① Conocimiento de embarque：海运提单。英文为 bill of lading（B/L）。

Orden de embarque

Documento extendido por la empresa de transporte o por la agencia en caso de transporte marítimo. Es empleado cuando un exportador requiere de la reserva de un espacio físico en una nave u otro tipo de vehículo para embarcar una mercancía. Lo debe suscribir el Agente Despachador de Aduanas, constituyéndose en una solicitud ante el Servicio Nacional de Aduanas para que autorice el embarque de las mercancías.

Lista de empaque (Packing list)

Certificado que contiene información detallada de las características de la mercancía que se deposita a bordo del medio de transporte, tal como: peso, dimensiones, características de los bultos e incluso, su ubicación dentro del contenedor. No es un documento oficial y es emitido por el exportador cuando es solicitado por el importador. Si el importador lo solicita vía carta de crédito, el documento deberá ser oficializado por un organismo competente. Se utiliza generalmente para productos, tales como: salmones, maderas aserradas y dimensionadas, productos hortofrutícolas y congelados.

Pólizas de seguros

Póliza correspondiente al contrato que sirve de prueba de lo acordado entre el asegurador o Compañía de Seguros y el asegurado, a cambio del cobro de una prima.

El valor de las mercancías se expresa en precio de exportación (CIF) (costo, seguro y flete). La fecha de este documento debe ser la misma o anterior a la fecha de embarque.

Actividades

I. Interpreta en español los siguientes términos.

1. EXW
2. CFR
3. DAT
4. B/L
5. L/C

II. Según el siguiente dibujo relata con tus propias palabras el procedimiento de una Carta de Crédito.

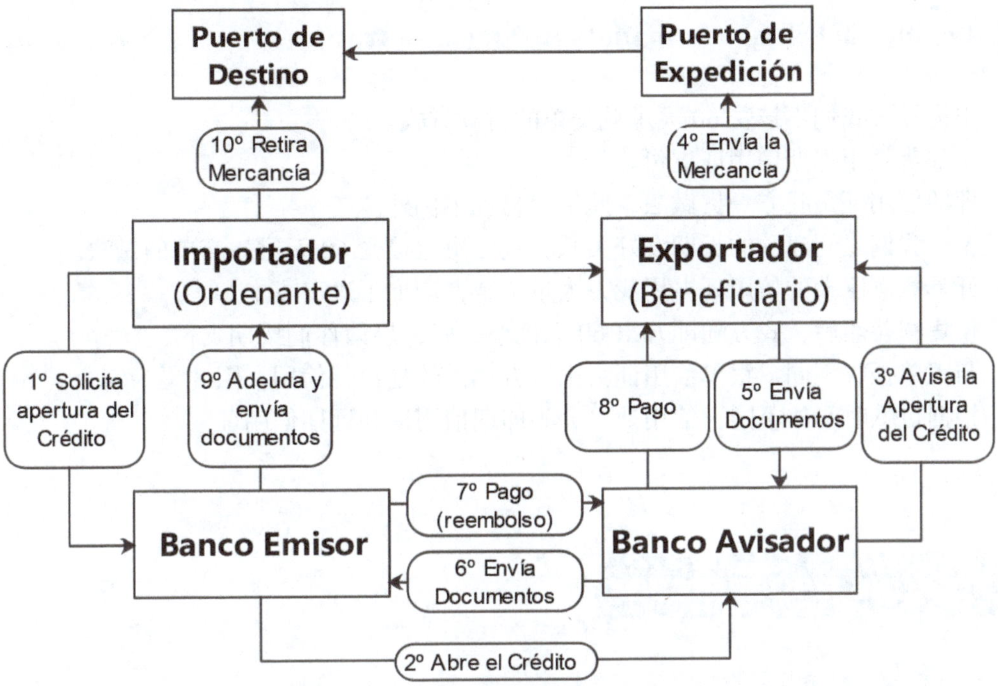

III. Traduce del español al chino las siguientes frases.

1. El crédito, por su naturaleza, es una operación independiente de la venta o de cualquier otro contrato en el que pueda estar basado. Los bancos no están afectados ni vinculados por tal contrato, aun cuando en el crédito se incluya alguna referencia a este. Por lo tanto, el compromiso de un banco de honrar, negociar o cumplir cualquier otra obligación en virtud del crédito no está sujeta a reclamaciones o excepciones por parte del ordenante resultantes de sus relaciones con el banco emisor o con el beneficiario.
2. El banco emisor se compromete a reembolsar al banco designado que ha honrado o negociado una presentación conforme y que ha remitido los documentos al banco emisor. El reembolso del importe correspondiente a una presentación conforme, al amparo de un crédito disponible para aceptación o pago diferido, es pagadero al vencimiento tanto si el banco designado ha pagado anticipadamente o ha comprado antes del vencimiento como si no lo ha hecho. El compromiso del banco emisor de reembolsar al banco designado es independiente del compromiso del banco emisor frente al beneficiario.
3. Dos tienen que ser los signos distintivos de una entidad bancaria: confianza y credibilidad. Los depósitos de dinero que les son ajenos, es decir, aquellos que se han ido llenando con el de usted y el mío, los nuestros, tienen que ostentar en la puerta de acceso el

marchamo de c-o-n-f-i-a-n-z-a en letras tan indelebles e inequívocas que no genere duda alguna.

IV. Traduce del chino al español las siguientes frases.

1. 很抱歉，我们不接受 60 天承兑交单的付款方式。
2. 全部货款用远期信用证支付。
3. 即期信用证是我方一贯做法，此笔交易也不例外。
4. 鉴于我们之间建立的长期友好关系，我方决定接受 60 天付款交单的做法。
5. 开具数额巨大的信用证占用我方大量资金，增加了进口成本。
6. 俟货物装船后，我方随即开出 60 天汇票一张，恳请你们按期支付。
7. 与跟单托收不同，跟单信用证为出口方提供的是银行信用，因此更为安全。
8. 根据付款时间的不同，信用证可分为即期信用证和远期信用证。

Etiquetas específicas

Modelo de Letra de Cambio (汇票)

Acepto............

A............de............de............

Lugar de libramiento | Importe

Fecha de libramiento | Vencimiento

Por esta LETRA DE CAMBIO pagará al vencimiento expresado

a..

La cantidad de

En el domicilio de pago siguiente | c.c.c.

Persona o entidad

Dirección

Número de cuenta

Cláusulas

Nombre y domicilio del librado | Firma nombre y domicilio del librador

No utilice este espacio por estar reservado para inscripción magnética

• Modelo de Pagaré (本票)

PAGARÉ

No. ______ BUENO POR $ ______

En ______ a ______ de ______ de ______ de 20 ______

Lugar y fecha de nacimiento

Debe(mos) pagare(mos) incondicionalmente por este Pagaré a la orden de ______

Nombre de la persona a quien ha de pagarse

en ______ el ______

Lugar de pago — Fecha de pago

la cantidad de:

______

Valor recibido a mi (nuestra) entera satisfacción. Este pagaré forma parte de una serie numerada del 1 al ____ y todos están sujetos a la condición de que, al no pagarse cualquiera de ellos a su vencimiento, serán exigibles todos los que le sigan en número, además de los ya vencidos, desde la fecha de vencimiento de este documento hasta el día de su liquidación, causará intereses moratorios al tipo de _____% mensual, pagadero en esta ciudad.

Nombre y datos del deudor

Nombre ______

Dirección ______

Población ______ Tel. ______

Acepto(amos) y pagar(emos) a su vencimiento

______

Firma(s)

Lecturas complementarias

PRINCIPALES RIESGOS DEL COMERCIO INTERNACIONAL

Los riesgos del comercio internacional existen. Y conocerlos es vital para evitar futuros dolores de cabeza. Estos riesgos son los denominados "riesgos comerciales", y vienen precedidos principalmente por la dificultad de obtener suficiente información sobre el vendedor o comprador, las costumbres comerciales del país en el que estemos realizando la negociación y por lo tanto el entorno legal.

Existen diferentes tipos de riesgos comerciales, los cuales podemos diferenciar y distinguir según el momento o estado en el que se encuentre la operación de compra/venta.

Impago: El riesgo por excelencia, se produce cuando, el comprador después de recibir la mercancía no cumple con su obligación de pago. Existen medios para contrarrestar el riesgo por impago, entre ellos destaca el Seguro de Crédito a la Exportación, que aporta una cobertura de los riesgos inherentes a las operaciones comerciales entre las partes contratantes de diferentes países.

Fraude: El riesgo de fraude no es más que una forma auténtica de engaño premeditado con voluntad de enriquecimiento ilícito. A este riesgo se exponen principalmente las empresas que se inician en el comercio exterior.

Entrega: Riesgo de que la mercancía que el vendedor pone a disposición del comprador no satisfaga los requisitos contractuales de calidad, tiempo y forma de entrega, o que directamente no llegue nunca.

Transporte: el comercio internacional conlleva mayor distancia entre el punto de partida y llegada de las mercancías, por lo tanto, un aumento importante del riesgo.

El riesgo de transporte implica diferentes variables, entre ellas cabe destacar el medio de transporte utilizado. En este caso tanto expedidor como destinatario, tienen que conocer, evaluar, y neutralizar todos los riesgos que representa el transporte. Una forma de limitar los riesgos del transporte de mercancías son los Incoterms® 2020.

Riesgo de cambio: cuando se deriva de la utilización de una moneda que no es la propia, ya que puede alterar el beneficio esperado.

Riesgo legal: La falta de conocimiento de las leyes, los sistemas jurídicos, los convenios. Especialmente a tener en cuenta para las empresas que operen con mercancías para el consumo humano, ya que ciertos países modifican sus leyes como medida proteccionista.

También hay que vigilar que todos los documentos estén en orden para evitar malos entendidos a la hora de despachar la mercancía en aduanas.

Además de los riesgos comerciales, existen otro tipo de riesgos, que en cierta medida tenemos que tener presentes siempre y más concretamente en operaciones de gran envergadura, estos riesgos del comercio internacional son, los conocidos como riesgos extraordinarios y catastróficos.

En esta clasificación podemos incluir riesgos derivados de catástrofes naturales, guerras, huelgas, etc.

En resumen, existen todo tipo de riesgos, pero también medidas para reducirlos. Antes de embarcarnos en una operación de compraventa internacional, hay que conocer profundamente el mercado de destino, y muy importante, al posible comprador o vendedor.

Lección 3 Barreras comerciales y antidumping

Conocimientos

I. Barreras comerciales

Las barreras comerciales son mecanismos proteccionistas que utilizan los gobiernos de los distintos países para reducir el flujo de importación tanto de bienes como de servicios. Estas barreras pueden ser arancelarias o bien no arancelarias.

A *Barreras arancelarias*

Un arancel es un impuesto que se debe pagar por concepto de importación o exportación de bienes. Pueden ser "**ad valorem**①" (al valor), como un porcentaje del valor de los bienes, o "**específicos**②" como una cantidad determinada por unidad de peso o volumen. Los aranceles se emplean para obtener un ingreso gubernamental o para proteger a la industria nacional de la competencia de las importaciones. Impuesto o tarifa que grava los productos transferidos de un país a otro. El incremento de estas tarifas sobre los productos a importar eleva su precio y los hacen menos competitivos dentro del mercado del país que importa, tendiendo con esto a restringir su comercialización.

- Arancel a la exportación.
- Arancel de tránsito, cuando se gravan los productos que entran en un país con destino a otro.

Los más importantes y frecuentes son los primeros. Constituyen las barreras más comúnmente utilizadas en el comercio internacional y persiguen como fines específicos:

- Disminuir las importaciones y mejorar la posición de la balanza comercial de los países.
- Generar ingresos a la **caja del Estado**③.
- Proteger la producción nacional.
- Protección y fomento de una industria incipiente. (solamente en la medida de que dicha

① ad valorem: 从价税。
② específicos: 从量税。
③ caja del Estado: 此处指国库。

protección sea temporal).

B *Barreras no arancelarias*

Se entiende por barreras no arancelarias las "leyes, regulaciones, políticas o prácticas de un país que restringen el acceso de productos importados a su mercado". Se intentan poner trabas técnicas, legales, cuotas u otras medidas que desincentiven la importación.

C *Licencia* [1] *de importación y/o exportación*

El gobierno emite permisos para la importación y/o exportación de productos incluidos en una lista oficial de mercancías con licencia. Las licencias pueden ser:

- Permitir importar y/o exportar los productos incluidos en la lista durante un cierto periodo de tiempo.
- Ser únicas. Para que una determinada empresa importe y/o exporte una cierta cantidad de productos, con el costo y país de origen y destino ya definidos.

D *Cupos o contingentes* [2]

Los cupos establecen la cantidad máxima del producto a ser importada con un arancel determinado. Por encima de ese volumen, se deben abonar tasas mucho más altas que, en algunos casos, se transforman en virtuales prohibiciones a la importación.

Existen cupos generales que se negocian en el **GATT** [3] a los cuales todos los países tienen acceso, y cupos bilaterales que otorgan preferencias a ciertas naciones.

Cuando un producto tiene asignada una cuota acordada en el marco del GATT y otro bilateral, el segundo tiene aranceles más bajos, creando así una preferencia adicional para el país en cuestión.

E *Otros tipos*

- Los países suelen imponer normas sobre clasificación, etiquetado, prueba de productos y otras trabas técnicas para permitir su venta nacionalmente, así como para bloquear la venta de productos de fabricación extranjera.
- Los gobiernos pueden ayudar a las empresas nacionales a competir brindando subsidios, lo que reduce su costo de producción y permite generar ganancias al lograr precios más bajos. Como ejemplos están los subsidios agrícolas en EE. UU.
- Las restricciones y control de divisas ocupan un lugar especial entre los instrumentos

---

① licencia: 许可证。

② cupos o contingentes: 进出口配额。包括进口配额和出口配额。进口配额按管理方式可分为绝对配额和关税配额；出口配额可以分为自动出口配额（被动配额）和主动配额。

③ GATT: 关税及贸易总协定。英文全称为General Agreement on Tariffs and Trade，是世界贸易组织（WTO）的前身。

reguladores no arancelarios. Las restricciones cambiarias instauran la regulación de las transacciones con moneda y otros valores monetarios. El mecanismo constituye el establecimiento de restricciones a las divisas disponibles con las que se realizan el pago de las importaciones. Una variante supone el establecimiento de varios tipos de cambios distintos, para cada producto o mercancía que se quiera importar o exportar. Todas ellas suponen unas trabas al comercio internacional.

II. Antidumping, subvenciones, salvaguardias①

La consolidación de los aranceles y su aplicación por igual a todos los interlocutores comerciales (trato de la nación más favorecida, o NMF) son fundamentales para que el comercio de mercancías se desarrolle sin dificultades. Los Acuerdos de la OMC establecen los principios, pero también autorizan excepciones en algunas circunstancias. A este respecto, cabe citar las tres cuestiones siguientes:

- medidas adoptadas contra el dumping (ventas a precios deslealmente bajos)
- subvenciones y derechos "compensatorios" especiales para compensar las subvenciones
- medidas de urgencia para limitar temporalmente las importaciones, destinadas a "salvaguardar" las ramas de producción nacionales.

Las medidas antidumping

Si una empresa exporta un producto a un precio inferior al que aplica normalmente en el mercado de su propio país, se dice que hace "dumping". El Acuerdo sobre la OMC no regula las acciones de las empresas que incurren en "dumping". Se centra en la manera en que los gobiernos pueden o no reaccionar ante el dumping; establece disciplinas para las medidas antidumping y a menudo se lo denomina "Acuerdo Antidumping".②

Textos

MEDIDAS ANTIDUMPING

Si una empresa exporta un producto a un precio inferior al que aplica normalmente en el mercado de su propio país, se dice que hace "dumping". ¿Se trata de una competencia desleal? Las opiniones difieren, pero muchos gobiernos adoptan medidas contra el dumping

① antidumping, subvenciones, salvaguardias：反倾销，补贴，贸易救济。
② 本段是世界贸易组织官网对反倾销措施的简单定义。

con objeto de proteger a sus ramas de producción nacionales. El Acuerdo de la OMC no emite ningún juicio. Se centra en la manera en que los gobiernos pueden o no responder al dumping; establece disciplinas para las medidas antidumping y a menudo se le denomina "Acuerdo Antidumping".

Las definiciones jurídicas son más precisas, pero, hablando en términos generales, el Acuerdo de la OMC autoriza a los gobiernos a adoptar medidas contra el dumping cuando se ocasione un daño genuino ("importante") a la rama de producción nacional competidora. Para poder adoptar esas medidas, el gobierno tiene que poder demostrar que existe dumping, calcular su magnitud (cuánto más bajo es el precio de exportación en comparación con el precio en el mercado del país del exportador), y demostrar que el dumping está causando daño o amenaza causarlo.

El GATT (artículo 6) autoriza a los países a adoptar medidas contra el dumping. El Acuerdo Antidumping aclara y amplía el artículo 6, y ambos funcionan conjuntamente. Permiten a los países actuar de un modo que normalmente vulneraría los principios del GATT de consolidación de los aranceles y no discriminación entre los interlocutores comerciales. Por regla general, la medida antidumping consiste en aplicar un derecho de importación adicional a un producto determinado de un país exportador determinado para lograr que el precio de dicho producto se aproxime al "valor normal" o para suprimir el daño causado a la rama de producción nacional en el país importador.

Existen muchas maneras diferentes de calcular si un determinado producto es objeto de dumping en grado importante o solo ligeramente. El Acuerdo reduce la gama de posibles opciones. Ofrece tres métodos para calcular el "valor normal" del producto. El principal de ellos se basa en el precio del producto en el mercado del país del exportador. Cuando no puede utilizarse ese método, existen dos alternativas: el precio aplicado por el exportador en otro país o bien un cálculo basado en la combinación de los costos de producción del exportador, otros gastos y márgenes de beneficio normales. El Acuerdo determina asimismo cómo realizar una comparación equitativa entre el precio de exportación y lo que sería un precio normal.①

El cálculo de la magnitud del dumping de un producto no es suficiente. Las medidas antidumping sólo se pueden aplicar si el dumping perjudica a la rama de producción del país importador. Por lo tanto, ha de realizarse en primer lugar una investigación minuciosa conforme a determinadas reglas. En la investigación deben evaluarse todos los factores

① 倾销的确定是实施反倾销措施的必备要件之一。根据《反倾销协议》第2条第1款的规定，如果一项产品从一国出口到另一国，其出口价格低于在该出口国正常贸易中用于消费的相同产品的可比价格（precio comparable），该出口产品即被视为倾销产品。这里所说的可比价格就是有关产品在出口国销售的正常价格（precio normal）。正常价格可用正文所述的三种方法来确定。但是，对于非市场经济国家出口产品的正常价格的确定方法，《反倾销协议》中没有明文规定。在实践中，基本有如下几种方法：a. 替代国价格。进口方不使用非市场经济国家国内市场的销售价格作为正常价格，而是选择一个经济发展水平与该国类似的、属于市场经济体制的第三国，以其生产的相似产品的成本或出售价格作为基础来计算正常价格。b. 结构价格。即用出口国生产产品的各项投入的数量，如原材料、劳动力等，按一个市场经济国家的价格计算出该产品的成本，然后再加上企业管理费和利润。c. 相似产品在进口方的销售价格。

económicos que guardan relación con la situación de la rama de producción en cuestión. Si la investigación demuestra que existe dumping y que la rama de producción nacional sufre un daño, la empresa exportadora puede comprometerse a elevar su precio a un nivel convenido a fin de evitar la aplicación de un derecho de importación antidumping.

Se establecen procedimientos detallados sobre cómo han de iniciarse los casos antidumping y cómo deben llevarse a cabo las investigaciones y sobre las condiciones para lograr que todas las partes interesadas tengan oportunidad de presentar pruebas. Las medidas antidumping deben expirar transcurridos cinco años a partir de la fecha de su imposición, salvo que una investigación demuestre que la supresión de la medida ocasionaría un daño.

Las investigaciones antidumping han de darse inmediatamente por terminadas en los casos en que las autoridades determinen que el margen de dumping es insignificante (lo que se define como inferior al dos por ciento del precio de exportación del producto). Se establecen asimismo otras condiciones. Por ejemplo, las investigaciones tienen también que terminar si el volumen de las importaciones objeto de dumping es insignificante (es decir, si el volumen procedente de un país es inferior al tres por ciento de las importaciones totales de ese producto, aunque las investigaciones pueden continuar si varios países que suministren en individualmente menos del tres por ciento de las importaciones representan en conjunto el siete por ciento o más de las importaciones totales).

El Acuerdo establece que los países Miembros deben informar al Comité de Prácticas Antidumping acerca de todas las medidas antidumping preliminares o definitivas, pronta y detalladamente. También deben informar semestralmente de todas las investigaciones. Cuando surjan diferencias, se aconseja a los Miembros que celebren consultas entre sí. También pueden recurrir al procedimiento de solución de diferencias de la OMC.

SUBVENCIONES Y MEDIDAS COMPENSATORIAS

Este Acuerdo tiene una doble función: somete a disciplina la utilización de subvenciones y reglamenta las medidas que los países puedan adoptar para contrarrestar los efectos de las subvenciones. En él se dispone que un país puede utilizar el procedimiento de solución de diferencias de la OMC para tratar de lograr la supresión de la subvención o la eliminación de sus efectos desfavorables, o que el país puede iniciar su propia investigación y aplicar finalmente derechos adicionales (llamados “derechos compensatorios”) a las importaciones subvencionadas que se concluya causan un perjuicio a los productores nacionales.

El Acuerdo contiene una definición de subvención. Establece también el concepto de subvención “específica”, es decir, una subvención exclusivamente destinada a una empresa o rama de producción o a un grupo de empresas o ramas de producción del país (o Estado, etc.) que la otorga. Solo las subvenciones específicas están sujetas a las disciplinas establecidas en el Acuerdo. Pueden ser subvenciones internas o subvenciones a la exportación.

El Acuerdo establece dos categorías de subvenciones: **subvenciones prohibidas y subvenciones recurribles**[1]. Inicialmente contenía una tercera categoría: **subvenciones no recurribles**[2]. Esta categoría existió durante cinco años, hasta el 31 de diciembre de 1999, y no se mantuvo después. El Acuerdo es aplicable a los productos agropecuarios y a los productos industriales, excepto cuando las subvenciones estén exentas en virtud de la "cláusula de paz" del Acuerdo sobre la Agricultura, que expirará al final de 2003.

- Subvenciones prohibidas: son aquellas cuya concesión está supeditada al logro de determinados objetivos de exportación o a la utilización de productos nacionales en vez de productos importados. Están prohibidas porque están destinadas específicamente a distorsionar el comercio internacional y, por consiguiente, es probable que perjudiquen al comercio de los demás países. Pueden impugnarse mediante el procedimiento de solución de diferencias de la OMC, que prevé para ellas un calendario acelerado. Si en el procedimiento de solución de diferencias se confirma que la subvención figura entre las prohibidas, debe suprimirse inmediatamente. De lo contrario, la parte reclamante puede adoptar contramedidas. Si las importaciones de productos subvencionados perjudican a los productores nacionales, puede imponerse un derecho compensatorio.
- Subvenciones recurribles: cuando se trata de una subvención comprendida en esta categoría el país reclamante tiene que demostrar que la subvención tiene efectos desfavorables para sus intereses. De no ser así, se permite la subvención. En el Acuerdo se definen tres tipos de perjuicio que las subvenciones pueden causar: pueden ocasionar un daño a una rama de producción de un país importador; pueden perjudicar a los exportadores rivales de otro país cuando unos y otros compitan en terceros mercados; y las subvenciones internas de un país pueden perjudicar a los exportadores que traten de competir en el mercado interno de dicho país. Si el Órgano de Solución de Diferencias dictamina que la subvención tiene efectos desfavorables, se debe suprimir la subvención o eliminar sus efectos desfavorables. También en este caso puede imponerse un derecho compensatorio si las importaciones de productos subvencionados perjudican a los productores nacionales.

Algunas de las disciplinas establecidas son similares a las del Acuerdo Antidumping. Para poder imponer derechos compensatorios (el equivalente de los derechos antidumping) el país importador tiene que haber realizado antes una detenida investigación similar a la exigida para adoptar medidas antidumping. Existen normas detalladas para decidir si un producto está subvencionado (lo que no siempre resulta un cálculo fácil), criterios para determinar si las importaciones de productos subvencionados perjudican ("causan daño") a una rama de producción nacional, procedimientos para la iniciación y realización de investigaciones,

---

① subvenciones prohibidas y subvenciones recurribles: 禁止性补贴和可诉补贴。

② subvenciones no recurribles: 不可诉补贴。

y normas sobre la aplicación y duración (normalmente cinco años) de las medidas compensatorias. El exportador subvencionado puede también convenir en elevar sus precios de exportación como alternativa a la aplicación de derechos compensatorios a sus exportaciones.

Las subvenciones pueden desempeñar una importante función en los países en desarrollo y en la transformación de las economías de planificación centralizada en economías de mercado. Los países menos adelantados y los países en desarrollo con un **Producto nacional bruto (PNB)**[①] por habitante inferior a 1.000 dólares EE.UU. están exentos de las disciplinas impuestas con respecto a las subvenciones a la exportación prohibidas. Los demás países en desarrollo disponen de un plazo de hasta el año 2003 para eliminar sus subvenciones a la exportación. Los países menos adelantados deben eliminar las subvenciones destinadas a la sustitución de las importaciones (es decir, las subvenciones que tienen por finalidad ayudar a la rama de producción nacional y evitar las importaciones) para el año 2003; en el caso de los demás países en desarrollo el plazo expiraba el año 2000. Los países en desarrollo reciben también un trato preferencial cuando sus exportaciones están sujetas a investigaciones en materia de derechos compensatorios. Con respecto a las economías en transición, las subvenciones prohibidas tenían que quedar eliminadas gradualmente para el año 2002.

SALVAGUARDIAS: PROTECCIÓN FRENTE A LAS IMPORTACIONES EN CASOS DE URGENCIA

Un Miembro de la OMC puede restringir temporalmente las importaciones de un producto (adoptar medidas de "salvaguardia") si las importaciones de ese producto han aumentado en tal cantidad que causan o amenazan causar daño a una rama de producción nacional. El daño causado ha de ser grave. Siempre se pudo recurrir a estas medidas en el marco del GATT (artículo 19). No obstante, no se utilizaron con frecuencia, al preferir algunos gobiernos proteger a las ramas de producción nacionales mediante medidas de "zona gris"; es decir, valiéndose de negociaciones bilaterales celebradas al margen del GATT, convencían a los países exportadores para que limitaran "voluntariamente" las exportaciones o aceptaran otras fórmulas de reparto de los mercados. Se llegó a acuerdos de este tipo con respecto a una amplia gama de productos: por ejemplo, automóviles, acero y semiconductores.

El Acuerdo sobre la OMC aportó innovaciones. En él se prohíben las medidas de "zona gris" y se establecen plazos para todas las medidas de salvaguardia ("cláusula de extinción"). En el Acuerdo se estipula que los Miembros no tratarán de adoptar, adoptarán ni mantendrán limitaciones voluntarias de las exportaciones, acuerdos de comercialización ordenada u otras medidas similares por el lado de las exportaciones ni por el de las importaciones. Las medidas

① Producto nacional bruto (PNB): 国民生产总值。用以描述地区性生产时称为本地居民生产总值或地区居民生产总值，即某一区域的公民一年内所生产的最终产品（包括劳务）的市场价值总和，是国民收入核算中最重要的组成部分。

bilaterales que no se habían modificado para ponerlas en conformidad con el Acuerdo se eliminaron gradualmente hasta finales de 1998. Cada país podía mantener una de esas medidas un año más (hasta finales de 1999), pero únicamente la Unión Europea —con respecto a sus restricciones a las importaciones de automóviles procedentes del Japón —hizo uso de esa disposición.

Un incremento de las importaciones que justifique la adopción de medidas de salvaguardia puede ser un aumento real de las importaciones (un aumento absoluto); o puede ser también un incremento de la proporción de las importaciones de un mercado en proceso de contracción, aun cuando el volumen de las importaciones no sea mayor (aumento relativo).

Las ramas de producción o las empresas pueden solicitar la adopción de medidas de salvaguardia por sus gobiernos. El Acuerdo de la OMC establece prescripciones sobre las investigaciones en materia de medidas de salvaguardia por parte de las autoridades nacionales. Se hace hincapié en que haya transparencia y en que se sigan las normas y prácticas establecidas, evitando la utilización de métodos arbitrarios. Las autoridades que realizan las investigaciones tienen que anunciar públicamente la fecha en que tendrán lugar las audiencias y prever otros medios apropiados para que las partes interesadas presenten pruebas, que deben incluir argumentos sobre si la medida es de interés público.

En el Acuerdo se establecen criterios para evaluar la existencia o amenaza de "daño grave" y se indican los factores que deben tenerse en cuenta al determinar los efectos de las importaciones en la rama de producción nacional. Cuando se impone una medida de salvaguardia, únicamente debe aplicarse en la medida necesaria para prevenir o reparar el daño grave y facilitar el reajuste por parte de la rama de producción afectada. En los casos en que se impongan restricciones cuantitativas (contingentes), no deberán normalmente reducir el volumen de las importaciones por debajo del promedio anual de los tres últimos años representativos sobre los cuales se disponga de estadísticas, a menos que se dé una justificación clara de la necesidad de fijar un nivel diferente para prevenir o reparar el daño grave.

En principio, las medidas de salvaguardia no pueden ir dirigidas contra las importaciones de un determinado país. No obstante, en el Acuerdo se establece la forma en que pueden distribuirse los contingentes entre los países proveedores, incluso en circunstancias excepcionales en que las importaciones de ciertos países hayan aumentado con una rapidez desproporcionada. La duración de las medidas de salvaguardia no debe exceder de cuatro años, aunque este plazo puede prorrogarse hasta ocho años a condición de que las autoridades nacionales competentes determinen que la medida es necesaria y que hay pruebas de que la rama de producción afectada está en proceso de reajuste. Las medidas impuestas por plazos superiores a un año deben ser objeto de liberalización progresiva.

Cuando un país restringe las importaciones para proteger a los productores nacionales debe, en principio, dar algo a cambio. En el Acuerdo se dispone que el país exportador o los países exportadores pueden tratar de lograr una compensación mediante la celebración de consultas. Si no se llega a un acuerdo, el país exportador puede adoptar medidas de retorsión de efectos equivalentes: por ejemplo, puede aumentar los aranceles aplicados a las exportaciones del país que haya adoptado la medida de salvaguardia. En algunas circunstancias, el país exportador ha de esperar tres años, contados a partir de la fecha de establecimiento de la medida de salvaguardia, para poder adoptar medidas de retorsión; por ejemplo, si la medida está en conformidad con las disposiciones del Acuerdo y si se ha adoptado como consecuencia de un aumento de las importaciones procedentes del país exportador.

Las exportaciones de los países en desarrollo están protegidas en cierto grado de las medidas de salvaguardia. Un país importador únicamente puede aplicar una medida de salvaguardia a un producto procedente de un país en desarrollo si este suministra más del 3 por ciento de las importaciones de ese producto o si las importaciones procedentes de los países en desarrollo Miembros con una participación en las importaciones inferior al 3 por ciento representan en conjunto más del 9 por ciento de las importaciones totales del producto en cuestión.

El Comité de Salvaguardias de la OMC supervisa la aplicación del Acuerdo y es responsable de la vigilancia del cumplimiento de las obligaciones por parte de los Miembros. Los gobiernos han de informar de cada etapa de las investigaciones en materia de medidas de salvaguardia y de la correspondiente adopción de decisiones, y el Comité ha de examinar esos informes.

(Fuente: WTO)

Actividades

I. Interprete en español los siguientes términos.

1. Barreras arancelarias
2. Barreras no arancelarias
3. Antidumping
4. Subvención
5. Salvaguardia

II. Rellena los espacios en blanco con la expresión adecuada del recuadro.

fricciones	socavar	intimidación	arrastrar	escalada
postura	impactos	imposición	pagar	determinación

Estados Unidos está__________el precio de iniciar una guerra comercial, mientras China se ve obligada a anunciar la __________de nuevas tarifas adicionales a los productos estadounidenses.

Durante más de un año de__________entre los dos países, China nunca ha titubeado. Cuando Estados Unidos trató de intensificar la__________comercial y ejercer máxima presión, la __________china solo se fortaleció, al igual que su __________contra los atropellos de Washington y en defensa de sus legítimos derechos e intereses.

No hay ganadores en una guerra comercial. Las compañías de ambos lados han pagado el precio. Granjeros en varias regiones de Estados Unidos han sufrido " __________ devastadores" por las medidas contra China, según la propia prensa de ese país.

La __________en las tarifas ha traído considerables tensiones a la economía estadounidense, elevando los costos, __________la inversión y __________a la baja a las bolsas de valores. La economía de Estados Unidos no será más fuerte sin China.

III. Traduce del español al chino las siguientes frases.

1. Aunque el GATT original se aplicaba al comercio de productos agropecuarios, tenía diversos resquicios. Por ejemplo, permitía que los países utilizaran algunas medidas no arancelarias, como los contingentes de importación, y que concedieran subvenciones. El comercio de productos agropecuarios acabó por estar muy distorsionado, especialmente por la utilización de subvenciones a la exportación que normalmente no se hubieran autorizado para los productos industriales.
2. El panorama externo ha modificado las previsiones relacionadas con nuestra balanza de pagos y nos enfrenta a un nuevo escenario que afecta el ámbito comercial como es la baja del precio del petróleo, la apreciación del dólar norteamericano, por lo que se hace necesario tomar medidas para regular el nivel general de las importaciones y equilibrar nuestra Balanza Comercial.
3. El objetivo del Acuerdo sobre Obstáculos Técnicos al Comercio (Acuerdo OTC) es que los reglamentos técnicos, las normas y los procedimientos de evaluación de la conformidad no sean discriminatorios ni creen obstáculos innecesarios al comercio. Al mismo tiempo, el Acuerdo reconoce el derecho de los Miembros de la OMC a aplicar medidas para alcanzar objetivos normativos legítimos, tales como la protección de la salud y la seguridad de las personas o la protección del medio ambiente. El Acuerdo OTC recomienda firmemente a los Miembros que basen sus medidas en normas internacionales como medio de facilitar el comercio. Las disposiciones sobre transparencia del Acuerdo tienen por objeto crear un entorno comercial previsible.
4. Luego de la confiscación cubana de las refinerías de petróleo estadounidenses por negarse a procesar crudo soviético, los Estados Unidos prohibieron todas las exportaciones a Cuba, con una excepción temporal de ciertos alimentos y medicamentos, el 29 de junio de 1960. Continuaron con las restricciones a los viajes a Cuba, el 16 de enero de 1961, por parte de ciudadanos y residentes estadounidenses y posteriormente la abolición de la

cuota cubana de azúcar en marzo 31.

IV. Traduce del chino al español las siguientes frases.

1. 我国加入世贸组织后，反倾销成为了一些国家对中国实施歧视性贸易壁垒的主要形式。外国对华反倾销呈现增长趋势是我国对外贸易发展的重大阻碍。
2. 农业补贴是一国政府对本国农业的支持与保护政策体系中最主要、最常用的政策工具，是政府对农业的生产、流通和贸易进行的转移支付。
3. 2004 年，巴西、阿根廷、智利、秘鲁承认了我国的市场经济地位。专家指出，南美数国承认我国的市场经济地位有助于减小中国企业在当地遭遇反倾销诉讼的概率，并对美国形成压力。
4. 20 世纪 70 年代初，中国恢复了在联合国的合法席位。国际形势的发展与变化和中国的日益强大，迫使美国政府逐步改变其对华政策。自 1969 年 7 月开始，到 1972 年 2 月，美国政府先后就放宽对华贸易限制采取了七次行动，向中国发出了缓和关系的信号。这是一个里程碑，标志着美国对中国的经济封锁彻底结束。

Etiquetas específicas

• Sanciones y embargo

Los países imponen sanciones a otros para limitar su actividad comercial. Las sanciones pueden incluir tanto acciones administrativas específicas como procedimientos aduaneros y comerciales adicionales que limiten la capacidad de comercio de un país.

El embargo es el tipo más severo de cuota, ya que prohibe totalmente el comercio. Se pueden imponer embargos a la exportación y a la importación de todos o determinados productos de países específicos. Aunque el embargo generalmente se hace con fines políticos, sus consecuencias son económicas.

Por ejemplo, las sanciones comerciales han sido históricamente un instrumento de acción en la política exterior estadounidense.

- Negación o reducción de preferencias comerciales.
- Aranceles punitivos en productos específicos.
- Embargo comercial parcial (prohibición de exportar o importar ciertos artículos).
- Embargo comercial total.

El 19 de octubre de 1960, el Gobierno de los Estados Unidos impuso un embargo comercial contra Cuba que acabaría convirtiéndose en el bloqueo económico más prolongado en la Historia de la Humanidad.

• Paquete de Nairobi (内罗毕一揽子计划)

En la Conferencia Ministerial de la OMC celebrada en Nairobi en 2015, los Miembros de la Organización adoptaron la decisión histórica de eliminar las subvenciones a la exportación de productos agropecuarios y establecer disciplinas sobre las medidas relativas a la exportación que tengan efecto equivalente. En el marco de esa decisión, los países desarrollados eliminarán inmediatamente las subvenciones a la exportación, excepto en el caso de unos cuantos productos agropecuarios, en tanto que los países en desarrollo disponen de plazos más largos para hacerlo.

Mediante la eliminación de las subvenciones a la exportación, los Miembros de la OMC alcanzaron una meta fundamental del Objetivo de Desarrollo Sostenible del Hambre Cero, lo que contribuirá al establecimiento de condiciones de igualdad para los agricultores de todo el mundo, en particular los de los países pobres que no pueden competir con los países ricos que estimulan artificialmente sus exportaciones mediante subvenciones.

Lecturas complementarias

AVISO DE FMI: LA GUERRA COMERCIAL ENTRE EE.UU. Y CHINA EMPIEZA A "RALENTIZAR" LA ECONOMÍA GLOBAL

El Fondo Monetario Internacional (FMI) alertó hoy de que la guerra comercial entre Estados Unidos (EE.UU.) y China ha pasado de ser una amenaza a "ralentizar" el dinamismo de la economía global, que evoluciona a un ritmo "relativamente lento".

"En el pasado dijimos que las tensiones comerciales constituían una amenaza; lo que decimos ahora es que no son solo una amenaza, sino que están comenzando a ralentizar el dinamismo de la economía mundial", señaló el portavoz del FMI, Gerry Rice, en una rueda de prensa en la sede del Fondo en Washington.

En sus últimas estimaciones sobre el posible impacto de los aranceles impuestos mutuamente entre las dos mayores potencias mundiales, el FMI calculó que la guerra comercial podría reducir el producto interior bruto (PIB) mundial en un 0,8% en 2020 y ocasionar pérdidas adicionales en los siguientes años.

Preguntado sobre la evolución de la economía, Rice reconoció que el ritmo de la actividad mundial "sigue siendo relativamente lento", provocado principalmente por el incremento de tensiones comerciales y geopolíticas que "han resultado en un aumento de la incertidumbre".

"Eso tiene repercusiones negativas en el ámbito de los negocios y en el comercio mundial", explicó.

El Fondo dará a conocer sus nuevas proyecciones de las economías en su próxima Asamblea Anual junto con el Banco Mundial (BM), que se celebrará del 12 al 14 de octubre en Washington.

En su último informe de Perspectivas Económicas Globales presentado en julio en Santiago de Chile, el FMI redujo también en una décima sus previsiones de crecimiento global para el 2019, hasta el 3,2%, debido a las tensiones internacionales y, más concretamente, a la guerra comercial entre Pekín y Washington.

El pasado 1 de septiembre, Estados Unidos cumplió con su prometida subida de gravámenes a las importaciones chinas e impuso un arancel del 15%, cinco puntos porcentuales más de lo que había anunciado en un principio, a importaciones del gigante asiático por valor de 112.000 millones de dólares.

Estos aranceles afectan a bienes chinos como ropa, calzado y material escolar, pero también a alimentos como la leche condensada, quesos, verduras y fruta, o artilugios como máquinas de coser.

Ese mismo día, China puso en marcha los aranceles de entre el 5% y el 10% a productos estadounidenses valorados en 75.000 millones de dólares, en respuesta al golpe de Washington.

La pasada madrugada, ambos países anunciaron un retraso en la imposición de los próximos aranceles ya anunciados, lo que parece un intento de enfriar la tensión ante su cita negociadora de principios de octubre.

Las tensiones comerciales entre las dos mayores economías mundiales, desatadas tras la llegada del presidente de EE.UU., Donald Trump, a la Casa Blanca en 2017, van más allá de las relaciones bilaterales y tienen profundas consecuencias globales.

(EFE, 12 sep. 2019)

UNIDAD 3

INVERSIÓN EN EL EXTRANJERO

境外投资

↘ **Lección 1 Formas de inversión extranjera**

↘ **Lección 2 Adquisición de activos tangibles e intangibles**

境外投资已经成为了当代重要的经济现象。跨国并购、海外置业是各国企业甚至个人经济活动的重要主题之一。可以说，资本的跨国流动极大地促进了经济全球化和世界经济的发展。

本单元分为两课：第一课我们将了解境外投资的方式，对投资的概念、意义和动因展开学习，建立与境外投资相关的基本概念；第二课我们将对境外投资中的资产收购部分进行学习，了解企业投资中的资产分类，对有形资产和无形资产建立基本概念。

通过这一单元的学习，同学们将对“境外投资”这一主题建立基本认识，了解企业境外投资的目的，能够区分不同的投资方式、辨别企业收购的资产类别。

Lección 1 Formas de inversión extranjera

Conocimientos

I. Definición y características

En el campo de la economía y de las finanzas, una inversión es una colocación de capital en búsqueda de una ganancia futura. A la hora de invertir, es necesario contemplar tres variables: el rendimiento que se espera (es decir, cuánto se espera ganar con la inversión), el riesgo aceptado (vinculado a las probabilidades de obtener el rendimiento esperado) y el horizonte temporal (cuándo la inversión ofrecerá ganancias: a corto, mediano o largo plazo). En general, podemos dividir la inversión extranjera en dos tipos:

Inversión extranjera directa: La inversión extranjera directa (IED) consiste en la inversión de capital por parte de una persona natural o de una persona jurídica (instituciones y empresas públicas, empresas privadas, etc.) en un país extranjero para internacionalizarse y expandir su mercado de sus productos o servicios. Según la OCDE, la IED tiene por objeto ejercer un control a largo plazo sobre la empresa adquirida o **participada**[①], y el criterio establecido para definirlo es que la propiedad adquirida por la sociedad **matriz**[②] sea, como mínimo, del 10% de la filial.

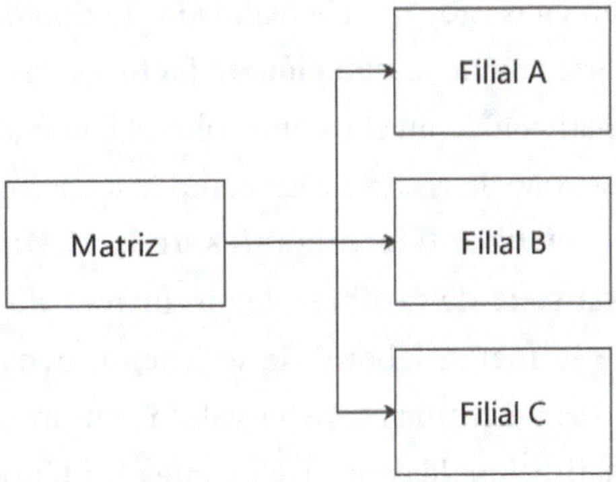

① participada: 参股的，入股的。

② matriz：母公司。母公司一般是指拥有另一个公司一定比例以上的股份或通过协议方式能够对另一个公司进行实际控制的公司，具有法人资格，可以独立承担民事责任。常用企业机构概念补充：
- filial: 子公司。子公司具有独立于母公司的法人身份，但其控制权归母公司所有，并且母公司拥有其最大比例的股份和资本。子公司在市场上的行为需要自担风险。
- sede: 企业总部。
- sucursal: 分公司。分公司是母公司在不同地区设立的次级机构。因此，分公司在市场上所进行的活动与母公司相同，并且依赖于母公司。分公司没有独立的法人身份，与母公司为从属关系。
- agencia: 代表处。
- rama: 分支机构。

Inversión extranjera indirecta: Se refiere al conjunto de préstamos que un país hace al exterior; también es llamada **inversión de cartera**①.La inversión extranjera indirecta se efectúa a través de préstamos de organismos internacionales a gobiernos o **empresas públicas**②, y de la colocación de **valores bursátiles**③ oficiales del país receptor del crédito en las bolsas de valores de su propio país, o de aquel que otorga el crédito.

En el presente texto, se discute y estudia principalmente la inversión extranjera directa (IED), ya que tiene más relaciones con las actividades empresariales, es un remedio importante de penetración de empresas extranjeras en el mercado doméstico de un país.

II. Motivaciones de IED

Explotación de nuevos mercados: Una de las razones principales que se han ofrecido para explicar las diferentes formas de justificar la presencia de IED en una economía es la búsqueda de nuevos mercados. Tradicionalmente, se suponía que una empresa con un gran capital podía asegurar su participación en ese mercado a través de la inversión directa. En ese sentido, la IED se entendía tradicionalmente como un sustituto directo del comercio.

Búsqueda de activos estratégicos: Este tipo de IED se puede dividir en dos situaciones muy diferentes. Por un lado, hay IED que busca explotar la existencia de ciertos recursos naturales, así como petróleo y minería. Esta es la forma más tradicional y antigua de IED. Sin embargo, en la actualidad este tipo de IED ha ido perdiendo importancia en el mundo, en parte porque la **dotación de factores**④ es relativamente fija, pero también como resultado de la aparición de muchos otros bienes con más importancia en la actualidad que pueden reemplazar este tipo de recursos, así como la tecnología, patentes y otros activos inmateriales.

Otros determinantes de la IED: Los factores mencionados anteriormente sugieren una serie de posibles determinantes de la IED: el tamaño del mercado, las características de la fuerza laboral, la ubicación geográfica, la dotación de factores, etc. Sin embargo, estos determinantes son válidos en un contexto puramente abstracto en el que los aspectos institucionales son irrelevantes o idénticos en todas las economías. Por supuesto, esto no es cierto y en la práctica hay una serie de factores institucionales y políticos que, sin duda, desempeñan un papel importante en la determinación de los flujos de IED. Estos otros tipos de factores pueden manejarse a través de políticas gubernamentales y pueden convertirse en instrumentos de atracción o repulsión de la IED.

---

① inversión de cartera: 证券投资。是指投资者购买有价证券以获取收益的行为。

② empresas públicas: 公有企业，国有企业。

③ valores bursátiles: 证券。

④ dotación de factores: 要素禀赋。

III. Formas principales de IED

A grandes rasgos, la IED de empresa se realiza mediante las siguientes formas:

- ***Creación de una empresa:*** Crea empresa desde cero en un país extranjero, mediante un proyecto de "**greenfiled**[①]", es decir, el establecimiento de una empresa internacional o filial extranjera.
- ***Compra de una empresa existente o compra de sus activos:*** Adquiere la totalidad o una participación de una empresa en el extranjero, de esta forma toma parte de su administración y gestión. O también puede solo adquirir activos suyos.
- ***Fusiones:*** se unen dos empresas ubicadas en países diferentes, creando una nueva empresa a partir de las dos.
- ***Reinversión de utilidades generadas en el extranjero:*** establece una entidad que pertenece a una empresa local, invierte los beneficios obtenidos en el país en que se ubica.

En el caso de las compras y fusiones de empresas, la inversión extranjera directa usualmente incluye la participación en la gerencia y transferencia de tecnología y conocimiento, principalmente desde la empresa compradora a la comprada, pero también la empresa comprada puede transferir conocimientos a la compradora.

En función de las actividades y objetivos de inversión, se puede clasificar la IED en dos tipos:

IED horizontal: Cuando la empresa inversora realiza las mismas actividades productivas que realiza en su país de origen, en el extranjero. Por ejemplo, si un fabricante de autos instala una fábrica similar a la local en un país extranjero.

IED vertical: Cuando solo una parte de la cadena productiva se realiza en el extranjero, por ejemplo, si un fabricante de autos produce **cajas de cambio**[②] en el extranjero, que luego importa para ensamblar localmente. De este modo, las empresas pueden aprovechar las ventajas comparativas de los países y de este modo disminuir costos. En muchos casos, se trasladan **actividades intensivas en mano de obra**[③] a países que tienen bajos niveles de salarios. Por ejemplo, muchas empresas de Estados Unidos producen partes en México y empresas de servicios tercerizan muchas actividades en la India.

---

① greenfiled: 绿地投资。又称创建投资，是指跨国公司等投资主体在东道国新建企业进行独资或合资经营的行为，这类投资会直接为东道国带来生产能力、产出和就业的增长。

② cajas de cambio: 变速箱。

③ actividades intensivas en mano de obra: 密集劳动活动。industria intensiva en mano de obra: 密集劳动行业。

EJEMPLOS

EL CASO DE HUAYI COMPRESSOR BARCELONA

Huayi Compressor Barcelona (en adelante HCB), **empresa asociada**① a Huayi China (HCC), es una empresa que se dedicaba a la fabricación de **compresores**②. Esta empresa entró en el mercado español a través de la adquisición de una empresa local llamada Cubigel S.L. el año 2012, con un importe de 7,6 millones de euros. Esta compraventa fue muy importante para Huayi Compressor, iniciando la internacionalización de esta empresa china fundada el año 1996. Cubigel es una empresa local especializada en la producción de compresores, fundada en 2009, que llegó a ser la cuarta mayor proveedora de compresores comerciales a nivel mundial. La adquisición de Cubigel fue consecuencia de la necesidad del desarrollo de la empresa. Los productos de HCC se concentraban en el mercado de electrodomésticos, es decir, compresores de uso familiar, no industrial. La saturación del mercado llegó en 2012, cuando Huayi ya tenía una **cuota del 30% de mercado**③ interno en un momento en que se deterioraba tanto el mercado interno como internacional: la caída de las ventas de frigoríficos provocó la sobrecapacidad de los compresores civiles y la competencia interna se agudizó. En este contexto, HCC decidió ampliar la gama de su producción para diversificar su mercado, así se reorientó hacia la producción de compresores comerciales, un mercado todavía sin competencia en China. Ante sus carencias de ***know-how***④ y de prestigio de marca, para insertarse en el mercado de compresores comerciales lo más rápidamente posible, HCC pensó solventar sus carencias mediante la adquisición internacional. Justo en ese año, Cubigel S.L. **se declaró en quiebra**⑤. La cual tenía mucha experiencia en la producción de compresores comerciales y era una marca reconocida, tanto por los clientes europeos como por Estados Unidos, además disponía de un equipo profesional de **I+D**⑥ y múltiples canales de venta. Por la valoración muy positiva de estas características y recursos asociados a Cubigel, HCC participó en su concurso de acreedores y finalmente adquirió sus activos, el *know-how*, la marca Cubigel y mantuvo la fábrica en Cataluña. Esta adquisición facilitó a HCC su rápida entrada en el mercado tanto interno como internacional de compresores comerciales, incrementó su fuerza tecnológica y su competitividad en el mercado interno.

---

① empresa asociada: 关联企业。当投资企业在管理和决策上对其所投企业具有较大影响时，我们可以称后者为前者的关联企业。

② compresores: 压缩机。

③ cuota del 30% de mercado: 市场份额的30%。

④ know-how: 技术诀窍。西班牙语中一般直接使用这一英语单词，有时也会使用西班牙语的saber-hacer。

⑤ se declaró en quiebra: 宣布破产。

⑥ I+D: 研发。也可作I&D，即investigación y desarrollo的缩写。

Organigrama del Grupo ChangHong (2018)

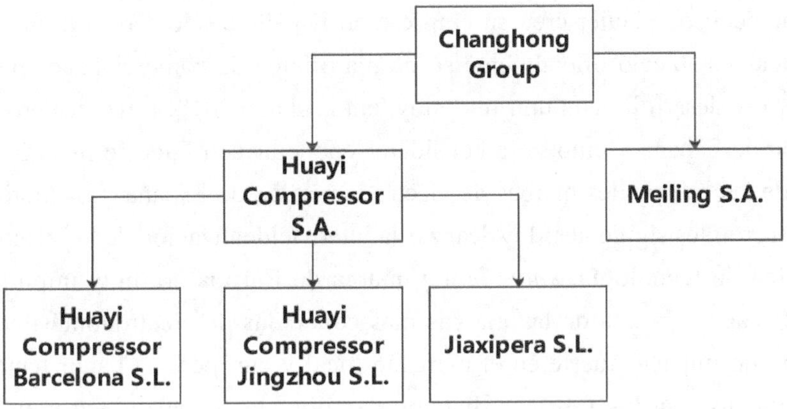

(Fuente: Wang ZG, Empresarios Chinos en España, 2018)

LA ENTRADA DE SHANGHAI KAICHUANG EN ESPAÑA

Shanghai Kaichuang Marine International es la empresa cotizada del Grupo de Shanghai Fisheries, un importante grupo estatal de Shanghai. Tiene la mayor flota de pesca de atún y de arrastreros de China, dedicada principalmente a la pesca de altura, la elaboración de productos acuáticos y su comercio. Hijos de Albo es una empresa familiar española que se fundó en el 1869. Se dedica principalmente a la fabricación de las conservas de pescados. Es una empresa de prestigio reconocido y experta en el sector. La presión y fuerte competencia en el mercado interno impulsó a la empresa a buscar mercados del sector que den pérdida para crear una cadena productiva completa. Shanghai Kaichuang aplicó la estrategia "产业外扩，产品回国". La adquisición de Hijos de Albo fue el resultado de esta estrategia. En general, el aumento del consumo nacional fue lo que impulsó a la adquisición de la empresa Hijos de Albo. Pero dado que las empresas chinas carecen de experiencia y tecnología para elaborar conservas, Kaichuang dirigió su atención a España el año 2015, porque España dispone de un mercado maduro de conservas y un consumo considerable y estable. Coincidió en el tiempo que la empresa Hijos de Albo estaba en venta y considerando que era uno de los tres mayores fabricantes del mercado español de conservas marítimas, el prestigio de su marca, el *know-how* de su gestión y su gran volumen económico, Kaichuang decidió adquirirla para mejorar su competitividad en el mercado chino, al mismo tiempo que se expandía en el mercado internacional.

EL CASO DE HAIER IBERIA

Se puede decir que Haier creó su empresa en España desde cero. En un principio solo fue una agencia, estableció oficialmente su propia oficina de comercialización en España el año 2008, pero se desarrolló con un ritmo muy lento. El año 2012, Haier aceleró su desarrollo en el mercado de España y empezó a considerar cooperar con Fagor e invertir directamente en ella, una de las principales marcas de electrodoméstico de España. Los motivos para esta cooperación fueron los siguientes: 1) Alcanzar la internacionalización de los electrodomésticos de marca china, la tecnología, *know-how* y marca de Europa era muy importante para su expansión; 2) Fagor era una de las marcas más conocidas de electrodomésticos en España y Europa, con un impacto fuerte en el mercado local y europeo. 3) Fagor tenía una amplia gama de productos, varias fábricas distribuidas por varios países europeos, existiendo una gran **complementariedad**① entre lo que ofrecía Fagor y la estrategia de Haier. Para Fagor, la cooperación le ayudó a superar sus problemas financieros, y la multinacional china podía introducirla en el mercado chino. Ambas partes negociaron cooperar de forma completa y profunda, planificando invertir juntos de forma vertical para construir una fábrica conjuntamente en Polonia. El plan de cooperación empezó a finales de 2011, pero el empeoramiento de su situación financiera obligó a Fagor a solicitar la insolvencia en 2013 y todos sus proyectos de cooperación se cancelaron automáticamente, incluido el de Haier.

① complementariedad: 互补性。

Actividades

I. Señala con "F" (Falsa) o "V" (Verdadera) las siguientes afirmaciones.

1. ( ) Inversión extranjera se refiere a la inversión extranjera directa.
2. ( ) La inversión extranjera indirecta es una forma importante de internacionalización de empresas.
3. ( ) Para entrar en el mercado extranjero, las empresas extranjeras deben adquirir una empresa local ya existente.

4. ( ) Si una fábrica de electrodoméstico invierte al extranjero para abrir una fábrica similar, se puede decir que es una IED horizontal.
5. ( ) El hecho de que HUAWEI España en Madrid reinvierta su interés ganado allí para abrir una rama en Andalucía también es una forma de IED.
6. ( ) HUAYI Compresor llegó a España a través de comprar una empresa existente.
7. ( ) A través de adquirir Hijos de Albo, Kaichuang intentó a crear una cadena productiva completa.
8. ( ) Haier Iberia entró en el mercado español a través de comprar la empresa Fagor.
9. ( ) La inversión extranjera directa puede incluir la transferencia de tecnología y conocimientos especialmente en las adquisiciones transnacionales.
10. ( ) La IED horizontal permite a las empresas aprovechar las ventajas comparativas de los países y de este modo disminuir costos.

II. Explica con tus propias palabras los términos siguientes.

1. IED horizontal: ________________________________
2. Cuota de mercado ________________________________
3. Inversión de greenfiled ________________________________
4. Know-how ________________________________
5. I+D ________________________________
6. Dotación de factor ________________________________

III. Traduce al chino las siguientes oraciones.

1. A partir de 2008, las multinacionales chinas entran en los países europeos mediante la adquisición de participaciones de las empresas locales, total o parcialmente.
2. Estas empresas suelen situarse en posiciones de liderazgo en el mercado interno. Se desarrollan en el interior de China integrando sus ventajas comparativas y mayor competitividad obtenidas en el extranjero mediante sus inversiones y adquisiciones.
3. Una empresa de inversión extranjera directa es una empresa residente en una economía y de la que un inversor residente en otra economía posee, directa o indirectamente, al menos el 10% del poder de voto, si está constituida en sociedad, o el equivalente para una

empresa no constituida en sociedad.

4. La inversión extranjera directa constituye un medio para establecer vínculos directos y de larga duración entre las economías. Con un entorno político adecuado, puede servir como vehículo para el desarrollo de otras empresas locales, así como para mejorar la competitividad de la economía receptora.
5. A través de la adquisición transnacional, las empresas multinacionales chinas que entran en el mercado español pueden conseguir los recursos como la tecnología, *know-how* y marca que necesitan para entrar en el mercado internacional. El objetivo de la adquisición es la complementariedad para su negocio en la economía china.
6. A es una empresa de moda con matriz de B, multinacional textil de capital estatal recién llegada a España. La delegación de trabajo enviada por la sede en China visitó varias veces España durante el año 2016. Después de tener una idea básica del mercado español y valorarlo positivamente, la empresa decidió invertir en él el año 2017. La empresa solo envió a un empleado para establecer la sucursal que se encarga de la búsqueda de local, trámites de contratos, decoración, temas fiscales, etc.
7. El Atlético de Madrid fue adquirido por Wanda Group, empresa especializada en la construcción y bienes inmobiliarios, que posteriormente entró en el sector del entretenimiento. El Atlético de Madrid es uno de los clubes de fútbol más importantes de España, con buenos resultados en la liga y en campeonatos europeos, como la Champions League. El Wanda Group en el año 2015 adquirió por 43 millones de euros el 20% de las acciones del club.

IV. Traduce al español las siguientes oraciones.

1. 在跨国收购中，收购者和被收购者之间往往会出现技术和知识的转移。
2. Alfonsa公司计划通过位于荷兰的子公司收购阿根廷 MineraExar公司 37.5% 的股权。
3. 为加速推进品牌营销和全球化的步伐，2018 年 1 月，我公司通过了收购阿根廷 Ruralco 公司 60% 股权的计划。
4. 在过去的十年里，基于经济的互补性和对发展的共同追求，中国对拉美直接投资的规模增长迅速。
5. 由于对国外市场不熟悉，公司往往会先派遣代表团到目的市场了解情况，之后再建立代表处进行业务联络。只有一切顺利才会成立子公司。
6. 2008 年后，不少投资西班牙的中国企业进入了投资再利用的市场扩张期，很多企业在不同的城市建立了分公司和办公室。
7. 近年来，我国企业赴“一带一路”沿线国家和地区投资的步伐越来越快，绿地投资占比大幅提升。
8. 绿地投资和并购是对外直接投资的两种方式。绿地投资比较适合发展中国家，在发展中国家的环境里进行绿地投资具备优势，可以较早地占据市场先机。

9. QUIMICACHINA 宣布将以不超 1.44 亿欧元（约合 11.2 亿元人民币）的价格收购一家成立于 1975 年的西班牙塑料公司。企业负责人表示收购目的之一是并购企业拥有的先进技术。

V. Lee los siguientes textos y contesta las preguntas.

1. *El banco C es el banco mayor del país A tanto en su número de sucursales como en la cuota que ocupa en el mercado doméstico. Invirtió y llegó a España el año 2010 tras conseguir la autorización del Banco de España y la licencia de operaciones bancarias. Su apertura oficial al público fue en enero de 2011 en Madrid. Al final de ese año, utilizando las utilidades ganadas, abrió una sucursal en Barcelona iniciando su expansión del mercado en España.*

   Según tu opinión, ¿cuál es la motivación del banco C para invertir en España? ¿Y cuál es su forma de inversión?

2. *Buensol S.A. es un poderoso grupo chino especializado en el entretenimiento y la hotelería. En el año 2010 dicha empresa decidió invertir en España para adquirir dos grupos de hoteles locales que ocupaban una cuota considerable del mercado español. Los dos grupos tenían varios hoteles en las playas principales de España, así como en Barcelona, Málaga, Mallorca y Tenerife.*

   Según tu opinión, ¿cuáles son las motivaciones del Grupo Buensol para invertir en España? ¿Y qué es su forma de inversión? ¿Por qué Buensol S.A. no creó una empresa desde cero en España?

VI. Reflexiona y explica.

Supongamos que tienes una empresa y estás preparando para hacer una inversión internacional, los destinos preliminares son: Perú, Bolivia, Chile, España, Italia. Compara las diferencias entre la inversión de greenfield y la inversión de adquisición internacional, y reflexiona:

Si tienes una empresa de explotación y comercialización de minería, ¿adónde vas a invertir? ¿Y cómo inviertes? ¿Por qué?

Si tienes una empresa de alta tecnología o de base tecnológica, ¿adónde vas a invertir? ¿Y cómo inviertes? ¿Por qué?

Etiquetas específicas

• Joint venture

Esta palabra inglesa que significa colaboración empresarial ("Joint" es conjunto y "venture" es empresa), es aplicada cuando dos o más empresas toman la decisión de introducirse en un nuevo mercado o desarrollar un negocio durante un determinado tiempo. El propósito será el de obtener las mayores ganancias posibles de esta unión o asociación.

Esta clase de contratos está muy bien desarrollada por los beneficios, pero también por los deberes que conlleva. Por ejemplo, establece que las empresas compartirán desde los objetivos finales hasta el control del proyecto común. Además, una vez firmado, quedará establecido que habrá que compartir los conocimientos de ambas empresas, ya sean tecnológicos, sobre el mercado, sobre el producto, etc.

Sin embargo, hace falta destacar que estas asociaciones estratégicas temporales no comprometen la independencia jurídica de cada una de las empresas, personas o cualquier tipo de organización involucrada. Lo que las une es una finalidad comercial, que será realizada a corto, medio o largo plazo de acuerdo al motivo de la asociación y el tiempo estimado del cumplimiento de objetivos en conjunto.

Durante este tiempo de colaboración, las empresas tendrán que trabajar en una misma dirección y respetando las normas. Es una colaboración en donde se persigue una meta en conjunto que representará beneficios para ambos socios. Con esta colaboración serán compartidos el equipo de trabajo, los costes, las inversiones, el control y la responsabilidad.

Una joint venture suele realizarse en realidad entre empresas que complementen recursos unas con otras, que pertenezcan al mismo sector. De este modo cada una estará encargada de aportar la experiencia que posee sobre la materia. Asimismo es una alianza muy recurrente en las inversiones al extranjero.

• Empresa transnacional

Una empresa transnacional es aquella que realiza actividades comerciales a nivel internacional. Se establece originalmente en un país (matriz) pero luego se extiende a otros países del mundo a través de la creación de empresas relacionadas.

La empresa transnacional se constituye por una matriz, empresa originaria que se implanta en un país específico bajo la legislación local y otras empresas relacionadas, que son empresas creadas por inversión directa o sociedades relacionadas en otros países que se rigen por las leyes locales.

Existen varias formas en que se pueden constituir empresas transnacionales: como matriz y filiales, como grupos de empresas en una industria determinada, como conglomerados de empresas con distintas actividades, a través de fusiones o adquisiciones, etc.

Las empresas transnacionales tienen un enfoque globalizado y buscan maximizar sus utilidades en conjunto. Para lograrlo aplican una estrategia comercial que se diseña y controla desde la matriz, pero que busca aprovechar las ventajas comparativas que tienen sus relacionadas con respecto a temas como costos de producción, comportamiento de consumidores locales, régimen tributario, cadenas de distribución, etc.

Lecturas complementarias

IMPORTANCIA DE LA INVERSIÓN EXTRANJERA DIRECTA EN MÉXICO

Uno de los factores que impulsan el crecimiento económico de un Estado, es sin duda la inversión extranjera directa (IED), en los últimos años ha venido creciendo en los países en desarrollo, debido a la expansión de las empresas transnacionales, construyendo una gran infraestructura en las principales actividades de producción de las economías receptoras.

Se entiende por IED, la participación de inversionistas extranjeros, en cualquier proporción en el capital social de sociedades mexicanas, la inversión realizada por sociedades mexicanas con mayoría de capital extranjero y la participación de inversionistas extranjeros en las actividades y actos contemplados en la ley de inversión extranjera.

Algunos de los criterios para incentivar esta inversión se relacionan con el crecimiento del Producto Interno Bruto (PIB), por lo que se debe aumentar el inventario de productos a expensas de los flujos de IED, impulsando de esta manera el crecimiento, cumpliendo la máxima de que una economía sana produce más de lo que consume.

Los países en desarrollo tienen especial interés en estos flujos de capital, toda vez que son una excelente fuente de financiamiento para el desarrollo productivo de las actividades económicas, de acuerdo a los criterios de los inversionistas que prevén obtener utilidades a mediano o largo plazo. Los factores para atraer la IED a un país están relacionados a las ventajas competitivas en los procesos productivos, es decir los países con grandes reservas de recursos materiales o materias primas, tienen gran atractivo, además de aquellos que cuentan con fuerza de trabajo eficiente y capacitada, o bien que estén relacionados con mercados desarrollados; en particular México cuenta con estas tres características, por lo que la IED es de gran interés y una fuente de flujo de capital que se tiene que tener presente.

Existen diversos efectos positivos de la IED sobre la economía, como son: formación de capital, creación de empleos, competitividad empresarial, capacitación técnica o transferencia de tecnología, además de una gran red empresarial competitiva, por lo que los países receptores tienen que establecer políticas transparentes, que favorezcan la inversión, además de crear o fortalecer a las instituciones que se relacionen con esta materia.

Para el año 2013, se prevé captar 25,000 millones de dólares de IED, conforme fue declarado por la Subsecretaria de Competitividad y Normatividad de la Secretaría de Economía, por lo que las oportunidades de desarrollo para la actividad productiva del país son muchas. Se debe tomar en cuenta que los flujos de capital deben permear a todos los niveles de producción, para ofrecer estabilidad financiera, fomentar el desarrollo económico y mejorar el bienestar de las sociedades.

Pero este fenómeno de evolución de la integración económica internacional, no es exclusivo de las grandes empresas transnacionales, se debe buscar vínculos directos y estables que mejoren la competencia de las empresas locales, por lo que las pequeñas y medianas empresas (PyMES) deben aumentar su participación en la IED para exportar sus productos mediante una red de empresas afines que genere un encadenamiento productivo. Sin embargo aún existe una gran brecha para que la IED tenga beneficios significativos en las PyMES, las políticas de apoyo gubernamentales son pocas, pero no debemos dejar de lado que para este año se presenta una gran oportunidad.

(Adaptación de un artículo de Hugo Martínez Soni)

Lección 2 Adquisición de activos tangibles e intangibles

Conocimientos

I. Definición y características

En la lección anterior hablamos de que la adquisición de empresa es una de las formas importantes de la IED, la cual se produce cuando una compañía toma posesión de otra y se establece como su nuevo dueño. Usualmente se lleva a cabo mediante la compra de un paquete mayoritario de acciones. Esto implica el control, por parte de la empresa compradora, de todos los activos de la empresa que se vende. Pero la estrategia de adquisición de activos es diferente, consiste en la compra de activos, en lugar de la compra de acciones. Es decir, la empresa compradora no desea hacerse con el control de la compañía que vende los activos, sino que desea adquirir solo ciertos activos que considera valiosos. Por lo tanto, no se trata de una adquisición de una empresa por otra.

A diferencia de la compra de acciones, la adquisición de activos requiere la valuación de cada uno de los activos que se transfiere, por lo tanto, es un proceso costoso y requiere conocimiento del mercado en el que se opera.

En el caso de que una empresa se encuentre en **bancarrota**[①], puede vender algunos activos que otras empresas consideren valiosos. Otras empresas encontrarán una oportunidad de adquirir activos a precios reducidos.

Según las características de los activos, se diferencian también las adquisiciones. Entre las cuales, se pueden distinguir dos tipos generales:

— **Adquisición de activos tangibles**[②]**:** Compra de los activos tangibles, conocidos también como activos físicos. Estos activos se suelen clasificar en **activos no corrientes**[③] (o fijos) y **activos corrientes**[④] (o movibles). Los activos corrientes son generalmente aquellos que están destinados para venderse y fácil de **hacerse líquidos**[⑤],

---

① bancarrota: 倒闭，破产。

② activos tangibles：有形资产。主要包括流动资产和非流动资产。前者是易于变现的资产，如银行活期存款、短期应收账款、存货等；后者是用于生产的资产以及变现能力较差的资产，如厂房、大型设备等。

③ activos no corientes: 非流动资产。也可写作activo fijo。

④ activos corrientes: 流动资产。也可写作activo movible、activo líquido等。

⑤ hacerse líquidos: 变现。

por lo tanto, suelen tener poca duración, de ahí el nombre de corriente y movible. Pero los activos fijos no, en general, el activo fijo es aquel que hace parte de la propiedad, planta y equipo, como son los automóviles, maquinaria, edificios, muebles, terrenos, etc. La inversión más significativa para los pequeños negocios o microempresas se encuentra en la adquisición de activos fijos, pues sin ellos el funcionamiento de esta sería imposible.

— **Adquisición de activos intangibles:** se refiere a la compra de los activos cuyo valor reside no en alguna propiedad física, sino en los derechos que su posesión confiere a su propietario. Por ejemplo: patentes, **derechos de autor**①, marcas registradas, **concesiones**②, licencias, software, **franquicias**③, etc. Podríamos definirlos en una frase: son "activos no monetarios sin apariencia física susceptibles de valoración económica".

II. Los criterios para adquisición de activos

1 *Criterios para adquisición de activos tangibles*

Como los activos movibles suelen tener finalidad para comercializarse, así existen criterios reconocidos ampliamente para su venta y compra, aquí no discutimos más. A diferencia de los anteriores, los activos fijos tienen una gran duración, por lo que pueden representar compromisos financieros de largo plazo para la empresa, de ahí su gran importancia a la hora de tomar una decisión para su adquisición. Para ello se deberá considerar la eficiencia de los activos fijos que se adquieren, realizando estudios de probabilidad de su valor, así como los de la competencia, para poder elegirlos creando para la empresa la situación más beneficiosa posible y, además, teniendo en cuenta la vida útil de los mismos, su depreciación y el plazo aproximado de la misma.

Para la adquisición de activos fijos se tendrán que solicitar ofertas de los proveedores de estos, analizarlas y seleccionar aquella que más adecuada se considere para el desarrollo de nuestro negocio.

Otro factor muy importante es revisar las condiciones de venta o arrendamiento: plazos de entrega, garantía postventa y costes de mantenimiento de los equipos e instalaciones.

De este modo, se deberá tener muy en cuenta la realización de un análisis comparativo de costes y beneficios para decidir el modelo de adquisición del activo fijo, conocer bien el funcionamiento de gestión de compra o alquiler, así como los **planes de amortización**④ disponibles y **Índice Nacional de Precios al Consumidor (INPC)**⑤.

---

① derechos de autor: 著作权。

② concesiones:（政府给予的）特许经营权（开发）。

③ franquicias: 特许经营权（加盟）。

④ planes de amortización: 摊销或折旧计划。

⑤ Índice Nacional de Precios al Consumidor (INPC): 全国消费者价格指数。该指数是一种常用的经济指标，用于衡量代表家庭消费的固定一揽子商品和服务的价格随时间推移而产生的变化。

2 ***Criterios para la adquisición de activos intangibles***

Antes de realizar la adquisición, debemos saber si el elemento que intentamos a comprar es reconocido como un activo intangible. El reconocimiento de un elemento como activo intangible requiere que la entidad demuestre que el elemento satisface: (a) la definición de activo tangible, que se ha mencionado anteriormente; (b) el criterio de reconocimiento, es decir, se tienen que cumplir dos requisitos:

1) Es probable que los beneficios económicos futuros esperados, que son atribuibles al activo, fluyan a la entidad.

2) El coste del activo puede ser medido de forma fiable.

Estos requerimientos se aplican ya sea que el activo intangible sea adquirido externamente o generado internamente.

Entre los dos requisitos, la probabilidad de los beneficios económicos futuros se tiene que basar en supuestos razonables y que se puedan respaldar sobre las condiciones que existirán durante la vida del activo. Sobre la medición de su coste, normalmente, el precio que paga la entidad para adquirir de forma independiente un activo intangible refleja las expectativas acerca de la probabilidad de que los beneficios económicos futuros incorporados al activo fluyan a la entidad. Es decir, el efecto de la probabilidad ya se refleja en el coste del activo. Pero atención a la palabra “fiable”, si la estimación de su valor no es razonable, no se lo reconocerá como un activo intangible.

Si te interesa saber cómo valorar un activo intangible, puedes acudir a la lectura complementaria de esta lección.

III. Clasificación de los activos tangibles e intangibles

Clasificación de activos①

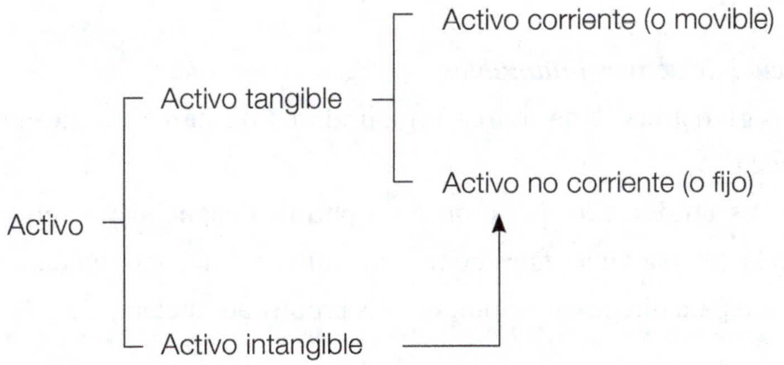

① 在会计科目里，无形资产因其本身不易变现的特点在财务报表中被归于“非流动资产”。根据西班牙现行会计规则，无形资产也被记于“不动产（inmovilizado）”账目下。但由于无形资产与有形资产具有明显区别，我们在此处进行了如图所示的分类。值得一提的是，在会计学中，总资产的表达式为Total activos = activo corriente + activo no corriente，即主要以资产的流动性作为分类标准。

1 *Clasificación de activos tangibles*

Activos corrientes (o movibles):

Existencias①. Abarcan las materias primas, productos en proceso y los terminados.

Tesorería. Incluye **cajas**② y ahorros en cuenta corriente de banco.

Derechos a cobrar. Incluyen **clientes**③, documentos a cobrar, deudores y otros derechos a cobrar a corto plazo.

Activos no corrientes (o fijos):

Terrenos y bienes naturales. Aquellos terrenos y solares que posea la empresa, ya sean urbanos o no.

Construcciones. Hace referencia a todo tipo de inmuebles en general que son propiedad de la organización, como edificios, naves, pisos o locales.

Instalaciones técnicas. Este concepto hace alusión a todos aquellos elementos que, en conjunto, constituyen una unidad de uso especializada necesaria para la actividad de la empresa. Se trata de montajes en cadena y otro tipo de construcciones similares.

Maquinaria. Dentro de este apartado se incluyen todas aquellas máquinas, vehículos industriales y herramientas necesarias para la actividad cotidiana.

Mobiliario. Todas las estanterías, mesas, sillas, mostradores y demás muebles que posee la empresa.

Equipos para procesos informáticos. Compuesto por ordenadores, impresoras, escáner y demás aparatos electrónicos.

Elementos de transporte. Dentro de esta categoría se encuentran todos los medios de transporte que formen parte de los bienes de la compañía, como coches, camiones, motos, barcos, etc., utilizados para el transporte de personas, mercancías, materiales o animales.

Otros. Aquellos bienes que no se puedan incluir dentro de ninguna de las categorías anteriores.

2 *Clasificación de activos intangibles*

Marcas registradas. Una marca registrada es un derecho que puede ser adquirido, vendido o arrendarse.

Patentes. Es un derecho que otorga un permiso especial y exclusivo, para vender o fabricar un producto o servicio, tales como: un software, una app, un curso de formación para jóvenes talentos o para directivos senior, etc. Es propiedad intelectual.

---

① existencias: 存货。

② cajas:（会计学的）现金。

③ clientes: 应收账款。指企业在正常的经营过程中因销售商品、提供劳务等业务而向买方收取的款项，包括应由购买单位或接受劳务单位负担的税金、代购买方垫付的各种运杂费等。应收账款是伴随企业销售行为产生的一项债权。

Derechos de autor. Con este derecho se garantiza al autor su derecho a explotar sus productos. Es propiedad intelectual.

Franquicias. Por medio de este derecho, la empresa adquiere permiso para poder hacer uso de la marca y productos de otra empresa durante un tiempo determinado.

Licencias y permisos. Se trata de autorizaciones a través de las que se concede el uso de bienes diferentes, como el caso de recursos software para la empresa.

Otros activos intangibles. Aquellos bienes que no se puedan incluir dentro de ninguna de las categorías anteriores.

Textos

UNA FÓRMULA PARA MEDIR EL ACTIVO INTANGIBLE "ACTIVO INTELECTUAL = CAPITAL HUMANO + CAPITAL ESTRUCTURAL + CAPITAL RELACIONAL"

Este modelo fue mencionado por el Grupo BBVA en el siglo pasado, fue pionero en España en conceptualizar y cuantificar los activos intangibles. En el año 1998, se quiso dar un salto cualitativo, publicando por primera vez, para todo el Grupo, algunos de los indicadores que se vienen utilizando en los sistemas internos de gestión sobre los "activos intangibles" que generan valor o lo generarán en el futuro.

El modelo de medición y gestión del capital intelectual está estructurado en tres bloques:

Capital humano. El capital humano recoge tanto las competencias actuales (conocimientos, habilidades y actitudes), como la capacidad de aprender y crear de las personas y equipos de trabajo que forman parte del Grupo BBVA.

Capital estructural. Este bloque recoge el conocimiento sistematizado, hecho explícito por la organización. La importancia del capital estructural reside en que, frente al capital humano, está dotado de mayor estabilidad, permanece en el Grupo independientemente de la rotación de las personas, es conocimiento que puede ser reproducido y compartido y, por lo tanto, se puede transmitir rápidamente.

Capital relacional. Este bloque recoge las formas de relación entre el Grupo BBVA y los agentes de su entorno (clientes, proveedores, competidores, etc.). Se trata de un activo intangible de vital importancia para la organización, que debe ser medido y gestionado. Algunos de los indicadores que se utilizan en el ámbito interno para gestionar los activos intangibles aparecen en los cuadros adjuntos, los datos se refieren fundamentalmente al Grupo BBVA en España, para mantener la homogeneidad de la información.

MÉTODO DE ACTUALIZACIÓN DE VALOR[①] DE UN ACTIVO FIJO[②]

Se conoce como inflación al aumento sostenido del nivel general de precios de los bienes y servicios comercializados en la economía de un país determinado. Dicho incremento de los precios normalmente es medido por el Índice Nacional de Precios al Consumidor (INPC).

El efecto más significativo de la inflación en los inmuebles, planta o equipo es el aumento de los valores a los cuales están registrados. Cabe mencionar que ello se debe a que una inversión de este tipo no pierde su poder adquisitivo, por el hecho de ser una partida no monetaria, y es de esperarse que incremente su valor al ritmo de la inflación. El problema principal de los activos fijos como consecuencia de la inflación es que quedan subvaluados en los estados financieros por que como se mencionó antes, la inflación aumentó su valor y estos aún están registrados en su costo histórico. Por lo tanto, al momento de comprar un activo fijo, es necesario actualizar su precio para que el comprador sepa cuál es su valor actual. Una fórmula sencilla aplicada en el cálculo es la siguiente (sin considerar la amortización ni la devaluación):

$$\frac{\text{INPC al final del año actual}}{\text{INPC a la fecha de adquisición}} \times \text{valor histórico}$$

Por ejemplo: se tiene una máquina comprada en 2010 con un valor de $300.000,00 pesos, si estamos en el 2018 la fórmula para actualizar dicho activo es:

$$\frac{\text{INPC al final del año 2018}}{\text{INPC al final del año 2010}} \times 300{,}000{,}00$$

El resultado del cálculo anterior representa el costo del activo en términos de dólares del final del año 2018.

FORMA DE MEDIR EL VALOR DE UN PATENTE

Los métodos de tasación de patentes a efectos empresariales pueden dividirse en dos grupos: cuantitativos y cualitativos. Los métodos cuantitativos de valoración de patentes o de carteras de patentes pretenden calcular el valor monetario de la patente. Se reparten en tres categorías básicas:

1. **Método de coste:** La teoría del coste atiende a los costes que serían necesarios para desarrollar y patentar una invención similar, ya sea dentro de la misma empresa o

① actualización de valor: 折现。文中例子的计算仅考虑了通货膨胀的影响，但事实上在计算固定资产现值时还需要考虑折旧、贬值等多种因素，故一般来说固定资产的现值一般都低于其历史购买价值。

② 本文讲的是在收购时计算资产的标准。资产价值的计算因素众多，本课仅进行粗浅的初步介绍。因变现能力较强且本身便于交易，流动资产的计算标准较为单一。但对于固定资产和无形资产来说，计算标准并非唯一，影响因素也较多。

externamente. Este método se suele usar en la contabilidad.

2. **Método de mercado:** Los métodos basados en el mercado valoran las patentes mediante su comparación con los precios alcanzados en operaciones recientes comparables. Estos métodos necesitan de un mercado activo, un intercambio comparable de **P.I.**[①] entre dos partes independientes y de suficiente acceso a la información sobre el precio de la operación.
3. **Método de ingresos:** Los métodos basados en los ingresos miden los ingresos potenciales que se pueden derivar de una patente, el cálculo del valor actual de la patente sobre la base de una estimación de los ingresos futuros (menos los intereses).

Actividades

I. Explica las siguientes palabras.

1. Activo fijo ______________________________
2. Activo corriente ______________________________
3. Patente ______________________________
4. Franquicia ______________________________
5. Actualización ______________________________
6. Existencia ______________________________
7. Tesorería ______________________________
8. INPC ______________________________

II. Rellena los espacios en blanco con la expresión adecuada del recuadro.

potenciar	parcela	promover	convertirse	know-how
aportación	adquirir	apuesta	invertir	tomar

China quiere __________ en una potencia emergente del fútbol a nivel mundial, y su Gobierno y las grandes fortunas del país no van a escatimar en recursos para conseguirlo. Desde que el gobierno chino anunciara un plan general para __________ este deporte en el gigante asiático, las grandes operaciones corporativas se han desencadenado, y en solo año y medio han desembolsado casi 3.000 millones de euros para __________ posiciones en la industria europea y adquirir el __________ necesario para crear un verdadero negocio.

---

① P.I.: 知识产权。即propiedad intelectual的缩写。

El primero en ver la oportunidad fue Wanda Group, el holding del Wang Jianlin. En enero del pasado año inició un rally de adquisiciones a distintos niveles. Por un lado, adquirió el 20% del Atlético de Madrid por 45 millones de euros, además de realizar una __________ adicional de 15 millones para __________ la Academia, en un claro guiño de lo que busca con esta inversión: conocimiento en la __________ formativa para desarrollar jóvenes talentos.

La idea de __________ activos en varias etapas de la cadena de valor también la ha aplicado Wuhan Double, que también tenía su origen en el sector del ladrillo. Sin embargo, ante la ralentización de esta actividad y las posibilidades que se abren con la __________ del Gobierno por el fútbol, también ha decidido __________ en este sector.

III. Completa las siguientes oraciones con palabras adecuadas.

1. En los últimos meses, se percibe un cambio de tendencia relevante: el apetito inversor chino apunta ahora a grandes y medianas empresas, a los grandes movimientos corporativos. Llegan para quedarse y hacerse con el __________, la tecnología y la posibilidad de vender los __________ made in Spain de alta calidad en el gigante asiático.
2. Los __________ no pueden convertirse en líquido a corto plazo y que normalmente son necesarios para el funcionamiento de la empresa y no se destinan a la venta. Son ejemplos: __________, __________, __________, etc.
3. El __________, también llamado __________ o activo líquido, es el activo de una empresa que puede hacerse liquido (convertirse en dinero) en menos de doce meses. Como, por ejemplo, __________, __________, y __________.
4. El __________ es, por tanto, de naturaleza __________. Por ejemplo, el valor de una marca, que no puede ser medido de manera física.

IV. Traduce del español al chino las siguientes frases.

1. Un activo intangible es definido por su propio nombre, es decir, no es tangible, no puede ser percibido físicamente. El activo intangible es, por tanto, de naturaleza inmaterial. Por ejemplo, el valor de una marca, que no puede ser medido de manera física.
2. Normalmente, el precio que paga la entidad para adquirir de forma independiente un activo intangible, refleja las expectativas acerca de la probabilidad de que los beneficios económicos futuros incorporados al activo fluyan a la entidad.
3. "España les resulta interesante porque el PIB está creciendo más que en otros países de la eurozona. También estas empresas chinas buscan aprender tecnología y *know-how* a la hora de fabricar determinados productos para ganar cuota de mercado".
4. Gran parte del valor proviene de activos intangibles-cosas como el diseño del teléfono,

toda la tecnología subyacente, incluyendo la destreza y los conocimientos de quienes lo fabrican, y la manera en que se promociona su marca. Hasta el diseño de la caja en la que viene el teléfono puede ser un activo valioso para el fabricante del teléfono a la hora de diferenciar su producto de los de la competencia.

5. Esta tendencia es lógica si miramos el número de peticiones de patentes registrado en la Organización Mundial de Propiedad Intelectual (世界知识产权组织), con sede en Ginebra, durante el año pasado. Huawei se posicionó como la compañía que más patentes registró, con 3.898. La segunda fue la americana Qualcomm con 2.442, seguida por ZTE con 2.155.
6. Para luchar contra esta situación, grandes empresas chinas que operan internacionalmente y tienen que pagar patentes, como Huawei, Lenovo o ZTE, están empezando a adquirir patentes mediante adquisiciones de otras compañías más pequeñas, licencias, o invirtiendo grandes cantidades en investigación, desarrollo e innovación para tener sus propias patentes y que sean otras marcas las que tengan que pagar por ellas.
7. Asimismo, se busca incrementar el *know-how*, la capacidad en I+D y otros activos para protegerse de la incertidumbre económica en China. Las reformas chinas para modernizar la industria, impulsar el sector servicios y abrir más el país a los flujos de comercio e inversión internacionales son un catalizador de largo recorrido para las ambiciones internacionales de sus firmas.

V. Traduce del chino al español las siguientes frases.

1. 客户、技术诀窍、知识产权和注册商标是本企业最主要的无形资产。
2. 在计算固定资产价值时，我们不应直接使用其历史购入价格，而应综合考虑各项因素来计算其现值。
3. 在全球化背景下，中国企业不断增加对外投资，购置海外有形和无形资产，增强了企业国际竞争力。
4. 投资加盟经营将为企业带来众多好处，其中最重要的便是使其获得产业相关知识和成熟标准的经营模式。
5. 在有形资产中，无论是原材料还是已制成产品都是流动资产，因为它们的变现能力较强，且本身便于商业销售。
6. 由于被收购公司拥有众多专利，其注册商标在当地拥有广泛知名度，本次收购将为本公司进入该国市场提供重要切入口。
7. 在经济危机下，许多西班牙企业不得不对其资产进行清算，这为外国企业进入该国市场提供了重要机会。但在进行收购时也应注意使用合适的资产评估准则。

VI. Traduce y clasifique los activos siguientes.

厂房，汽车，生产线，银行存款，股票，十年定期存款，半成品，注册商标，专利

技术，存货，土地，现金，客户，应收账款，著作权，计算机，自行开发的软件，办公室家具，原材料

Activos tangibles		Activos intangibles
Activos corrientes	Activos no corrientes	

Etiquetas específicas

Fondo de comercio

El fondo de comercio (o en inglés, *goodwill*) es un activo intangible indefinido capaz de generar beneficios futuros para una empresa y que se corresponden con su valor de la marca (prestigio, reconocimiento, clientes, relaciones con empleados, saber-hacer, etc.).

Se dice que una empresa puede valer más que la suma algebraica de todos los elementos que componen su patrimonio. El fondo de comercio recoge este sobre valor.

El valor del fondo de comercio es inherente a una empresa, pero surge y se contabiliza solo tras la adquisición de la misma. Se calcula como el exceso del precio que se paga por la empresa sobre el valor del patrimonio neto. Por ejemplo, si todos los elementos del patrimonio de una empresa, valen 100 millones de euros, pero la empresa es comprada por 110 millones, el fondo de comercio vale 10 millones de euros (110-100).

Ejemplo de fondo de comercio

Un claro ejemplo para explicar el fondo de comercio es el caso de Coca-Cola, no gozaría de tanto éxito si no fuera por el alto valor obtenido a través de su reconocimiento de marca, creado a través de décadas de trabajo y de marketing. Aunque el prestigio de marca es un activo intangible que no se puede ver o tocar, sus efectos positivos sobre los beneficios demuestran lo valioso que resulta el fondo de comercio para la empresa.

• Propiedad intelectual

La propiedad intelectual hace referencia a los derechos exclusivos otorgados por el Estado sobre las creaciones del intelecto humano, en particular: las invenciones, las obras literarias y artísticas, y los signos y diseños distintivos utilizados en el comercio. La propiedad intelectual se divide en dos categorías principales: ***los derechos de propiedad industrial,*** entre los que figuran las patentes, los modelos de utilidad, las marcas, los diseños industriales, los secretos comerciales, las obtenciones vegetales y las indicaciones geográficas; y ***el derecho de autor y los derechos conexos***, que guardan relación con las obras literarias y artísticas.

Los derechos de propiedad industrial son muy importantes para la industria farmacéutica. El uso del sistema de propiedad industrial que realizan las PyMES en la industria farmacéutica depende fundamentalmente de la estrategia empresarial de las empresas, su tamaño, sus recursos, su capacidad innovadora, su contexto competitivo y su ámbito de especialidad. Las empresas basadas en la investigación y en la innovación que tienen por fin elaborar nuevos medicamentos, mejorar o adaptar los ya existentes o crear nuevos equipos o procedimientos médicos/farmacéuticos, suelen hacer un gran uso del sistema de patentes para garantizar la recuperación de las inversiones realizadas en investigación y desarrollo. Las empresas que se basan en la concesión o adquisición de licencias de productos farmacéuticos tendrán que conocer adecuadamente el sistema de patentes a fin de poder negociar contratos de licencia equitativos y equilibrados. Las PyMES de la industria farmacéutica pueden utilizar el caudal de información contenido en los documentos de patente para añadir datos esenciales a su labor de I+D, obtener ideas para realizar nuevas innovaciones, garantizar su "libertad de acción" o descubrir el momento en que expirará una patente con lo que quedarán abiertas las puertas para la introducción de medicamentos genéricos.

Lecturas complementarias

VALUACIÓN DE ACTIVOS INTANGIBLES

Todas las empresas del mundo, pequeñas y grandes, formales e informales, domésticas e internacionales, cuentan con activos que no son fácilmente perceptibles, mucho menos cuantificables o medibles. Hablamos de los activos intangibles, tales como: obligaciones contractuales, listas de clientes, aspectos innovadores dentro de la empresa, patentes y otros tipos de elementos que representan propiedad intelectual. Pero más aún, también en las empresas hay clientes fieles, proveedores con quienes hemos hecho acuerdos implícitos a lo largo del tiempo, trabajadores comprometidos, una ubicación geográfica privilegiada o el vendedor estrella que es capaz de sacar adelante cualquier negociación con éxito.

Todos estos elementos representan expresiones del valor que tiene una compañía, pero a diferencia de otros tipos de activos, no se les puede asignar fácilmente un valor económico. Por tal motivo a estos activos algunos los denominan la "riqueza escondida" dentro de las organizaciones.

El entorno competitivo de las empresas, que no se limita al mercado local, sino que se extiende hacia otros países, ha vuelto al conocimiento uno de los elementos fundamentales para preservar la existencia de las empresas. Este conocimiento es uno de los activos intangibles más importantes que pueden desarrollar las organizaciones en virtud de su permanencia y crecimiento en el tiempo.

Por ello es que a esta etapa de la historia de la humanidad se le identifica como "la economía de los intangibles".

¿Qué se necesita para valuar un activo intangible?

De manera general, es necesario que podamos tener una descripción precisa de lo que es este activo. Está claro que aquello que no podemos definir, no es posible medirlo, por lo tanto, se convierte en el primer paso de nuestro proceso de evaluación.

Debemos tener posibilidad de poseerlo, transferirlo y por consecuencia protegerlo. No son entonces un intangible medible aquellos bienes cuya propiedad sea difusa o no poseamos la capacidad de comercializarlos, pues la valuación implica un proceso de medición del valor financiero, muchas veces, basado en referentes en el mercado. Las tres técnicas de valuación de activos intangibles ya los hemos mencionado en el texto.

Ejemplo de valuación de intangibles: el caso de una marca

Uno de los elementos más importantes cuando se quiere analizar el impacto que tiene una marca es precisamente la definición de las contribuciones que hace al negocio esta misma, por lo tanto, es una tarea por demás compleja, pues no está claro cómo deben separarse los flujos atribuibles a este intangible.

Está claro que el valor de la marca no es el valor de la empresa, ni la diferencia entre el valor de mercado y el contable (en ninguno de sus ajustes posibles), ni la diferencia entre el valor de una empresa con marca y otra sin marca, pues todas ellas son meras aproximaciones que presentan debilidades y limitaciones.

En el proceso de valoración de una marca es muy importante el destino de la valoración, pues para los propietarios su valor seguramente será más alto que para los competidores o para los futuros accionistas. Del mismo modo es importante el objetivo de la valoración, pues para la venta querríamos un valor alto, pero no así cuando se trata de pagar regalías.

Un elemento fundamental para la valoración de las marcas comenzaría por identificar cómo es que crean valor, lo que se llama *brandvalue drivers* o generadores de valor.

Entender este proceso es fundamental para cuantificar como una marca contribuye al negocio y así asignar correctamente su valor. Estos generadores podrían dividirse en aquellos que impulsan un rendimiento superior, un crecimiento superior y un nivel de riesgo diferente.

La metodología consistió en tres etapas:

En la primera etapa se calculó el valor de la empresa y se estudió la composición de las marcas en cada una, para identificar la tasa de prorrateo de estas las cuales pueden pertenecer a una empresa. Esta tasa servirá para el ejercicio de estimación que implica la identificación del valor de la empresa, que consiste en la estimación de los flujos futuros que tendría, bajo ciertos supuestos razonables de comportamiento.

La segunda etapa consiste en identificar el valor de la marca por medio de un ejercicio de medición en los consumidores, en un ejercicio de estudio de mercado, el cual abarcó más de dos millones de consumidores en el mundo. Aquí lo que se identifica es la llamada contribución de la marca, que significa cuantificar el valor de la marca en la mente de los consumidores.

La tercera etapa vincula las dos etapas anteriores, para cuantificar finalmente el valor de la marca, una medida en dólares que, de acuerdo con los datos de las tablas, puede superar la producción nacional en muchos países.

El ejercicio completo, sin duda, tiene un alto grado de complejidad, pero demuestra que las posibilidades son muchas, discutibles, debatibles y sujetas a diversas críticas. Sin embargo, siempre es mejor tener una aproximación que no tener nada.

(Adaptación de un artículo de Dr. Pablo Pérez Akaki)

UNIDAD 4

ADMINISTRACIÓN EMPRESARIAL

企业管理

- Lección 1 Creación de empresa y su proceso
- Lección 2 Administración financiera de empresa
- Lección 3 Impuestos que paga una empresa

在前面几个单元中，我们主要从概念上对全球化、对外贸易和境外投资进行了学习，而上述内容的载体和实现单位——企业与我们的生活和工作都有着极为紧密的联系。无论是普通员工、创业者还是企业家，在当代了解一定的企业管理知识都有着重要的意义。

本单元分为三课：第一课我们将以企业的成立为起点，了解一系列有关企业的基本知识，包括其建立流程、种类、组成以及相关管理机构，建立企业管理的基本概念；第二课我们将对企业管理的重要组成部分——财务管理进行学习，包括企业主要财务报表的理解和制作；第三课我们将学习企业的税收，初步了解企业税收的类别、组成和计算。

通过这一单元的学习，同学们将从实用角度初步掌握有关企业管理的知识，了解基本企业建立流程，能够阅读并制作建议财务报表，计算相关课税，掌握有关词汇，为今后在涉西班牙语国家业务的企业中工作打下基础。

Lección 1 Creación de empresa y su proceso

Conocimientos

I. Plan de empresa①

El proceso de constitución y puesta en marcha de una empresa es una tarea difícil, no por su complejidad, sino por la laboriosidad de la tramitación para formalizar dicha constitución. A través de esta lección veremos los pasos generales a seguir, desde la decisión de crear una empresa, hasta los trámites para ponerla en marcha. Cuando decidamos ser **emprendedores**②, es necesario que tengamos en cuenta, entre otros, los siguientes factores: la definición de la actividad a desarrollar, la planificación global y a largo plazo, la valoración de riesgos, la capacidad financiera, la viabilidad del negocio, el estudio de mercado... Todos estos aspectos conviene recogerlos en un documento, que se denomina plan de empresa (o plan de negocio).

Un plan de empresa normalmente consiste en las partes siguientes③:

1. Definición del proyecto: contiene una breve presentación del proyecto, capaz de aportar al lector una visión inmediata de lo que podrá encontrar en las páginas siguientes.
2. Presentación del equipo humano: esta parte describe a los miembros del equipo humano que da lugar al nacimiento de la nueva empresa, destacando lo que cada cual aporta para la consecución del objetivo planteado.
3. **Plan de marketing**④: se debe dar descripción de los productos/servicios e incluye los estudios sobre cliente, competencia y empresas proveedoras. También determina el precio de venta y el margen bruto unitario. También incluye la publicidad,

---

① plan de empresa: 商业计划书。其主要作用为使创业者全面了解企业、帮助企业融资以及向合作伙伴提供信息。

② emprendedores: 创业者。动词形式为emprender。补充词汇：
– promotor: 发起人。
– socio: 合伙人。
– inversor: 投资人。
– accionista: 股东。
– junta general: 股东大会。

③ 除本课所列出的内容外，根据不同商业计划的规模和行业特点，商业计划书也可能包含其他内容。

④ plan de marketing: 市场计划。

distribución y **merchandising**[①].

4. Plan económico-financiero: trata de medir la rentabilidad del mismo, abarcando la inversión y costes fijos y variables.
5. Plan jurídico: contiene los factores clave: el número de socios, la cuantía del **capital social**[②] y la responsabilidad frente a terceros.

II. Formas jurídicas de empresas

Entre las cinco partes susodichas de un plan de negocio, las primeras cuatro nos ayudarán a verificar la viabilidad del negocio y a tomar la decisión de finalmente crear una empresa. Una vez que las hayamos hecho todas, en la última parte debemos seleccionar una **forma jurídica**[③] apropiada, el capital inicial que se invierte y el número de socio puede variar según los tipos de las personalidades jurídicas. A continuación, presentamos tres formas jurídicas comunes (En España):

1. **Sociedad de responsabilidad limitada**[④]: En abreviatura: S.L., el socio mínimo es 1, el **capital social**[⑤] mínimo es 3.000 euros y el emprendedor tiene responsabilidad limitada al capital aportado en la sociedad.
2. **Sociedad anónima**[⑥]: En abreviatura: S.A., el socio mínimo es 1, el capital inicial mínimo es 60.000 euros y el emprendedor tiene responsabilidad limitada al capital aportado en la sociedad.
3. Empresario individual: Conocido como **autónomo**[⑦], no se exige presentar un capital mínimo inicial, pero el socio se responsabiliza con todos sus bienes.

III. Proceso de creación de empresa en España

Después de seleccionar la forma jurídica apropiada, ya podemos empezar a tratar los procesos siguientes:

1. ***Certificación negativa:*** se deberá obtener en el Registro Mercantil Central la Certificación negativa del nombre de la sociedad que acredite la exclusividad y no existencia de otra

---

① merchandising: 商品推销/促销。在西班牙语中也可写作micromercadotecnia。它是营销的一部分，旨在通过一系列商业活动来提高销售商铺的利润，通过研究和商业技术，在最佳条件下向最终消费者提供产品或服务。

② capital social: 股本。即股份公司用发行股票的方式组成的资本，也指其他合伙经营的工商企业的资本或资金。

③ forma jurídica: 法律形式。自然人或企业可以选择发展其专业活动的法律形式，所选的法律形式将决定其税收义务和社会保障从属关系的类型、对第三方承担的责任类型、内部运营制度等。

④ sociedad de responsabilidad limitada: 有限责任公司。

⑤ capital social: 注册资本。指合营企业在登记管理机构所登记的资本总额，是合营各方已经缴纳或承诺一定要缴纳的出资额的总和。

⑥ sociedad anónima: 股份有限公司。

⑦ autónomo: 个体商户。

sociedad con el mismo nombre. Se puede tramitar presencialmente con un impreso en las oficinas del Registro Mercantil, por correo o a través de la web.

2. ***Capital social:*** se deberá abrir una cuenta en una entidad bancaria una cantidad de dinero en nombre de la empresa y depositar en la cual una cantidad de dinero, que variará en función del capital social exigido en cada caso. De acuerdo con lo que mencionamos anterior, para una sociedad limitada el mínimo son 3.000 euros, y para una sociedad anónima el capital no podrá ser menor de 60.000 euros.
3. ***Solicitar el NIF:*** Obtener el Número de Identificación Fiscal en la **Agencia Tributaria**[1], primero provisional, presentando la documentación necesaria (**modelo**[2] 036, copia de la escritura de constitución y copia de los estatutos), y después el definitivo (no más tarde de 6 meses) presentando la escritura.

Agencia Tributaria

Identificación Fiscal

Código de identificación

B-12345678

Denominación o Razón Social:	MIAREDONDA, S.L.
Anagrama comercial:	
Domicilio Social:	Carrer Córsega 613,1-1, 08025 SANTA COROMA-(BARCELONA)
Domicilio Fiscal:	Carrer Córsega 613,1-1, 08025 SANTA COROMA-(BARCELONA)
Administración de la AEAT:	08015 BADALONA

PROVISIONAL

4. ***Redactar estatutos de la empresa***[3]***:***Los estatutos han de constar en el **acta de constitución**[4], bien mediante transcripción literal o bien como documento unido a la misma. En ellos se contienen las normas de organización de la sociedad, regulando las relaciones de la entidad con los socios.
5. ***Creación de la sociedad:*** Debes realizar una escritura pública ante notario en el que

① Agencia Tributaria: 西班牙税务局。简称为AEAT。

② modelo: 申请表。在西班牙政府部门办理各类业务时都需要填写申请表，不同业务对应不同申请表，如报税使用的是Modelo 145，办理延长居留使用的是Modelo EX00等。

③ estatutos de la empresa: Son el conjunto de normas internas que rigen el funcionamiento de la empresa (企业章程).

④ acta de constitución: Es un documento entre los socios de una empresa que incluye información básica como: nombre o denominación social, fundadores, ubicación, tipo (企业组建书).

los socios firman la constitución de la sociedad.

6. ***Inscripción en el Registro Mercantil:*** Inscripción de la empresa en el Registro Mercantil Provincial para obtener la plena competencia jurídica. Tendrá lugar en la oficina del Registro Mercantil de la misma provincia donde la empresa esté domiciliada.
7. ***Alta en IAE:*** Hay que darse de alta en el **Impuesto sobre Actividades Económicas**① con la actividad empresarial que se va a realizar, en una oficina de la Agencia Tributaria.
8. ***Legalización de los libros de sociedades:*** se deberá legalizar una serie de **libros de sociedad**② en el Registro Mercantil correspondiente de la provincia, así como el libro de acta, libro diario y libro de socios. Consiste en poner un certificado oficial en la primera página de los libros y marcar el resto de las hojas con el sello del Registro.
9. ***Registro de patentes y marcas:*** Registro de signos distintivos como pueden ser palabras, frases, imágenes o símbolos en la Oficina Española de Patentes y Marcas, ya que haber registrado anteriormente una denominación en el Registro Mercantil no significa tenerla protegida como marca.

Todos estos trámites se llevan a cabo en los organismos correspondientes, así como en la Agencia Tributaria y **Tesorería General de la Seguridad Social**③. Una vez que se acaben todos estos trámites ya se pondrá en marcha la empresa.

Textos

PLAN DE NEGOCIO DE UN CENTRO DE FORMACIÓN

(Parte 1. Definición de las características generales del proyecto)

Puesta en marcha de un centro de formación que desarrollará su actividad como centro de enseñanza, siguiendo las reglas establecidas en la normativa autonómica al respecto en la

① Impuesto sobre Actividades Económicas: 经济活动税。是一种针对经济活动的市政税收。

② libros de sociedad: 企业记录本。补充词汇:
– libro de registro de la sociedad: 公司记录本。记录有关公司的变化，比如公司成立、更改地址、更改章程、更改名称等。
– libro de actas: 会议记录本。记录公司的会议纪要。
– libro de registro de socios: 股东记录本。记录公司股东变化。
– libro de registro de acciones: 股份记录本。记录公司股份变化。
– libro diario: 日记账。记录企业日常的交易。
– libro de inventario: 库存记录。记录企业库存情况。

③ Tesorería General de la Seguridad Social: 西班牙社保局。

materia. Bautizaremos a la empresa como *Mi Mentor.*

Será una empresa que prestará servicios tanto en sus instalaciones, como en las instalaciones de sus clientes, cuando estos sean empresas.

El perfil de la empresa, será el de una empresa dedicada a favorecer y mejorar las competencias profesionales de las personas trabajadoras. La finalidad de la prestación de estos servicios es mantener a las personas formadas, a través de diversos cursos que les permitan reciclarse personal y profesionalmente.

Contará con 8 personas en plantilla, incluidos los emprendedores, y se dirigirá, sobre todo, a un público de carácter empresarial, si bien contará con clientes particulares con una orientación de complementariedad con la actividad principal de la empresa.

El factor diferencial de la empresa será su proximidad al mundo empresarial, así como contar con alternativas de formación: formación presencial y formación e-learning o una combinación de ambas, que permitirá a estas empresas formar a sus empleados. Adicionalmente, contará con formación ocupacional como una alternativa de inserción laboral.

Se situará en un bajo de, aproximadamente, 400 metros cuadrados en la ciudad de Sevilla, que los emprendedores alquilarán, al no disponer ninguno de ellos de una propiedad de la que poder hacer uso.

La cartera de servicios de la empresa es la siguiente:

– Formación continua.

– Formación ocupacional.

En cuanto a las temáticas formativas, se orientarán hacia materias relacionadas con la gestión empresarial.

Para la prestación de estos servicios es fundamental el buen hacer del personal, es decir, tanto la profesionalidad como el trato humano que estos dispensen a los clientes, ya que los mismos se convertirán en los mejores "vendedores" del buen saber-hacer de la empresa.

María y Santiago están detrás de esta iniciativa. La primera cuenta con una amplia experiencia en gerencia, así como en docencia en diferentes academias de la provincia; el segundo es pedagogo y toda su carrera profesional se desarrolló en ese ámbito.

Con el proyecto pretenden dar un salto cualitativo y cuantitativo tanto en su vida laboral como personal, poniendo en práctica tanto los conocimientos adquiridos en los diversos cursos a los que ha asistido, como a través de la experiencia.

MARCO DE UN PLAN DE EMPRESA

ÍNDICE

1. Resumen ejecutivo
   1.1 Visión, misión y objetivos *(modelo de negocio)*
   1.2 El equipo promotor

1.3 Los clientes y el mercado
1.4 La competencia
2. Descripción del equipo promotor
2.1 Identificación de promotores *(formación y experiencia profesional y empresarial)*
2.2 Grado de vinculación con el proyecto
3. Actividad de la empresa
3.1 Propuesta de valor de la empresa *(qué va a hacer y cómo va a generar los ingresos)*
3.2 Características de los productos y/o servicios objeto de las actividades de la empresa
3.3 Colaboraciones clave en el proceso productivo *(colaboradores, subcontrataciones...)*
3.4 Elementos innovadores
4. Proceso productivo
4.1 Descripción de terrenos, edificios, instalaciones y equipos precisos para el proceso productivo
4.2 Normas que regulan la fabricación o comercialización del producto y/o la prestación del servicio
4.3 Seguridad de la calidad de los procesos *(garantías, servicio técnico y servicio posventa)*
5. Mercado
5.1 Contexto general del mercado *(factores clave y tamaño)*
5.2 Perfil de cliente *(quién es, dónde está y cómo consume)*
5.3 La competencia *(identificación, características destacables y participación en el mercado)*
5.4 Tamaño y cuota de mercado
6. Comercialización del producto o servicio
6.1 Determinación del precio de venta y su comparación con la competencia
6.2 Distribución del producto y/o servicio
6.3 Política de comunicación
7. Recursos Humanos
7.1 Número y perfil de las personas que se contratarán *(conocimientos y experiencia)*
7.2 Asignación de responsabilidades por puesto de trabajo
7.3 Tipo de contrato y convenio de aplicación
8. **Análisis DAFO**[①]
9. Plan económico y financiero
9.1 Inversiones y política de amortizaciones

---

① Análisis DAFO: 强弱危机分析。即基于内外部竞争环境和竞争条件的态势分析，D、A、F、O分别指debilidad（弱点）、amenaza（威胁）、fortaleza（优点）、oportunidad（机会）。分析流程是：通过调查，将与研究对象密切相关的各种内部优势和劣势、外部机会和威胁等列举出来，并依照矩阵形式排列；然后用系统分析的思想，把各种因素综合起来加以分析，从中得出一系列相应的结论，这些结论通常带有一定的决策性。

9.2 Financiación
9.3 Ingresos
9.4 Costes
9.5 Política de circulante: cobros, pagos y almacén
9.6 Balance provisional

10. Temas jurídicas
    10.1 Forma jurídica prevista
    10.2 Autorizaciones, permisos y trámites necesarios.

Actividades

I. Señala con "F" (Falsa) o "V" (Verdadera) las siguientes afirmaciones.

1. ( ) El plan de empresa suele ser redactado después de acabar unos trámites administrativos en organismos correspondientes.
2. ( ) Si el promotor decide crear una empresa de forma S.L., solo asume responsabilidad limitada en el caso de que se quiebre la empresa.
3. ( ) Para crear una empresa, antes de presentar y firmar la escritura en el notario, se debería abrir una cuenta bancaria en nombre del promotor y depositar allí el capital inicial mínimo.
4. ( ) Se debe presentar el plan de negocio en la Agencia Tributaria cuando se crea la empresa.
5. ( ) Con 30.000 euros ya se puede crear una sociedad anónima en España.
6. ( ) Si el emprendedor no ha podido obtener la certificación negativa, tiene que pensar otro nombre para su empresa.
7. ( ) Se debe ir al ayuntamiento para dar la empresa de alta en el Impuesto sobre Actividades Económicas.
8. ( ) Una vez que los socios firmen la escritura de constitución de la empresa en un notario, la empresa ya estará creada oficialmente.
9. ( ) En la primera parte del plan de negocio no se debe desarrollar mucho, es importante transmitir la información clave y resumida eficientemente al lector y capturar su atención.
10. ( ) En el plan de negocio no hace falta incluir la información sobre la rentabilidad del negocio, ya que es difícil de calcularla sin efectuar las actividades económicas realmente.

II. Intenta explicar el significado de los siguientes términos y para qué sirven.

	Es...	Sus funciones son...
1. Plan de negocio		
2. Plan de Marketing		
3. Capital social		
4. Libros de sociedad		
5. Estatutos de la empresa		
6. Agencia Tributaria		

III. Traduce al chino las siguientes oraciones.

1. En España se tarda una media de 47 días en completar los trámites para abrir un negocio. Comparándolo con el resto de los países de la OCDE, resulta que en España se tarda mucho más del doble que la media.
2. La empresa va a contar con un asesor externo (asesoría) que le llevará todo el tema laboral (contrataciones, seguros sociales y nóminas), fiscal (declaraciones trimestrales y resúmenes anuales de impuestos), contabilidad y tramitación de ayudas y subvenciones varias para la empresa (por constitución, contratación o innovación).
3. El presidente Mauricio Macri anunció este jueves la creación de las Sociedades por Acciones Simplificadas (SAS). Se trata de un mecanismo facilitador para crear una empresa en 24 horas que es también un primer paso hacia la formalización y digitalización de la economía.
4. El Libro de Actas en España es un Libro Societario que contiene las actas de todas las reuniones que la Sociedad ha hecho desde que se constituyó. De esta manera, resulta más fácil llevar el registro de las decisiones que se han ido tomando en las diferentes Juntas Generales y Extraordinarias.
5. La idea de negocio consiste en la puesta en marcha de una consultora especializada en comercio exterior. El nombre previsto para la empresa es Consúltame y la forma jurídica que le daremos será la de Sociedad Limitada. En el origen de la idea de negocio se encuentra tanto la experiencia como los conocimientos de uno de los promotores en el campo de comercio. Los promotores del proyecto son María y Santiago.

IV. Traduce al español las siguientes oraciones.

1. 公司的地址更改和股东变化都需要做新的公证，并且这些公证应送交商业登记处登记备案。

2. 商业计划书除了用于吸引投资之外，还有助于创业者厘清创业思路、规划发展方向和规避风险。
3. 公司种类不同，其成立时的注册资本也有所差异。成立有限责任公司的最低注册资本为 3000 欧元；而如果成立股份有限公司，则最低资本为 60,000 欧元。
4. 强弱危机分析是一种企业竞争态势分析方法，它通过评价企业的优势和劣势、竞争市场上的机会和威胁，帮助企业家进行深入全面的分析以及竞争优势的定位。
5. 在阿根廷成立有限责任公司或其他类型的商业和企业，均需要在该国司法监察总局（Inspección General de Justicia）进行注册登记，并根据拟成立企业的具体地址，在所属的联邦收入总局（Administración Federal de Ingresos Públicos, AFIP）的分支机构进行备案。
6. 在西班牙成立公司，公司的章程必须涵盖以下内容：所有股东的资料，包括姓名、身份证号码、婚姻状况、职业等；公司名称；经营范围；公司地址；注册资金，需要西班牙开户银行出具公司资本证明；公司行政组织结构，包括公司法人代表等。

Etiquetas específicas

• La innovación en la empresa

Se define innovación como “la creación y modificación de un producto y su introducción en el mercado”. Más técnicamente, la innovación se define como “la transformación de una idea en un producto vendible, nuevo o mejorado, en un proceso operativo en la industria y en el comercio o en un nuevo método de servicio social”. Por su parte, la Fundación COTEC define innovación como “el arte de convertir las ideas y el conocimiento en productos, procesos o servicios nuevos o mejorados que el mercado valore”.

Tradicionalmente, la innovación ha estado casi siempre ligada a un contexto exclusivamente industrial y tecnológico. Sin embargo, esta también puede basarse en la detección de una nueva línea comercial o en la capacidad de las empresas para mantener la mayor cuota de mercado posible. Estas ventajas competitivas abarcan desde unos niveles de inversión e investigación básica a niveles elevados: como los más pequeños cambios en el diseño o en la forma de presentar un producto ya existente, así como la fabricación y apoyo en el mercado del mismo.

En ese proceso, las empresas deben asumir que la innovación afecta a todas sus áreas funcionales, desde la del diseño y el desarrollo de bienes y servicios, la comunicación y el marketing, hasta la internacionalización, los recursos humanos, los procesos o la gestión empresarial.

En conclusión, la innovación se puede considerar como la aplicación comercial de una idea de forma que se originen productos, procesos o servicios nuevos o mejorados, permitiendo generar beneficios empresariales. Tan vital como la innovación, es la difusión y comercialización que permiten dar utilidad a la idea generada.

• Fuentes de financiación para emprendedores y autónomos

La financiación es un tema importante para cualquier empresa durante toda su trayectoria. Dependiendo de la situación empresarial en la que se encuentre puedes elegir diferentes tipos de financiación a utilizar. A continuación, se enumeran ciertas formas comunes de financiación empresarial, cuáles son y en qué consisten:

Autofinanciación o financiación propia: es la fuente básica de financiación, utilizar los propios recursos económicos.

FFF: en inglés son las siglas de "friends, family and fools". Es otra de las fuentes de financiación a las que más se recurre en la fase inicial de la empresa.

A través de los bancos: existen diversos tipos de fuentes de financiación bancaria, como lo son los préstamos, los créditos y los microcréditos.

Préstamo entre particulares: Consiste en obtener un préstamo de otros inversores como se realiza con un banco, con la diferencia que se hace sin la intermediación bancaria y los intereses son más altos. Se suele emplear en casos en que el empresario no cumple con los requisitos para acceder a un crédito.

Subvenciones: son ayudas económicas, asesoramiento y bonificaciones que concede la Administración (nacional, autonómica y local) con el fin de impulsar la creación de empresas y la contratación de profesionales.

A través de Business angels: son empresarios que invierten cantidades elevadas de dinero (de 20.000 a 200.000 euros, habitualmente) y también aportan sus conocimientos y experiencia a los startups.

Lecturas complementarias

24 PASOS PARA CREAR UNA EMPRESA

Bill Aulet, director del Martin Trust Center para el MIT Entrepreneurship y profesor titular en la escuela de negocios Sloan Schoolof Management del MIT, ha diseñado una metodología de 24 pasos que recoge los aspectos clave en la creación de empresas innovadoras que desarrolla en el manual *La disciplina de emprender*. Estos son los 24 pasos básicos para construir una empresa que ofrezca un producto o un diseño innovador que ha diseñado Aulet.

1. Segmenta el mercado: Identifica cómo tu idea puede servir a una variedad de usuarios finales potenciales.
2. Selecciona un mercado inicial: Selecciona un segmento de mercado del primer paso, elige uno donde sientas que tienes las mayores posibilidades de éxito y tengas un valor estratégico.
3. Traza el perfil del usuario final: Empleando técnicas de investigación primaria de mercado construye una descripción que incluya información demográfica, información específica e incremental acerca de lo que quiere y de cuáles son sus necesidades.
4. Calcula el tamaño del mercado total disponible del mercado inicial: Estimación del dinero, en monedas contantes y sonantes, por año que obtendrías en tu mercado inicial si tuvieras el 100% de la cuota de mercado.
5. Describe al usuario del mercado inicial: Identificar un usuario real actual en el mercado inicial que represente mejor el perfil del usuario final.
6. Caso de uso de la vida útil del producto: Identificar y describir cómo tu producto encajará dentro del flujo de trabajo del personaje.
7. Especificación de alto nivel del producto: Crea una representación visual del producto, así como un folleto.
8. Cuantifica la propuesta de valor: Resumir, tan concreto como sea posible, el valor que tu producto creará en tu cliente.
9. Identifica a tus próximos 10 clientes: Crea una lista de los diez próximos clientes, que cumplan con el perfil del usuario final.
10. Define tu esencia: Determina aquello que tú harás mejor que nadie o que le será muy difícil a otros imitar.
11. Fija tu posición competitiva: Representa visualmente tu posición comparada con otras alternativas respecto a las dos máximas prioridades del personaje.
12. Determina la Unidad de Toma de Decisiones (UTD) del cliente: Determina todas las personas que están involucradas en la toma de decisión de comprar tu producto, incluyendo a quienes influyen en la decisión.
13. Haz un esquema del proceso de adquisición de un cliente: Detalla cómo los miembros de la UTD toman una decisión para comprar tu producto.
14. Calcula el Tamaño Total Disponible (En inglés: Total Addresable Market, TAM) (潜在市场规模) de los próximos mercados: Calcula los ingresos anuales de los próximos mercados después de que tengas éxito en el mercado inicial.
15. Diseña un modelo de negocio: Examina diferentes modelos de captura de valor de tu producto y elige el mejor alineado con todos los intereses claves de los involucrados.
16. Determina tu política de precios: Determinar una política para fijar el precio de tu

nuevo producto y tomar una decisión sobre cuál será el precio inicial.

17. Calcula el valor a largo plazo de un cliente adquirido: Estimar el Valor Presente Neto del total de beneficios que obtendrás de un nuevo cliente sobre el valor a largo plazo de ese cliente.
18. Haz un esquema del proceso de ventas para adquirir un cliente: Esquema visual de estrategias de corto, medio y largo plazo que crean y satisfacen la demanda de tu producto.

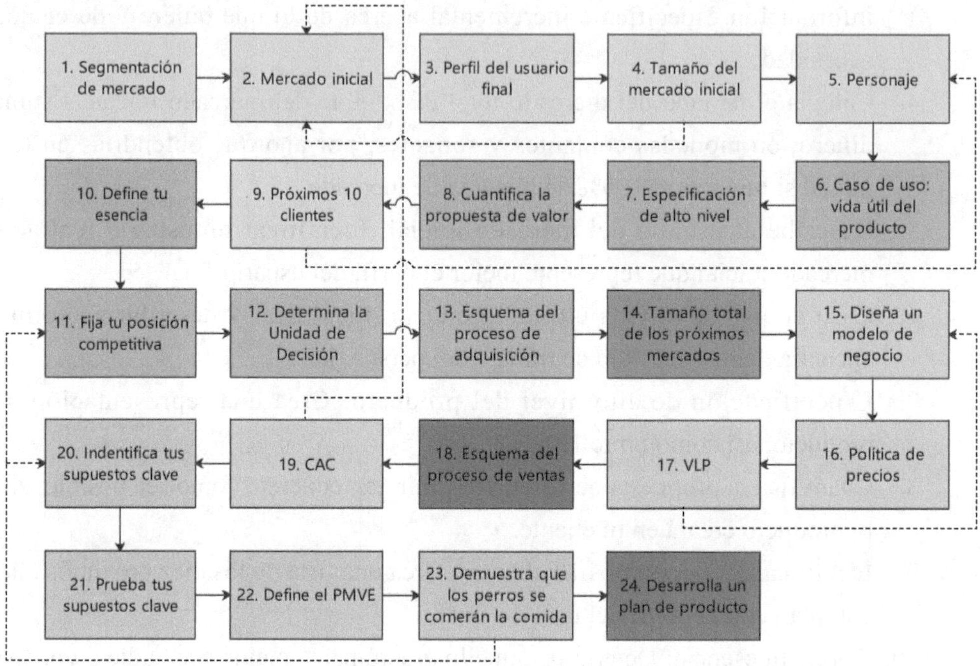

19. Calcula el Coste de Adquisición de un Cliente (En inglés: Customer acquisition cost, CAC) (获客成本): Estimar los costes totales de ventas y de marketing en un periodo dado para conseguir nuevos clientes y entonces dividir esto por el número de nuevos clientes.
20. Identifica tus supuestos clave: Identificar supuestos clave para ser validados antes de hacer fuertes inversiones en desarrollo de productos.
21. Prueba tus supuestos clave: Probar, a través de una serie de experimentos pequeños y baratos, cada uno de los supuestos que has identificado en el paso 20.
22. Define el Producto Mínimo Viable (En inglés: Minimum viable producto, MVP) (最简可行产品) de la Empresa: Definir el producto mínimo que puedes usar para validar si el cliente obtiene valor del producto y si puedes pagar por eso, esto inicia un ciclo de retroalimentación iterativa con el cliente.
23. Demuestra que "los perros se comerán la comida para perros": Ofrecer tu PMVE a tu cliente objetivo y obtener métricas cuantitativas respecto a la tasa de adopción del producto, el valor que el cliente objetivo está obteniendo del producto y la evidencia

de que alguien está pagando por el mismo.

24. Desarrolla un plan de producto: Desarrollar un plan a largo plazo para agregar funcionalidad a fin de que puedas dirigirte a mercados adyacentes.

(Adptación de un artículo de Emprendedores)

Lección 2 Administración financiera de empresa

Conocimientos

I. ¿Qué es?

Cuando hablamos de administración financiera, se refiere a la parte económica de una empresa, la cual es uno de los aspectos fundamentales de la misma, ya que es la que mantiene a flote la entidad. Una organización con mala administración financiera podría llegar a la quiebra, aunque cuente con todos los recursos necesarios para ser exitosa. La administración financiera consiste en la planificación de los recursos económicos, para definir y determinar cuáles son las fuentes de dinero más convenientes, para que dichos recursos sean aplicados en forma óptima y así poder asumir todos los compromisos económicos de corto, medio y largo plazo.

II. Contabilidad de empresa

Los trabajos de contabilidad son una parte esencial de la administración financiera.[①] La misión de la contabilidad financiera, también llamada **contabilidad externa**[②], es obtener la información del patrimonio de la empresa y los resultados que se consiguen por utilizar este patrimonio. Es una información que ayuda a los directivos y a los empleados y también lo pueden utilizar los usuarios que no están dentro de la empresa (como los accionistas, los bancos o los proveedores). Por otra parte, tenemos la contabilidad de gestión, también conocida como la contabilidad interna de la empresa, la cual comprende la contabilidad de costes, los presupuestos y los indicadores de análisis. Por tanto, se trata de toda aquella información imprescindible para controlar el funcionamiento de la empresa y mejorar los resultados de esta a través del análisis y previsiones.

---

① 会计是企业财务管理的重要组成部分。企业日常的财务核算资料具有零星、分散、量大等特点，会计报表会将其按特定的表格形式进行汇总反映和综合反映。读懂报表有助于各级管理人员一目了然地掌握企业在一定时期内的经济活动情况及其效益。

② contabilidad externa: 对外会计。会计依工作对象的不同分为对外会计和对内会计（contabilidad interna）。对外会计主要负责财务核算、制作报表，以方便企业外部人员了解企业经济状况；对内会计包含不同种类，如成本会计，主要负责对企业生产成本和单位成本进行管理和分析，为企业内部管理人员提供信息。本课主要讲解的是对外会计及其报表。

La contabilidad permite realizarnos ciertas preguntas de gran importancia para la empresa:

¿Está la empresa preparada para hacer frente a todos sus pagos con los cobros que ha recibido?

¿Se está ganando dinero con los productos o servicios que se están vendiendo?

¿Cuánto dinero cuesta una unidad de producto?

¿Cuánto dinero cuesta realizar un determinado servicio?

¿Cuánto nos cuesta un determinado departamento de la empresa?

¿Habrá beneficios o pérdidas el próximo año?

¿Es viable la empresa?

III. Unos conceptos básicos[①]

En los trabajos de contabilidad se utilizan ampliamente los conceptos de activo, pasivo y patrimonio neto, que son tres elementos esenciales en la contabilidad también en la administración financiera de la empresa. A continuación, presentamos sencillamente estos tres conceptos:

Activos

Los activos son cosas que la empresa posee. Son los recursos de la empresa que han sido adquiridos a través de las transacciones y tienen un valor económico futuro que puede ser medido en moneda. Ya hemos discutido su carácter y clasificación en la lección *"Adquisición de activos tangibles e intangibles"*.

Pasivos

Los pasivos son obligaciones de la sociedad; son las cantidades adeudadas a los acreedores por una transacción pasada. Junto con el patrimonio neto, los pasivos pueden ser considerados como una fuente de activos de la compañía. También pueden ser considerados como una reclamación contra los activos de una empresa.

① 企业财务较常用词汇：
– activo: 资产。
– pasivo: 负债。
– patrimonio neto/fondo propio: 所有者权益。
– ejercicio: 会计周期。
– cuenta: 账户，账目。
– caja: 现金。
– banco: 存款。
– clientes: 应收账款。
– proveedores: 应付账款。
– explotación: 营运。

Patrimonio neto

Patrimonio es el valor total de una empresa una vez descontadas los pasivos.

A nivel numérico, las relaciones entre ellos siguen *la regla de igualdad*, conocida también como la **ecuación de contabilidad**[①]: **Activos = Pasivos + Patrimonio neto.**

IV. Las cuentas anuales

Para contestar todas las preguntas mencionadas en el punto II, los contables van a elaborar unas "**cuentas anuales**[②]" que se ajusten lo mejor posible a la realidad de la empresa. Dichas cuentas deben informar de la situación económico-financiera de la empresa, de los resultados del ejercicio y de las causas de dichos resultados. Esta información se ve reflejada en los siguientes estados contables que componen las cuentas anuales.[③]

1 *Balance de situación*

El balance de situación es un informe, recogido en un momento determinado del tiempo, que muestra la situación económica y financiera de la empresa. El balance informa, de forma separada y ordenada, de la composición de la empresa en su activo, pasivo y patrimonio neto. Por sus características, no es útil para ver la evolución de una empresa, sino solo para consultar los datos en un momento preciso en el tiempo.

2 *Cuenta / estado de pérdidas y ganancias*

La cuenta o el estado de pérdidas y ganancias es un balance en el que se muestra el resumen de todos los ingresos y gastos producidos durante el ejercicio económico y el resultado final del mismo, que será beneficio o pérdida. Lo mismo que el balance de situación es una "fotografía" del patrimonio total de la empresa, la cuenta de pérdidas y ganancias refleja tres preguntas: 1) Qué ingresos ha obtenido la empresa. 2) Qué gastos ha realizado. 3) El importe del resultado que se obtiene al restar los gastos de los ingresos.

3 *Estado de flujos de efectivo*

Este documento informa sobre el origen y la utilización de los activos monetarios

① ecuación de contabilidad: 会计恒等式。即：资产=负债+所有者权益。这一等式可根据研究对象进行变换，如：所有者权益=资产−负债。尽管各个国家和地区的会计规范可能有所不同，但该恒等式普遍适用。

② cuentas anuales:（会计）年度报表。

③ 西班牙企业会计报表主要包括五项，分别是：
– balance de situación/balance general: 资产负债表。
– cuenta de pérdidas y ganancias/estado de resultado: 损益表。
– estado de flujos de efectivo: 现金流量表。
– la memoria: 备忘录。
– estado de cambios en el patrimonio neto: 所有者权益变动表。
这些会计报表的制作通常以年为周期。

representativos de efectivo y otros activos líquidos equivalentes, clasificando los movimientos por actividades e indicando la variación neta de dicha magnitud en el ejercicio. Los movimientos de tesorería se agrupan en 3 apartados: 1) Flujos de efectivo de las actividades de explotación: fundamentalmente son los cobros y pagos ocasionados por las actividades que constituyen la principal fuente de ingresos y gastos de la empresa. 2) Flujos de efectivo por actividades de inversión: son los pagos que tienen su origen en la adquisición de activos no corrientes. 3) Flujos de efectivo por actividades de financiación: comprenden los cobros procedentes de la adquisición por terceros, así como por entidades financieras en forma de préstamos.

Textos

ESTRUCTURA DEL BALANCE DE SITUACIÓN

A continuación, se expone un ejemplo sencillo, con el objetivo de ver cómo será un balance de situación:

La empresa "Buena comida S.A." presenta la siguiente información a 31 de diciembre:

Dinero en efectivo -> *2.500€*[①]
Deudas con los proveedores de su materia prima -> 8.500€
Derechos sobre clientes -> 15.000€
Edificio de su propiedad -> 100.000€
Maquinaria -> 20.000€
Préstamo a devolver en 3 años -> 60.000€
Préstamo a devolver en 3 meses -> 1.500€
Cuentas bancarias -> 10.000€
Mercaderías, existencias -> 3.000€

Primero vamos a separar la información en activos y pasivos según la definición de ambos que estudiamos en la primera parte, para calcular el patrimonio neto de esta empresa. Recordemos que el patrimonio neto = activo – pasivo.

① 在西班牙语中，整数与小数之间以逗号间隔，而千分位之间则以句点间隔，如：1.266.389,98。

Activos	Pasivos
Dinero en efectivo -> 2.500€ Derechos sobre clientes -> 15.000€ Edificio de su propiedad -> 100.000€ Maquinaria -> 20.000€ Cuentas bancarias -> 10.000€ Mercaderías, existencias -> 3.000€	Deudas con los proveedores de su materia prima -> 8.500€ Préstamo a devolver en 3 años -> 60.000€ Préstamo a devolver en 3 meses -> 1.500€
150.500€	70.000€
Patrimonio neto: 150.500 – 70.000 = 80.500€	

Una vez calculado el valor del patrimonio neto, procedemos a ordenar cada información en el sitio que le corresponde en el balance de situación. En general, tiene su estructura como presenta la tabla siguiente[①]:

BALANCE DE SITUACIÓN DE EMPRESA "Buena comida S.A."	
Activo	Patrimonio neto
Construcción: 100.000	Fondos propios: 70.500
Maquinaria: 20.000	
Mercaderías: 3.000	Pasivo
Cliente: 15.000	Deudas con entidades de crédito: 60.000
Caja: 2.500	Proveedor: 8.500
Banco: 10.000	Deudas a corto plazo[②] con entidades de crédito: 1.500
Total activo: 150.500	Total pasivo: 150.500

ESTRUCTURA DE LA CUANTA DE PÉRDIDA Y GANANCIA

Para concretar este concepto, tomamos un ejemplo muy fácil y simple:

Los estudiantes de la Universidad de Sevilla han organizado un grupo de trabajo para conseguir dinero para el viaje de fin de carrera. Solo han realizado una actividad: han organizado una gran fiesta en un polideportivo y los datos económicos han sido los siguientes:

① 在资产负债表中，左侧一栏为会计科目类别（cuenta），包括对会计要素的具体内容进行分类核算的各项会计科目。"Construcción"这一科目应包含企业所有建筑类资产，对应价值也应为其总和；同理，"Maquinaria"这一科目应包含企业所有用于生产的设备和机械资产。对于西班牙来说，会计科目的类别是由《西班牙总会计计划》(Plan General de Contabilidad）规定的，因此在所有西班牙企业的资产负债表中都能看到基本一致的结构。

② deudas a corto plazo: 短期债务。指偿还期限在12个月以内的负债。

Se han vendido entradas por importe de 20.000 euros.

Alquiler del polideportivo: 8.000 euros

Publicidad: 2.000 euros

Plaza para el viaje que se ha regalado en el sorteo: 1.500 euros.

Venta de papeletas sorteos: 4.000 euros.

Otros gastos varios: 3.000 euros.

¿Cuál ha sido el resultado de la fiesta? ¿Se ha ganado dinero o se ha perdido? Y ¿cuánto?

Es fácil de elaborar una cuenta de pérdida y ganancia: solo hay que sumar los ingresos y restarle los gastos:

La cuanta P y G de la actividad			
Ingresos		Gastos	
Venta de entradas	20.000	Alquiler del polideportivo	8.000
Venta de papeletas sorteo	4.000	Publicidad	2.000
		Plaza para el viaje que se ha regalado	1.500
		Otros gastos varios	3.000
Total ingresos	24.000	Total gastos	14.500
Resultado	9.500		

La respuesta es muy clara, a través de esta cuenta de P y G de fiesta, descubrimos que este grupo ha ganado 9.500 euros en esta fiesta para su viaje de fin de carrera.

ESTRUCTURA DEL ESTADO DE FLUJOS DE EFECTIVO

De acuerdo con lo que hemos aprendido en el texto, el estado de flujos de efectivo establece tres clases de flujos de efectivo, así la estructura de este documento también divide en tres partes. Seguimos explicándolo con un ejemplo muy sencillo:

MIAREDONDA S.L. es una empresa dedicada a la fabricación de comida, el 31 de diciembre de 2018 presenta su informe de flujo de efectivo de siguiente forma:

Flujos de efectivo de las actividades de explotación: 9.000 euros

Flujos de efectivo de las actividades de inversión: 5.600 euros

Flujos de efectivo de las actividades de financiación: 4.000 euros

Con esta información ya podemos elaborar su estado de flujo de efectivo en este momento:

Estado de flujo de efectivo de MIAREDONDA S.L. a 31 de diciembre de 2018

Estado de flujos de efectivo	2018
A) flujos de efectivo de las actividades de explotación	9.000
B) flujos de efectivo de las actividades de inversión	5.600
C) flujos de efectivo de las actividades de financiación	4.000

Actividades

I. Señala con "F" (Falsa) o "V" (Verdadera) las siguientes afirmaciones.

1. (　) La administración financiera no es necesaria para algunas empresas.
2. (　) Conocer la administración financiera nos ayudaría a maximizar la utilidad de los recursos monetarios de la empresa.
3. (　) La contabilidad es muy importante para la administración financiera.
4. (　) El balance de situación, la memoria y el estado de patrimonio neto son tres documentos principales de contabilidad.
5. (　) Activo menos patrimonio neto equivale pasivo.
6. (　) El edificio, ordenador y vehículo son pasivos.
7. (　) La empresa "MIAREDONDA S.L." acaba de pedir al banco un préstamo que se debe devolver en cinco años, el contable debe considerarlo como activo.
8. (　) A través del balance de pérdidas y ganancias, podemos ver claramente cuánto ha ganado la empresa en su explotación cotidiana, cuánto en la parte financiera, y cuánto en total.
9. (　) El estado de flujos de efectivo consta de cinco clases.

II. Explica con tus propias palabras los siguientes términos.

1. Pasivo ____________________
2. Cuentas anuales ____________________
3. La regla de igualdad en contabilidad ____________________
4. Ejercicio ____________________
5. Balance ____________________
6. Proveedores ____________________

7. Patrimonio neto ________________________
8. P y G________________________

III. Traduce al chino las siguientes oraciones.

1. El balance de situación forma parte de las cuentas anuales (estados financieros) que deben elaborar todas las sociedades en cada ejercicio contable (habitualmente tiene una duración anual)
2. La administración financiera es un área de estudio muy estrechamente vinculada con las disciplinas propias de la administración y el mundo empresarial, como la contabilidad, el derecho, la arquitectura empresarial, etc.
3. La contabilidad general de una empresa implica el control de todas sus operaciones diarias: compra, venta, gastos, inversiones, etc. El contador debe registrar, analizar, clasificar y resumir dichas operaciones para volcarlas en un estado o balance con información veraz.
4. Al final del ejercicio 2018, "CASA S.L." tiene 500 euros en su caja, 1.000 euros en su cuenta corriente en el banco Sabadell y una máquina de 4.000 euros para fabricar productos. Aparte de eso, tiene un préstamo de 6.000 euros que se debe devolver en cinco años.
5. El Plan General de Contabilidad (PGC) es un conjunto de normas que fijan los procedimientos y métodos a seguir en el registro de la actividad económica de la empresa. Su utilización es de carácter obligatorio y de repercusión nacional e internacional, esto es, aplicable a las empresas españolas tanto en sus actividades de mercado interno como de mercados exteriores.
6. Durante el Ejercicio Contable 2019 "DOÑANA S.L" realiza las siguientes operaciones: el 02/01/19 se compra un inmueble por valor de $50.000,00 pagadero con un préstamo a 3 años que incluye $1.000,00 por año de interés. El 10/01/19 se pagan gastos de publicidad para el lanzamiento de un nuevo producto con cheque Banco Nación por valor de $5.000,00.

IV. Traduce al español las siguientes oraciones.

1. 会计学中所说的三大财务报表分别是资产负债表、损益表和现金流量表。
2. 现金流量表所反映的是一家机构在某一固定时期内的现金增减变动情况。
3. 资产负债表亦称财务状况表,反映了企业在一定日期的财务状况,是主要会计报表之一。
4. 会计恒等式是揭示会计要素之间内在联系的数学表达式，具体为：资产 = 负债 + 所有者权益。
5. 会计应将购买设备的信息计入名为“设备”的账目当中，该账目主要记录的是企业的设备资产。
6. 财务管理主要解决的问题包括筹资活动、营运活动、投资活动和利润分配活动。围绕企业的这四个活动来进行管理可使企业更高效地运转和盈利。

7. 损益表是反映企业在一定时期内（月份或年度）经营成果（利润或亏损）的报表。我们可以利用损益表来评价一个企业的经营成果和投资效率，分析企业的盈利能力及未来一定时期的盈利趋势。与资产负债表不同，损益表属于动态报表。

V. Haz ejercicios siguientes.

A. *Para aprovechar las vacaciones, cinco estudiantes chinos de la Universidad Autónoma de Barcelona organizaron un cursillo de chino para los niños que tenían interés en aprender este idioma. Al terminar el cursillo, estos estudiantes nos ofrecen los datos económicos siguientes:*

Ingreso por las matrículas: 31.000 euros.

Alquiler del aula en el centro de la ciudad: 10.000 euros

Marketing: 3.200 euros

Remuneración para los administrativos y personal de seguridad: 5.500 euros.

Agua y luz: 2.850 euros

Transporte: 760 euros

¿Cuál ha sido el resultado del cursillo? ¿Se ha ganado dinero o se ha perdido? Y ¿cuánto?

B. *"Fantasía S.L." es una empresa madrileña que fabrica lámparas. Al cerrar su ejercicio del año 2018, presenta la siguiente información:*

Dinero en efectivo -> 13.500€	Préstamo a devolver en 3 años ->51.000€
Deudas con los proveedores de su materia prima -> 19.500€	Préstamo a devolver en 5 años->20.000€
Derechos sobre cliente A -> 20.000€	Préstamo a devolver en 3 meses -> 12.500€
Derechos sobre cliente B -> 6.000€	Cuentas bancarias -> 21.000€
Edificio de su propiedad -> 61.000€	Lámparas hechas en el almacén -> 14.000€
Planta de fabricación -> 50.000€	Maquinaria -> 31.000€

1. Calcula el patrimonio neto de "Fantasía S.L.".
2. Elabora el balance de situación de esta empresa.

Etiquetas específicas

• Contabilidad en América Latina y el Caribe

La región de América Latina y el Caribe comprende una diversidad de países que enfrentan retos comunes —especialmente alta desigualdad y crecimiento volátil—, los cuales históricamente han contribuido a altos niveles de pobreza. En los últimos años, la región ha logrado avanzar significativamente con respecto a estos dos desafíos.

Contar con prácticas sólidas de contabilidad y de información financiera es esencial para promover un crecimiento, a través del sector privado, que sea sostenible y equitativo, así como para fortalecer la gobernabilidad y la rendición de cuentas. Estas prácticas fomentan el desarrollo de los mercados de capitales, facilitan el acceso al crédito de las empresas locales, promueven un mejor clima de negocios, profundizan la integración de las compañías locales en la economía mundial, reducen el riesgo de crisis en el sector financiero y permiten la eficiente gestión o privatización de las empresas estatales.

El enfoque reciente de la región en el fortalecimiento de su marco para la información financiera empresarial ya empezó a reflejar importantes resultados. En Brasil, por ejemplo, las reglas que promueven una contabilidad más sólida de las empresas que cotizan en la bolsa han llevado a una expansión del mercado de capitales. En México, el establecimiento de mayores requisitos para el ejercicio profesional ha traído una mayor confianza en los estados financieros que los contadores preparan, así como una mayor integración con los Estados Unidos y Canadá. En Chile, un proceso bien planificado de transición hacia las Normas Internacionales de Información Financiera (NIIF), actualmente en curso, abre el camino para una adopción ordenada de estas normas, con los beneficios asociados en términos de integración internacional, costos de capital más bajos y mejora del ambiente de negocios. También otros países han emprendido reformas significativas de sus marcos de contabilidad, y están obteniendo beneficios importantes.

• Sistema de planificación de recursos empresariales (ERP)

Los sistemas ERP (Enterprise resource planning) son los recursos de información gerenciales que integran y manejan los negocios, estando estos asociados con las operaciones de producción y los aspectos de distribución de una compañía en la producción de bienes o servicios.

Los sistemas ERP típicamente manejan la producción, logística, distribución, inventario, envíos, facturas y contabilidad de la compañía de forma modular (模块化). Sin embargo, la planificación de recursos empresariales o el software ERP puede intervenir en el control de muchas actividades de negocios como ventas, entregas, pagos, producción, administración de inventarios, calidad de administración y la administración de recursos humanos. Su aparición facilita al trabajo de contable y en muchos casos pueden imputar automáticamente los informes económicos en sus cuentas y generar los balances indicados.

Lecturas complementarias

INDICADORES FINANCIEROS PARA GESTIONAR UNA PYME

En esta lección, hemos aprendido una serie de conceptos básicos de la administración financiera y cómo leer un balance, en este texto vamos a profundizar un poco más, es decir, a partir de los informes que nos da un balance general, calculamos unos "indicadores financieros" y luego para realizar el análisis financiero de una empresa.

El cálculo de los indicadores financieros permite tomar decisiones para resolver problemas o diseñar estrategias que apunten al logro de metas de todas las áreas funcionales de la empresa. En el caso concreto de una PyME, muchos de los problemas los pueden ser anticipados interpretando la información contable, a través de la evolución de los indicadores.

Al final del ejercicio 2019, "MIAREDONDA S.L." presenta su balance general en la parte siguiente:

Activo	2000	Patrimonio neto	200
		Pasivo	1800
Total	2.000	Total	2.000

A continuación, se presentan unos indicadores esenciales e importantes:

1 Indicador de solvencia

Este indicador tiene como propósito mostrar la capacidad de la empresa para hacer frente a los pagos en un momento determinado.

Índice de solvencia*（偿付能力）*= Activo Total / Pasivo Total

En el caso de MIAREDONDA S.L., su indicador de solvencia=2.000/1.800=1.1

Un valor adecuado e ideal es 1,5. Esto, claro está, no es determinante, ya que cada empresa o sector tiene sus particularidades, si bien MIAREDONDA S.L. no tiene este indicador numéricamente ideal, sigue siendo capaz de solventar sus pasivos.

2 Ratio de endeudamiento total

Ratio de endeudamiento total*（债务股本比）*= Pasivo / Patrimonio Neto

Este indicador mide la relación que hay entre la deuda de la empresa (pasivo) y los recursos propios de la empresa (patrimonio neto).

En principio, esta ratio debería ser inferior a 1. Si no es así, la empresa estaría "demasiado" endeudada.

MIAREDONDA S.L. tiene esta ratio de 1.800/200=9, es mucho superior a 1, demuestra que esta empresa está bastante endeudada.

Sigue existiendo muchos indicadores que valoran la situación financiera de una empresa, todos estos indicadores son referencias importantes tanto para los empresarios en su gestión de la empresa, como para los inversores exteriores a la hora de tomar la decisión de inyectar capital en la empresa.

Lección 3 Impuestos que paga una empresa

Conocimientos

I. Definición y categorías

¿Qué es un impuesto? Un impuesto es un **tributo**[①] que se paga al estado para soportar los gastos públicos. Estos pagos obligatorios son exigidos tantos a personas físicas, como a personas jurídicas. En esta lección vamos a hablar de los impuestos que debe pagar una empresa.

Aunque existe una idea aproximada al respecto, muchos dueños de pequeñas, medianas y grandes empresas se suelen preguntar a menudo qué impuestos paga una empresa en España. Para cualquier empresa, es obligatorio cumplir con los impuestos que se exigen a través de la ley tributaria. A continuación, vamos a conocer primeramente sus varias categorías:

En función del sujeto, están[②]**:**

Impuesto directo: *Impuesto que gravan a las personas, tanto las físicas como las jurídicas en base a su obtención de renta y la riqueza, conociendo quién es el sujeto pasivo.*

Impuesto indirecto: *Grava determinado hecho independientemente de las condiciones de las personas, por ejemplo, un consumo de renta. En este caso, la persona que reporta el dinero en la Administración Pública no es el sujeto pasivo del impuesto.*

En función del tipo, están[③]**:**

Impuesto proporcional: *Es un tipo de impuesto cuya tasa impositiva es siempre igual, no varía en función de que la base imponible que se debe tributar aumente o disminuya.*

Impuesto progresivo: *El tipo impositivo (el porcentaje que se aplica sobre la base*

---

① tributo: En el ámbito económico, el tributo es entendido como un tipo de aportación que todos los ciudadanos deben pagar al Estado para que este los redistribuya de manera equitativa o de acuerdo a las necesidades del momento. Se pueden agrupar en tres categorías: impuestos, contribuciones y tasas. No debe confundirse con "impuesto".

② 按税收对象（sujeto）来分，税可以分为直接税和间接税。前者是指由纳税人（sujeto pasivo）直接负担的税收，税负不能转嫁，如人头税、所得税、土地使用税、房产税等；后者是指纳税人能将税负转嫁给他人负担的税收，如消费税、增值税、关税等。

③ 按税率来分，税可以分为比例（proporcional）税、累进（progresivo）税和累退（regresivo）税。无论数量多少，比例税对同一税收客体一律课以同样税率；累进税会根据税收客体的增多逐渐提高税率，而累退税则反之。

gravada por el impuesto) crece si la renta es mayor.

Impuesto regresivo: *El tipo impositivo se reduce al aumentar la base sobre la que se aplica el impuesto.*

¿Cuáles son los impuestos más comunes que se gravan sobre una empresa? ¿Y cómo serán sus tipos? A continuación, se presentan los impuestos más conocidos y representativos.

II. Impuestos principales que deben pagar una empresa[①]

Impuesto de (o sobre) Sociedades (IS)[②]: un impuesto directo, grava todas las sociedades y entidades jurídicas que residen en el país. Las empresas van a pagar un porcentaje sobre el **beneficio[③]** obtenido. El periodo impositivo no puede exceder de los 12 meses.

En el caso de España, el tipo general de este impuesto es del 25%, es decir, las empresas van a pagar un 25% de su **base imponible[④]**, que es la cantidad sobre la que se calculan los impuestos. En muchos casos se refiere a los beneficios antes de impuesto de una empresa.

Retenciones e Ingresos a cuenta del IRPF: el **Impuesto sobre la Renta de las Personas Físicas (IRPF)[⑤]** es un gravamen directo y progresivo sobre la renta y los rendimientos de las personas físicas o autónomos. Sin embargo, es la empresa la que debe gestionar su pago. Por ello, se realizan las retenciones debidas a los trabajadores de sus nóminas y se ingresan a la Agencia Tributaria.

Como se trata de un impuesto progresivo, el tipo varía según diferentes tramos. En el caso de España, en el año 2017, los tramos y su retención correspondiente se presentan en la tabla siguiente[⑥]:

Base imponible		Retención
0	12.450	19%
12.450	20.200	24%
20.200	35.200	30%
352.00	60.000	37%
Más de 60.000		45%

① 同一税种在西班牙和西班牙语美洲国家的名称有时会有所不同。本节所列税种均为西班牙所使用的名称。

② Impuesto de (o sobre) Sociedades (IS): 企业所得税。

③ beneficio: 毛利润。一般理解为税前利润（bruto o antes de impuesto）。beneficio neto: 净利润。即税后利润。

④ base imponible: la magnitud dineraria o de otra naturaleza que resulta de la medición o valoración del hecho imponible.

⑤ Impuesto sobre la Renta de las Personas Físicas (IRPF):（西班牙的）个人所得税/工人税。虽然本税收的课税对象为自然人，但实际上却由其工作单位代扣代缴，这便是“retención de IRPF”。

⑥ 本表所展示的扣缴比例为简化情况，事实上这一比例会根据纳税者所处自治区的不同而有所区别。

Impuesto sobre el Valor Añadido (IVA)①: es un impuesto indirecto y proporcional que se paga a través del consumo de productos y servicios, es decir, se paga cuando se compra algo o se hace uso de un servicio. Existen varios tipos de IVA que gravan los diferentes productos que tenemos, con un tipo impositivo más o menos bajo. En el caso de España, a día de hoy existen tres tipos de IVA: (1) IVA General (21%), (2) IVA Reducido (10%) y (3) IVA Superreducido (4%). Las empresas son las encargadas de recaudar este tributo a través de la venta de sus productos.

III. Entidades que gestionan los impuestos

Ahora bien, ya sabemos cuáles son los impuestos a los que debe hacer frente una empresa, pero ¿cuál es la entidad que gestiona los impuestos? En el caso de España, es la Agencia Estatal de Administración Tributaria (AEAT). La AEAT es un organismo público que se encarga de aplicar y controlar el sistema tributario español. A finales de 1990, se creó por **decreto**② la Agencia Tributaria en España, como organismo público independiente cuya misión es velar por que los ciudadanos cumplan con sus obligaciones tributarias. Aunque está adscrita al **Ministerio de Hacienda**③, cuenta con un régimen jurídico propio diferente al que regula el funcionamiento de la **Administración General del Estado**④, lo que le otorga autonomía para la gestión presupuestaria y de personal.

Textos

HACER UNA FACTURA CON IVA⑤

Una factura es un documento de carácter mercantil que indica una compraventa de un bien o servicio y que, entre otras cosas, debe incluir toda la información de la operación. Podemos decir que es una acreditación de una transferencia de un producto o servicio tras la compra del mismo. Todo empresario o autónomo está obligado a hacer facturas por la venta de bienes o servicios. Una factura válida debería contener la información siguiente：

– *Número de la factura (correlativo a la serie numérica).*

① Impuesto sobre el Valor Añadido (IVA): 增值税。

② decreto: 法令。

③ Ministerio de Hacienda: 财政部。

④ Administración General del Estado:（西班牙）国家管理总局。简称AGE。

⑤ 和中国不同，西班牙的发票不是由国家统一印制，而是由各单位自行制作，其中需包含指定信息。

- *Nombre o* ***razón social***[1] *del comprador y vendedor, sea una empresa o sea una persona física.*
- *Número de Identidad Fiscal (NIF) del comprador y vendedor, así como su dirección fiscal.*
- *Fecha de expedición.*
- *Descripción del bien o servicio.*
- *El precio por unidad y el precio antes de impuestos de cada uno de los bienes o servicios.*
- *Si existe algún descuento o anticipo, hay que señarlo.*
- *Impuestos: el Impuesto sobre el Valor Añadido.*
- *La cuota tributaria.*
- *El importe total.*

Veamos un ejemplo: MIAREDONDA S.L. es una empresa dedicada a la fabricación de comida, el día 16 de abril de 2018, vendió 100 paquetes de bombones a QUESA S.L., cada unidad salió 3 euros. La factura se expidió como se presenta a continuación:

Factura

N.º de factura: 15 *Fecha de factura: 16-04-2018*

Emisor: MIAREDONDA S.L. Av. Hytasa, 4, 41006, Sevilla. NIF: Y2037808-E

Tel.: 987543290. Fax: 987543291. Email: info@miaredonda.com

Facturar a: QUESA. S.L. C/Córsega, 613, 08025, Barcelona. NIF: Y9809432-A

Cantidad	Descripción	Precio unitario	Total
100	Bombones (sabor de fresa)	3	300

Subtotal sin IVA: 300

IVA 21%: 63

Fecha de vencimiento: 15-07-2018

Total a pagar en EUR: 363

Con esta factura ya vemos que QUESA S.L. no solo va a pagar 300 euros por los productos comprados de MIAREDONDA S.L., sino que también debe pagar 63 euros de IVA por estos bombones. Sin embargo, este importe no significa un ingreso que puede guardar

① razón social: 企业名称。

MIAREDONDA S.L., sino que debe ser entregado a la AEAT.

CÁLCULO DEL IMPUESTO DE SOCIEDADES

MIAREDONDA, S.A. es una entidad dedicada a la fabricación y venta de comida desde su constitución en el año 2000. Dicha entidad, con domicilio social en Sevilla, tiene su ejercicio social coincidente con el año natural.

Conociendo que en el ejercicio 2018, ha realizado las actividades siguientes:

– El ingreso de su comercialización de productos es de 20.000 euros.

– Sus cuentas bancarias generan intereses de 1.000 euros en este año.

– Las facturas de aprovisionamiento son de 2.000 euros.

– Los gastos de materia prima son de 10.000 euros.

– Los gastos de publicidad en este año son 2.000 euros.

– Ha pagado 5.000 euros por el sueldo y otros gastos personales.

¿Cuánto impuesto de sociedades debe pagar esta empresa en este ejercicio?

En primer lugar, debemos determinar la base imponible, que es la cantidad sobre la que se calculan los impuestos. En los casos más simples, la base imponible equivale al resultado contable. En el caso de MIAREDONDA, a través de la elaboración de la cuenta P y G que estudiamos en la lección anterior, no es difícil de calcular el resultado contable del ejercicio 2018:

Ingresos		Gastos	
Ventas	20.000	Compra de materia prima	10.000
Intereses financieros	1.000	Sueldo y otros gastos personales	5.000
		Gastos de publicidad	2.000
		Aprovisionamiento	2.000
Total ingresos	21.000	Total gastos	19.000
Resultado	2.000		

Ahora ya sabemos el resultado contable es de 2.000 euros, en este caso también es su base imponible. Por lo tanto, el impuesto de sociedades que debe pagar esta empresa es:

Base Imposible (Resultado contable) × tipo general = 2.000 × 25% = 500 euros.

CÁLCULO DE LAS RETENCIONES DE IRPF

Para muchas personas el cálculo de las retenciones de IRPF en la nómina es un verdadero misterio, pero la mecánica de estas retenciones es bastante más sencilla de lo que muchos piensan y para demostrarlo nada mejor con un ejemplo práctico sobre las retenciones de IRPF:

Santiago tiene 28 años, vive en Madrid, no tiene hijos, gana 21.000 euros brutos al año. ¿Cuánto será su retención de IRPF?

Ya hemos estudiado en el texto anteriormente que, en el caso de España, el tipo de IRPF varía según el tramo de la tabla:

Base imponible		Retención
0	12.450	19%
12.450	20.200	24%
20.200	35.200	30%
352.00	60.000	37%
Más de 60.000		45%

La base imponible de IRPF de Santiago es 21.000, según la tabla anterior, está en el tercer tramo. ¿Pero eso significa que va a pagar 30% de sus ingresos? No, como explicamos anteriormente, se trata de un impuesto progresivo, el pago del IRPF de este contribuyente quedaría así:

Base imponible: 21.000		Retención	Impuesto a pagar
0	12.450	19%	2.365,5
12.450	20.200	24%	1.860
20.200	35.200	30%	240
352.00	60.000	37%	
Más de 60.000		45%	
Total impuesto a pagar			4.465,5

Es decir, la empresa de Santiago debe retener 4.465,5 euros de su salario en este año.

Actividades

I. Señala con "F" (Falsa) o "V" (Verdadera) las siguientes afirmaciones.

1. ( ) El tipo de IVA en España es del 21%.
2. ( ) La empresa paga el salario directamente a sus empleados y los cuales pagan el IRPF a la AEAT.
3. ( ) El impuesto de sociedades es el único impuesto que debe pagar la empresa en España.
4. ( ) En casos generales, las empresas registradas en España deben pagar el impuesto de sociedades: un 25% de su beneficio antes de los impuestos.
5. ( ) En función del tipo de impuesto, se puede dividir los impuestos en los proporcionales, los progresivos y los regresivos.
6. ( ) En la factura no hace falta llevar la información de los productos vendidos, basta con indicar el precio total.
7. ( ) La AEAT es una agencia privada que tiene la misión de velar para que se cumpla con las obligaciones tributarias.
8. ( ) Para calcular el IRPF, debemos en primer lugar localizar en cuál tramo está la base imponible y su tipo correspondiente, luego multiplicamos ambos y así sale el IRPF que debemos pagar.
9. ( ) El comprador remite factura al vendedor.
10. ( ) En España, le AEAT es la entidad que elabora e imprime las facturas en blanco.

II. Traduce al chino las siguientes oraciones.

1. En Bahréin, Bahamas, Bermudas o las Islas Caimán, por ejemplo, el Impuesto de Sociedades es del 0%, de ahí que sean unos destinos muy atractivos para situar el domicilio fiscal de una empresa.
2. El nivel actual del Impuesto de Sociedad que existe en España se sitúa por encima de la media global, la asiática, la europea y del conjunto de la OCDE. Solo la media norteamericana (33, 25%) y la latinoamericana (27, 29%) están por encima del Impuesto de Sociedades de España.
3. En Argentina, la recaudación es llevada a cabo por los gobiernos nacional, provincial y municipal, principalmente, mediante impuestos aplicados a ganancias, activos y consumo. A nivel nacional, la AFIP, una entidad independiente que informa al Ministro de Economía, es la responsable de cobrar los impuestos, recaudar y supervisar.
4. El Gobierno venezolano anunció hoy la fijación de más controles de precios y mayores impuestos al sector más boyante, en el marco del "plan de recuperación económica"

impulsado por el presidente Nicolás Maduro para sacar al país de la severa crisis que padece.

5. Existen unos 73 paraísos fiscales alrededor de todo el mundo. Se considera paraíso fiscal a todos aquellos lugares en los que se pagan muy pocos impuestos en ciertas actividades económicas, comparado con el resto del mundo. De hecho, es común que en estos países convivan regímenes impositivos distintos, diferenciando a personas o entidades locales y a foráneos que suelen disfrutar de mayores ventajas fiscales.
6. Factura de compra o factura comercial, es un documento mercantil que refleja toda la información de una operación de compraventa. La información fundamental que aparece en una factura debe reflejar la entrega de un producto o la provisión de un servicio, junto con la fecha de expedición, la cantidad a pagar en relación con las existencias, bienes y el tipo de Impuesto sobre el Valor Añadido (IVA) que se debe aplicar.
7. Los tipos de Impuestos de Sociedades se reducen entre el 15% y el 20% durante los dos primeros años de actividad. Es decir, las empresas de nueva creación aplican en sus tipos de Impuestos sobre Sociedades una franja fiscal reducida.

III. Traduce al español las siguientes oraciones.

1. 任何在西班牙境内注册的公司都要按规定缴纳企业所得税。
2. 按照规定，企业应于年初将代扣的员工个人所得税缴纳给西班牙国税局。
3. 税收的一个重要功能就是调节收入差距。其原则是从富人那里多征一点，用于补贴低收入阶层在教育、医疗、市内交通等方面的开支。
4. 累进税的税率按照课税对象数额的大小分为不同的等级。课税对象数额越大，税率越高；课税对象数额越小，税率越低。
5. 与其他欧盟国家相比，西班牙的企业所得税税率偏高。
6. 在拉丁美洲，巴拿马的增值税税率最低，仅为 7%；而阿根廷的增值税税率则达到了 21%，属于该地区增值税最高的国家之一。
7. 虽然高的企业所得税可以让国家在短期内从企业获得较多的财富，但长期来看，这种做法却影响了本地创业和外来资本的积极性，造成的后果可能是大批企业从该地撤出，税收减少。
8. 根据 2017 年 12 月通过的税收改革法案，企业所得税税率将逐步调整，调整方案如下：2018 年—2019 年，适用税率为 30%；2020 年及以后年度，适用税率为 25%。

IV. Realiza los siguientes ejercicios.

A. *MIAQUESA, S.A. es una entidad dedicada a la formación en línea desde su constitución en el año 2015. Dicha entidad, con domicilio social en Sevilla, tiene su ejercicio social coincidente con el año natural.*

Conociendo que en el ejercicio 2018, ha realizados las actividades siguientes:

– El ingreso de su curso en línea es de 25.000 euros.

– Sus cuentas bancarias generan intereses de 900 euros en este año.

– Las facturas de luz, agua y gas son 1.000 euros.

– Los gastos de mantenimiento de los servidores son 10.000 euros.

– Los gastos de publicidad en línea en este año son 2.000 euros.

– Ha pagado 4.200 euros por el sueldo y otros gastos personales.

¿Cuánto debe pagar esta empresa en este ejercicio en concepto de Impuesto de Sociedades?

B. *María es empleada de MIAQUESA, S.A., vive en Sevilla, su salario mensual es 1.700 euros*, calcula el importe de IRPF que debe retenerle la empresa.

C. *El día 10 de noviembre de 2019, SUPERTEC S.L. vendió 2 portátiles y 3 ordenadores a MIAQUESA, S.A., cada portátil vale 500 euros y cada ordenador, 400 euros.* Haz una factura a MIAQUESA, S.A., con fecha de vencimiento a 9 de diciembre del mismo año.

Etiquetas específicas

• El país con un menor Impuesto de Sociedades en Europa

A la hora de pensar en crear una empresa o implantarnos en otro país debemos considerar en hacer frente a una serie de gastos e impuestos. Estos impuestos que debemos de pagar no son comunes en todos los países de la Unión Europea, es decir, en cada país tiene un Impuesto de Sociedades diferente.

El país con más ventajas fiscales en Europa a la hora de instalar una empresa es Bulgaria, donde el Impuesto de Sociedades es del 10%. Le siguen Irlanda, con el 12,5% (pero desde el 2016 cuenta con un tipo reducido del 6,25% para las empresas especialmente centradas en I+D), así como Chipre y Leichtenstein.

En el lado contrario nos encontramos Francia y Malta, con los gravámenes más elevados con un 38% y un 35%, respectivamente. Bélgica también se encuentra entre los países con un Impuesto de Sociedades más altos para las empresas, y deben pagar el 34%.

Respecto a España se debe pagar actualmente por el Impuesto de Sociedades el 25%. Siendo superior a la media de los 27 países de la Unión Europea, que actualmente está alrededor de 22,9%.

• Evasión fiscal

La evasión fiscal o evasión de impuestos, conocida también como fraude fiscal, es una figura jurídica que consiste en no pagar de forma consciente y voluntaria algún impuesto establecido por la ley. Esta acción por la que el causante infringe la ley realizando el impago puede tener graves consecuencias para la persona.

El estado establece por ley el recaudo de ciertos tributos para el país y, por ello, no se puede evadir la contribución.

La actividad gravada por el impuesto es realizada y ocultada al conocimiento de las autoridades tributarias y, para ello, utiliza métodos ilícitos para reducir la cantidad a pagar. Este tipo de evasión es ilegal y perseguida por la ley como delito penado.

Hay prácticas que constituyen directamente fraude fiscal, son aquellas que deliberadamente ocultan al fisco el hecho tributable. Entre ellas están el trabajo en negro, el facturar sin IVA, declarar más gastos de explotación de los reales (usando por ejemplo facturas falsas, o incluyendo gastos ajenos a la actividad de la empresa), declarar menos ingresos de los reales (ocultándolos por ejemplo a través de sociedades en paraísos fiscales), etc.

Otras veces, mediante técnicas de ingeniería fiscal, personas o empresas utilizan vacíos o inconcreciones en la legislación para evitar pagar impuestos, de manera pretendidamente legal. Estas prácticas de elusión fiscal acaban teniendo en ocasiones la consideración de fraude o evasión, constituyendo entonces un delito, algo que puede depender del país, la legislación aplicable en ese momento o la interpretación de la autoridad fiscal que lo examine.

Por último, a mucha menor escala, existen ciudadanos o grupos ideológicos que ejercen abiertamente la desobediencia o resistencia fiscal, una manera de protestar frente a unos impuestos que consideran que el Estado malgasta o utiliza para fines poco éticos.

Lecturas complementarias

¿ES EL IVA UN IMPUESTO REGRESIVO?

Uno de los estabilizadores automáticos de los que tanto se habla, se encuentra en la progresividad de los impuestos. En España, de hecho, está introducido en la Constitución en el artículo 31, que dice en su primer punto: "Todos contribuirán al sostenimiento de los gastos públicos de acuerdo con su capacidad económica mediante un sistema tributario justo inspirado en los principios de igualdad y progresividad que, en ningún caso, tendrá alcance confiscatorio".

El hecho de que un sistema fiscal sea progresivo quiere decir que las rentas más altas soportan un porcentaje de impuestos superior a las rentas bajas. De esta forma, cuanto mayor sea la renta, mayor será el esfuerzo y se genera un efecto de redistribución de la renta, como observamos en el impuesto de IRPF, cuanto más gana, se incrementa más el tipo de retención. Pero para un sistema fiscal regresivo, todo va a ser lo contrario, cuanto más gana, paga menos impuesto. Como hablamos en el texto anterior, el IVA es un impuesto proporcional, dado que su tipo no va a cambiar en función de la renta. Aunque les resultaría un poco raro de comprender, en realidad el IVA tiene característica de impuesto regresivo, pero ¿cómo se reduce a medida que una persona gana más?

Para entenderlo, vamos a tomar un ejemplo:

Santiago trabaja en una multinacional famosa, es jefe de un departamento y tiene unos ingresos de 1.000.000 de euros al año. Esta persona pongamos que ahorra y aunque vive a cuerpo de rey "solo" se gasta unos 300.000 euros al año.

Fernando, es trabajador de una fábrica local y tiene unos ingresos de 20.000 euros al año. Esta persona pongamos que ahorra 10.000 euros al año.

Ahora vamos a ver, en los gastos de 300.000 euros de Santiago, el IVA son 52.066,11 euros, el resto de 24.793,39 euros son del valor neto de los productos o de servicios (suponiendo un IVA de 21%). En consecuencia, el importe que paga de impuestos es un 5,2% de sus ingresos (52.066/1.000.000 × 100%). Mientras que, para Fernando, el IVA que ha pagado es 1.735,54 euros, si bien en comparación con Santiago, el tipo de IVA también es 21% de su gasto, representa 8,7% de su ingreso total (1.735/20.000 × 100%). Evidentemente, Santiago gana más, pero paga menos IVA relativamente.

Se plantea que el IVA afectaría en mayor medida a los sectores menos acomodados porque son estos los sectores que deben gastar un mayor porcentaje de sus ingresos en bienes de primera necesidad, los cuales en su gran mayoría están afectos a IVA. Sectores de mayores ingresos por otro lado, tienen la opción de ahorrar, invertir, o usar parte importante de sus ingresos en servicios exentos de IVA como salud o educación, por lo que efectivamente, pagan en términos relativos, menos IVA que sectores menos acomodados.

(Adaptación de un artículo de Tomás Iglesias)

UNIDAD 5

LICITACIÓN INTERNACIONAL

国际招投标

- Lección 1 Anuncio y modelo de Pliegos de Licitación
- Lección 2 Carta Proposición
- Lección 3 Garantías

国际招投标是企业跨国经济行为中的重要活动之一，是国际上普遍运用的、有组织的市场交易行为。随着全球化程度的不断加深，越来越多的企业走出国门，参与到国际工程的竞标之中。

本单元分为三课：第一课我们将学习招标公告和招标书，了解有关国际公开招标的基本知识，包括招标的基本要求、程序、专业词汇等；第二课我们将学习投标信的撰写，包括其常用格式和表述方式等；第三课我们将学习招标中涉及的主要保函，包括银行担保、投标保函和总公司联保等。

通过这一单元的学习，同学们将从实用角度初步掌握国际招投标的相关知识，了解相关术语、文书撰写格式、招投标流程、注意事项等，为今后在涉西班牙语国家的招投标项目中工作建立基础。

Lección 1 Anuncio y modelo de Pliegos de Licitación

Conocimientos

La licitación resulta ser un acto administrativo muy corriente a instancias de la administración pública a partir del cual un organismo público demanda obras, servicios, bienes, entre otros, al sector privado de la economía. Normalmente, el anuncio o pedido, se efectúa a través de un boletín oficial que brindará detalles de las necesidades y demandas, el hecho que aparezca por este medio tratará de garantizar que todas las empresas privadas que pueden proveer el bien o servicio puedan conocer la licitación y presentarse en caso de quererlo.

La licitación se denomina también concurso o concurso público. Es una acción y efecto de ofertar precio. Gana el concurso la empresa que ofrezca el menor precio, siempre que se cumplan las condiciones estipuladas. O sea, cuanto más bajo sea el precio ofertado, mayores serán las posibilidades de ganar el concurso, pero menor será el beneficio que se obtendrá. Por el contrario, cuanto mayor sea el precio, menor será la probabilidad de obtener el contrato. Por lo tanto, la licitación es una situación competitiva particular. Se da en algunos mercados, como el de la construcción y en la contratación pública. **Las condiciones de la licitación son fijadas por una de las partes, quien lleva a cabo su dirección.**①

La licitación se efectúa generalmente a través de los siguientes procedimientos:

1. Se hace una convocatoria o carta en la que se invita a las personas naturales o jurídicas que se encuentren interesadas y capacitadas en ejercer actividades comerciales o constructoras a participar en el concurso.
2. Se presenta la **propuesta**② y oferta acompañada de documentos necesarios.
3. Se procede a **la apertura y evaluación de las ofertas**③.
4. Se publica la resolución final.

---

① 招标条件由负责招标过程的一方确定。

② propuesta: 投标，递盘，投标标书。补充词汇：
– propuesta de construcción: 建筑工程标书。
– propuesta informal: 非正式标书。
– propuesta sellada: 密封的投标标书。
– propuesta técnica: 技术标书。
– propuesta financiera: 资金（管理）标书。
– proponente: 投标人。

③ la apertura y evaluación de las ofertas: 开标和评标。oferta: 报盘，投标（同propuesta）。

Se denomina **Pliego de Condiciones**[①] a un documento contractual, de carácter comprensivo y obligatorio donde se establecen las condiciones o cláusulas que se aceptan en un contrato de obras o servicios, una concesión administrativa, etc. En un Pliego (de Condiciones) de Licitación se indica cómo y con qué hay que hacer realidad los proyectos de obras y servicios que se contratan. El Pliego que se concuerda y firma, contiene las relaciones que existirán y que tienen que cumplirse, entre la parte que llama a la licitación y el licitador.

Partes de un Pliego de Condiciones de obras

Normalmente los pliegos de licitación de obras se dividen en varias partes, siendo las más usuales las siguientes:

Pliego de condiciones generales: esta parte del documento debe incluir la descripción general del contenido del proyecto, los criterios o aspectos normativos, legales y administrativos a considerar por las empresas que intervengan, listado de planos que componen el proyecto, etc.

Pliegos de especificaciones técnicas: dispone de dos apartados perfectamente diferenciados: Especificaciones de materiales y equipos y Especificaciones de ejecución.

Pliego de cláusulas administrativas: en este apartado del Pliego se determina la forma de medir las partes ejecutadas del proyecto, valorarlas y pagarlas.

Textos

INVITACIÓN A PRESENTAR PROPUESTAS

El Jefe de la **Oficina de Servicios para Proyectos de las Naciones Unidas**[②] (UNOPS Lima), invita a presentar propuesta(s) para la convocatoria a la Licitación Pública Internacional XXX, detallada en la documentación que se acompaña.

La Oficina de Servicios para Proyectos, como una parte integral de la Organización de las Naciones Unidas, extiende asistencia para el desarrollo, en forma sustancial, a la mayoría de los países en vías de desarrollo. Por lo tanto, confiamos en que ustedes nos proporcionarán los precios más ventajosos posibles.

La recepción y apertura de las propuestas se realizará en la oficina de UNOPS en la fecha y hora señaladas en las Indicaciones Generales de Presentación de Propuestas, para lo cual se

① Pliego de Condiciones: 招标文件，招标书。
② Oficina de Servicios para Proyectos de las Naciones Unidas: 联合国项目事务署。

invita a enviar un representante a presenciar el acto de apertura.

Los documentos de la oferta deben ser presentados debidamente llenados y firmados, en sobre cerrado, utilizando la etiqueta adjunta para fácil identificación.

De no ser proporcionada toda la información solicitada en esta convocatoria, la oferta podrá ser rechazada.

Lima, 17 de julio de 2017

Jorge Gilligan
Jefe UNOPS – Lima
Director Regional LAC a.i.

CONVOCATORIA

El Comité Especial de Contrataciones del CUERPO DE INGENIEROS DEL EJÉRCITO, en sesión del día viernes resolvió invitar a las **personas naturales y jurídicas**[①], firmas o empresas nacionales y extranjeras, que se encuentren legalmente capacitadas para ejercer actividades comerciales en el Ecuador, para que presenten sus ofertas con financiamiento del proveedor para la Adquisición de Maquinaria, Vehículos y Equipos Complementarios para la Carretera Lago Agrio – San Miguel.

Las condiciones generales de esta convocatoria son las siguientes:

1. La forma de Pago es: **40% como anticipo y 60% a dos años plazo con financiamiento del oferente.**[②]
2. El precio total, los intereses y comisión de administración, será pagado por el Cuerpo de Ingenieros del Ejército, a través de convenios de pago.
   La operación de crédito se instrumentará a través de pagarés o prenda industrial, salvo mejores condiciones de financiamiento por parte del oferente.[③]
3. Los documentos precontractuales pueden obtenerse en la Secretaría del Comité de Contrataciones de la Entidad (Departamento Jurídico del ... ubicado en la Av. ...) a partir del ... dentro del horario normal de trabajo de 08H00 a 12H30 y 13H30 a

① personas naturales y jurídicas: 自然人和法人。persona natural (física): 自然人；personal jurídica (moral): 法人。

② 预付40%，其余的60%由投标人融资，以两年为期付款。
Anticipo o pago anticipado (预付，提前支付) se entiende como una forma de cobrar la operación antes de entregar la mercancía. En contrario al pago anticipado, existen otras formas como el pago diferido (延期付款) y el pago con dominio de la mercancía (见单付款，收货付款).
– financiamiento: 为……（项目）融资，为……提供资金（Acción y efecto de financiar un proyecto o actividad económica）。
– financiamiento de proyecto: 项目融资。
– financiamiento con/a el tipo de interés fijo: 以固定利率融资。在涉及利率时，一般不用前置词de，即不能表达为“financiamiento del tipo de interés”。

③ 除非投标方可以提供更为优惠的融资条件，否则贷款将通过银行本票或工业产权抵押方式进行。

17H00, **previo el pago de derecho de inscripción**[①] en la Pagaduría de ..., **valor que no será reembolsado por ningún concepto**[②].

4. Las ofertas se recibirán en la misma Secretaría, hasta las 15H00 del día..., día y hora en que se reunirá el Comité para proceder, en presencia de los participantes que deseen asistir a la apertura de las propuestas conforme a lo que establece la Ley de Contratación Pública.
5. **Las ofertas pueden por el total de los bienes solicitados, o por rubros parciales.**[③]
6. El procedimiento se ceñirá a las estipulaciones de la Ley de Contratación Pública, al Decreto Supremo No. 2551 de 30 de mayo de 1978, publicado en el ..., pudiendo inclusive el Cuerpo de Ingenieros del Ejército **declarar desierto el proceso**[④], de así convenir a los intereses nacionales e institucionales, sin que los participantes tengan derecho a reclamo o indemnización alguna.

Quito,

Ing. Gustavo A. Tapia B.
Presidente Comité Especial de Contrataciones del CIE

PLIEGO DE ________ POR PROCEDIMIENTO ABIERTO Y POR EL SISTEMA DE CONCURSO

INDICE

I. Objeto del contrato
II. Presupuesto base de licitación
III. Existencia de crédito
IV. Plazo de ejecución del contrato y lugar de entrega de los bienes
V. Normativa aplicable
VI. Procedimiento y forma de adjudicación del contrato
VII. Publicidad del concurso

---

① previo el pago de derecho de inscripción: 提前支付（招标）报名费。
derecho: 此处指费用。补充词汇：
– derecho de comisión: 手续费。
– derecho de registro: 注册费。
– derecho de puerto: 入港费，停泊费。
– derechos consulares: 领事费。

② valor que no será reembolsado por ningún concepto:（报名费）将不再退还。
reembolsar: 偿还，退还。名词形式为reembolso。常见搭配：
– reembolsar un préstamo
– reembolso anticipado de algo
– reembolso de impuestos (= devolución de impuestos) (退税)

③ 可以投标全部招标商品，也可以投标部分招标商品。

④ declarar desierto el proceso: 宣布无人中标。desierto在这里指（拍卖、招标中）无人被选中或没有中标人。

VIII. Documentos a presentar por los licitadores. Forma y contenido de las proposiciones
IX. Garantía provisional
X. Adjudicación del contrato. La mesa de contratación
XI. Criterios de valoración
XII. Garantía definitiva
XIII. Formalización del contrato
XIV. Recepción del objeto del contrato y plazo de garantía
XV. Gastos y obligaciones del contratista
XVI. Cláusula de reserva y sigilo
XVII. Pago del precio
XVIII. Revisión de precios
XIX. Penalidades administrativas
XX. Resolución del contrato
XXI. Prerrogativas de la administración y jurisdicción competente

Actividades

I. Señala con "F" (Falsa) o "V" (Verdadera) las siguientes afirmaciones.

1. ( ) Cuanto más alto sea el precio ofertado, mayores serán las posibilidades de ganar el concurso, pero mayor será el beneficio que se obtendrá.
2. ( ) Se declarará desierto el proceso, cuando no se haya presentado ninguna propuesta en el concurso.
3. ( ) El pagaré es un documento que obliga a pagar.
4. ( ) En el día y hora señalados en la convocatoria, se procederá a abrir la oferta en ausencia de los oferentes.
5. ( ) Se rechazarían las ofertas si no se hubieran entregado las propuestas en el lugar indicado en la convocatoria.
6. ( ) Se consideraría como una de las causas para el rechazo de propuestas si el Comité llegase a comprobar que la información proporcionada adolece de falsedad.
7. ( ) El derecho de inscripción puede ser devuelto si el oferente no gana el concurso.
8. ( ) Las condiciones de la licitación son establecidas por la parte, quien anuncia la convocatoria.
9. ( ) Las ofertas pueden prepararse por rubros parciales.
10. ( ) La licitación es una competencia organizada por una empresa o institución,

pública o privada, para adjudicar un contrato de obra o de servicios, de acuerdo con unas condiciones estipuladas.

II. Escribe los sinónimos de las siguientes palabras.

1. licitación ______________________
2. anuncio ______________________
3. oferente ______________________
4. propuesta ______________________
5. financiamiento ______________________
6. aval ______________________
7. proveedor ______________________
8. adjunto ______________________
9. reclamo ______________________
10. rubro ______________________

III. Rellena los espacios en blanco con las preposiciones adecuadas.

1. La licitación será ______ carácter mixta, es decir, los licitantes ______ su elección, podrán participar ______ manera presencial o electrónica ______ la o las juntas de aclaraciones, el acto ______ presentación y apertura ______ proposiciones, así como ______ el acto ______ fallo.
2. Asimismo, La Dirección de Construcción Pública pondrá ______ disposición ______ los licitantes, el texto de la convocatoria ______ la Dirección de Adquisiciones, ubicada ______ Av. Sur 762, quinto piso, C.P. 03100, México, D.F., ______ la fecha de su publicación y ______ el ** de***** de 2009, ______ un horario de 9:00 a 16:30 horas, ______ la Lic. Daniela Olguín Hernández Luna, ______ lo que será ______ la exclusiva responsabilidad de los interesados acudir ______ enterarse ______ su contenido.
3. La Junta ______ aclaraciones de licitación se llevará ______ cabo el día 11 de diciembre de 2010 ______ las 10:00 horas en el Recinto Saucedo, ubicado en: Av. Sur 762, C.P. 03100, México, D.F. Los acuerdos y modificaciones que se tomen ______ esta junta, se asentarán ______ el acta respectiva, misma que formará parte integral ______ esta Convocatoria y deberán ser consideradas ______ los licitantes ______ la elaboración de su proposición. Las modificaciones que se deriven ______ este acto serán difundidas ______ Compra Net, ______ más tardar el día hábil siguiente ______ aquel ______ que fueron efectuadas.

IV. Traduce al chino las siguientes oraciones.

1. El acta de la junta de aclaraciones se pondrá, al finalizar dicho evento y por un término de cinco días hábiles, a disposición de los licitantes que no hayan asistido, para efectos de su notificación, fijándose copia de dicha acta o el aviso del lugar donde serán proporcionadas, en el pizarrón de "Avisos de Licitaciones" ubicado en el quinto piso del edificio que ocupan las oficinas centrales, en el domicilio señalado en el primer párrafo de este punto.
2. Para participar en el acto de presentación y apertura de proposiciones de esta licitación, los representantes de los licitantes deberán firmar bajo protesta de decir verdad (属实声明) que cuentan con facultades suficientes para comprometerse por sí o por su representada, para lo cual deberán presentar un escrito denominado "Formato para intervenir en el Acto de Presentación y Apertura de Proposiciones".
3. Las preguntas recibidas con posterioridad a la última junta de aclaraciones, por resultar extemporáneas, no serán contestadas y se integrarán al expediente respectivo, excepto que la Dirección estime conveniente programar una nueva reunión para ello, respetando los plazos previstos en la Ley.
4. La Secretaría de Comunicación podrá otorgar para el inicio de los trabajos hasta un 10% del monto del contrato y para la compra y producción de insumos hasta un 20% del monto del contrato. Cuando las condiciones de la obra lo requieran, el porcentaje podrá ser mayor, previa autorización del secretario administrativo o de la persona en quien este haya delegado por escrito tal facultad.
5. Ningún pago efectuado por el Contratante será interpretado en el sentido de que constituye aceptación por el Contratante de las instalaciones o de cualquier parte de ellas.
6. A menos que se especifique otra cosa en el Contrato o que el Contratante y el Proveedor convengan en otra cosa, el Contratante proporcionará personal de operaciones y de mantenimiento debidamente calificado y en número suficiente para llevar a cabo debidamente las inspecciones y ensayos previos a la puesta en servicio, la puesta en servicio y las pruebas de garantía.
7. Podrán formular proposiciones para que se adjudique el suministro de referencia, las personas naturales o jurídicas, españolas o extranjeras que tienen plena capacidad de obrar.
8. Los precios se indicarán en euros, con un máximo de dos decimales, y no serán susceptibles de modificación cualquiera que fuese la causa, e incluirán todos los tributos que sean exigibles con ocasión de las operaciones que constituyan el objeto del contrato, así como todos los gastos que se deban satisfacer para el cumplimiento de las prestaciones contratadas.

V. Traduce al español las siguientes oraciones.

1. 秘鲁航空公司今天宣布将就皮斯科（Pisco）国际机场建设项目进行国际公开招标。
2. 必须按招标公告指定的日期将标书交到项目特别委员会处。
3. 投标价格应该包括货物价值、运至交货地点的运输费用、安装调试费用、监测费用以及其他非直接的费用。
4. 卖方自收到项目特别委员会所提交的相关文件起，最迟应于 120 天内，将货物放置在合同指定的地点。
5. 自标书提交的截止日期起计算，投标有效期不得少于 90 天。
6. 投标人在制作投标书时应注意，项目说明会中所做出的对于招标公告的任何修改都构成公告的一部分。
7. 在开标之后和中标裁决之前的这段时间内，如果投标人有事情要联系招标方，应该以书面的形式进行。
8. 从签订合同后的第二天开始计算，本合同的执行期是 8 个月。
9. 本合同标的物的交货、运输和安装费用以及标书中技术部分规定的试验和调试费用均由投标方负责。
10. 在提交投标书的规定期限内，只要投标人书面通知招标方，就可以对已提交的标书做出修改和撤销。

Etiquetas específicas

• Obra pública

El concepto de obra pública se utiliza para designar a todas aquellas construcciones, edificaciones o infraestructuras que son realizadas por la administración pública, que es lo mismo a decir que son promovidas por el Estado, y que tienen como misión fundamental beneficiar a la comunidad en algún área.

Son muchísimas las expresiones de obra pública. Entre las más comunes se cuentan: las de transporte (incluye los trabajos de implantación y arreglo de carreteras, caminos y autopistas; en materia fluvial, creación de puertos y canales; en transporte aéreo, la realización y mejoras en aeropuertos; y todo lo inherente al transporte ferroviario), hidráulicas (generación de presas, de depuradores y de redes de distribución), urbanas (creación y mejoras en materia de calles, alumbrado, parques y plazas) y los edificios públicos (aquellos destinados a la educación, la atención sanitaria, entre otros).

Cabe destacar que las mencionadas infraestructuras son llevadas a cabo gracias a los recursos económicos del Estado que mayormente provienen de los impuestos y tributaciones que pagan los ciudadanos. En el presupuesto público de las naciones debe destinarse una cantidad para poder afrontarlas y consumarlas y no deben disponer de un ánimo de lucro por parte del Estado sino simplemente su deber es el de mejorar la calidad de vida de la sociedad.

Generalmente, el Estado, llama a licitación a empresas que ejecutan obras como las mencionadas anteriormente y quien gana la misma será la encargada de generarlas y culminarlas. Para que las empresas lleven a cabo satisfactoriamente las obras es necesario que la administración pública a cargo controle los avances y los procedimientos de acuerdo a las condiciones y pautas que se hayan estipulado oportunamente en la firma del contrato.

• La corrupción en la licitación

La licitación busca entonces asegurar la honestidad y la transparencia. Así, sirve también para limitar que empresas incapaces o inadecuadas para el trabajo sean puestas en función por conveniencias particulares del Estado. La principal misión de la licitación es que brille por su transparencia y evitar, por caso, maniobras corruptas que afecten los fondos públicos, algo que lamentablemente debemos decir es corriente en estos procedimientos.

No podemos soslayar al abordar este tema la problemática subyacente de las licitaciones arregladas previamente, entre Estado y una empresa, arreglo en el que existe cohecho ya que la empresa para ganar la licitación sin competencia le paga una coima a un funcionario o entidad del Estado, en tanto, este funcionario, a cambio, coloca la propuesta en primer lugar, se le otorgue la licitación a empresas amigas del gobierno de turno y a cambio de ello se reciba un aporte económico que va directamente a los bolsillos de los funcionarios. El ámbito de las obras públicas es sin duda uno de los que más aglutina casos de corrupción y muchas veces ha servido de trampolín para el enriquecimiento ilícito de funcionarios de gobierno.

Debemos decir además que gran parte de ese dinero que se recauda por las licitaciones truchas se lo llevan los funcionarios para incrementar sus niveles de vida personales o las arcas de los partidos políticos para poder afrontar sus campañas electorales.

Lecturas complementarias

MODELO DE CONTRATACION DE LICITACION

SECCIÓN I MARCO GENERAL.

Artículo1°. Objeto.

Artículo 2°. Objetivos.

Articulo 3°. Marco Jurídico de referencia. (Jurisdicción.)

Articulo 4°. Cumplimiento de la normativa vigente.

SECCIÓN II CONDICIONES DEL CONTRATO DE SERVICIO.

Artículo 5°. Condiciones del servicio.

Artículo 6°. Alcance de los Servicios a cumplir por el Contratista.

Artículo 7°. Equipamiento a proveer.

Artículo 8°. Ubicación y condiciones de operación de los equipos.

Artículo 9°. Plazo del contrato.

El plazo será de dos (2) años desde la puesta en funcionamiento normal de trabajo del equipamiento y la capacitación del personal (Art. 6.c), prorrogable, con un preaviso de 30 días por telegrama por igual periodo.

El periodo de prestación efectiva del servicio a cargo del Contratista y que genera la correspondiente contraprestación de la ANP, dependerá del lapso que le insuma al Contratista la provisión, instalación de los equipos, puesta en operación y capacitación del personal que no podrá superar los 150 días a partir de la suscripción del contrato.

Artículo 10°. Responsabilidades.

Artículo 11°. Forma de pago.

Artículo 12°. Tributos nacionales, tarifas de ANP y otros costos.

Artículo 13°. Confidencialidad.

La información suministrada por los sistemas instalados por el Contratista u obtenida a partir de estos, es de uso exclusivo de la ANP o quien esta disponga.

Asimismo, el Contratista deberá mantener absoluta confidencialidad respecto del uso que se realice del equipamiento, así como de los procedimientos de selección y control utilizados por la misma.

El Contratista deberá garantizar y suscribir el secreto de esta información y su no utilización en beneficio propio o de terceros, así como su no publicación ni difusión por cualquier medio. Los oferentes aceptan, por la sola presentación a este procedimiento de contratación, la responsabilidad en que pudieren incurrir por este punto, por sí o por sus dependientes.

El incumplimiento de estas condiciones implica la comisión de una infracción muy grave por parte del Contratista, independientemente de las responsabilidades civiles y/o penales que pudiera corresponder.

Artículo 14°. Acceso de personal y equipos al puerto.

Artículo 15°. Fuerza mayor.

Se entenderá por fuerza mayor causas tales como perturbaciones atmosféricas fuera de lo común o previsto, crecientes superiores a las máximas conocidas, terremotos, guerras, revoluciones, bloqueos, u otros sucesos equivalentes a estos fuera del control y voluntad de las partes y que no puedan ser previstos.

El Contratista no tendrá derecho a indemnización por pérdidas, averías y demás perjuicios ocasionados en las instalaciones, materiales y útiles de trabajo, sean cuales fueren esos perjuicios y las causas de los mismos, aún en el caso de no ser producidos por fuerza mayor perfectamente justificada y aún cuando no resulten de imprevisión, de negligencia, de deficiencia en los medios empleados o de maniobras equivocadas.

Artículo 16°. Contralor de ejecución del contrato por parte de la ANP.

SECCIÓN III PROCESO DE SELECCIÓN DEL CONTRATISTA.

Artículo 17°. Visita a las instalaciones portuarias.

Artículo 18°. Oferentes.

Podrán ser Oferentes o integrantes de un Oferente, personas físicas o jurídicas, nacionales o extranjeras.

No podrán ser Oferentes o integrantes de un Oferente, las personas físicas o jurídicas que en el Territorio Nacional tengan la calidad de:

Operador de Terminal en el Puerto de Montevideo, o sean accionistas del mismo.

Empresa Prestadora de Servicios Portuarios a la mercadería.

Operadoras de transporte, armador, administrador u operador logístico extra portuario o agencia marítima.

Despachantes de aduana.

Funcionarios de ANP, DNA o PNN.

El Oferente deberá presentar en su oferta Declaración Jurada de que ninguno de sus integrantes, o representantes, por vía directa o indirecta tiene vinculación con las personas físicas o jurídicas que están expresamente impedidas de ser oferentes.

Las condiciones referidas al Oferente establecidas en este artículo, deberán ser mantenidas por el Contratista durante la vigencia del contrato y su incumplimiento en forma directa o indirecta, comportará la rescisión del contrato por responsabilidad del Contratista.

Artículo 19°. Plazo de mantenimiento de oferta.

Los Oferentes establecerán un plazo de mantenimiento de la oferta sin alteración del precio ni demás condiciones, que no podrá ser inferior a sesenta (60) días calendario contados a partir del día siguiente al de la apertura. De no establecerse expresamente se entenderá que el Oferente se compromete a mantener su oferta durante el plazo mínimo exigido.

Dicho plazo se considerará tácitamente prorrogado mientras el Oferente no solicite por escrito el retiro de la oferta y la devolución de la garantía de mantenimiento.

La mera presentación de la oferta significará la aceptación por parte del Oferente de la totalidad de los términos, cautelas, plazos y condiciones del llamado.

Artículo 20°. Recepción de las ofertas.

Artículo 21°. Condiciones generales de la oferta.

21.1. Idioma.

Todos los documentos relativos al Oferente y la oferta deberán redactarse en idioma español; o ser debidamente legalizados y traducidos al español por Traductor Público Nacional en caso de ser originarios en otro idioma, salvo los materiales impresos o digitales de la empresa, que podrán acompañarse de una traducción al español firmada por el Oferente, la cual prevalecerá a los efectos de la interpretación de la oferta.

21.2. Formato y firma de la oferta.

21.3. Costo de la oferta.

21.4. Aceptación de las condiciones de estas Bases.

Artículo 22°. Contenido de la oferta.

22.1. Comprobantes.

22.2. Información del Oferente.

Carta de presentación de la oferta con nombre y domicilio del Oferente o integrantes del grupo Oferente, en la ciudad de Montevideo, a los efectos de la licitación y actos posteriores a la misma.

El Oferente o integrantes del grupo Oferente deberán designar un representante otorgándole poder especial, con facultades para actuar, obligar y asumir responsabilidades, durante todo el procedimiento de contratación hasta que terminen todas las obligaciones contractuales derivadas de las presentes Bases.

Documentos acreditantes de la constitución, naturaleza y representación de la firma Oferente o de las firmas integrantes del Oferente, debidamente legalizados y traducidos por Traductor Público Nacional si correspondieren. En su caso, se deberá indicar si la firma Oferente es filial o subsidiaria de cualquier otra. En el caso de que el Oferente se hallare conformado por más de una persona física o jurídica, corresponde establecer, en forma discriminada para cada uno, la documentación a que hace referencia este apartado.

Compromiso. El Oferente o integrantes del grupo oferente, deberán indicar su compromiso, en caso de ser adjudicatario, de formar una Sociedad Anónima con acciones nominativas, cuyo objeto exclusivo sea la prestación del servicio solicitado, dando cuenta del detalle de participación societaria prevista para cada integrante de dicha sociedad.

22.3. Propuesta Técnica del Oferente.

22.4. Propuesta Económica del Oferente.

Artículo 23°. Antecedentes del Oferente.

Artículo 24°. Apertura y análisis de las ofertas.

1. Apertura.

Los funcionarios designados al efecto por la Administración, se reunirán en el lugar, día y hora fijados para el acto de apertura de ofertas y de los representantes de los Oferentes que deseen asistir. Se procederá a la apertura de los Sobres y se enunciará los nombres de los Oferentes, así como de los demás pormenores que estime convenientes. De todo lo actuado se labrará acta notarial con las observaciones que formulen los Oferentes, que deberá ser firmada por los funcionarios actuantes y por los representantes de los oferentes que deseen hacerlo.

En el caso de haberse observado defectos formales en la presentación de la documentación requerida en las bases, los Oferentes tendrán un plazo de cuarenta y ocho (48) horas para subsanarlos. Los demás Oferentes podrán comprobar que estos defectos han sido subsanados.

2. Estudio de las ofertas.

Luego del acto de apertura de las ofertas, no se brindará a los Oferentes ni a persona alguna que no esté vinculada con el proceso de estudio y evaluación, ninguna información concerniente a dicho proceso, hasta que se otorgue vista a los Oferentes, del informe de la Comisión Asesora de Adjudicaciones. Se considerará que una oferta se ajusta esencialmente a los documentos del llamado cuando concuerde con las estipulaciones y condiciones de las presentes Bases.

Si la ANP determina que la oferta no se ajusta en lo esencial a los documentos de licitación, la rechazará y el defecto no podrá ser subsanado con posterioridad por el Oferente.

3. Solicitud de aclaraciones.

4. Discrepancias.

Cuando exista discrepancia entre la cantidad escrita en números y en letras, valdrá la escrita en letras. Toda cláusula imprecisa, ambigua, contradictoria u oscura, a criterio de la ANP, se interpretará en el sentido más favorable para esta.

Artículo 25°. Evaluación de las propuestas y adjudicación.

Artículo 26°. Notificación.

SECCIÓN IV FORMALIZACIÓN DEL CONTRATO.

SECCIÓN V FINAL DEL CONTRATO DE SERVICIO.

Lección 2

Carta Proposición

Conocimientos

I. Etapas de licitación pública

Licitación Pública

Etapas

- ◆Entidad debe buscar el bien/servicio en el Catálogo.
- ◆Entidad licitante debe determinar si se incurre en alguna de las causales para licitación privada o trato directo.
- ◆Elaboración de las bases.
- ◆Llamado.
- ◆Aclaraciones/modificaciones a las bases.
- ◆Recepción de las ofertas con sus garantías y Apertura.
- ◆Evaluación de las ofertas.
- ◆Adjudicación.
- ◆Celebración del contrato y recepción de las garantías.
- ◆Proveedor entrega el bien o provee el servicio en los términos establecidos en las bases y el contrato.

II. Carta proposición

Carta Proposición, que también se denomina Carta Compromiso Proposición, es un modelo de carta en la que el oferente acepta comprometerse a realizar todas las responsabilidades detalladas en su proposición (propuesta) a la licitación. No existe un formato de tipo estándar o un modelo de carta proposición que podamos rellenar como si fuese un formulario. El formato carta compromiso proposición es un simple modelo que atestigua nuestro interés y nuestro compromiso a la licitación. A continuación, vamos a exponer a modo de ejemplo unos formatos.

Textos

Ejemplo 1

DON ____________________ , con residencia en ____________________ , Código Postal ________ , con D.N.I. n° ________ , expedido en ________ , con fecha ________ por sí (o en representación de ____________________ , con C.I.F. n° ____________________ según **se acredita documentalmente**[①]), enterado del anuncio publicado en el Boletín Oficial del Estado n° ________ , del día ________ de ________ de ________ , y de los pliegos de prescripciones técnicas y de cláusulas administrativas particulares que han de regir en el Concurso con procedimiento abierto para adjudicar el suministro de ____________________ , se compromete a tomar a su cargo dicho suministro, con estricta sujeción a los requisitos y condiciones establecidos, por la cantidad de ____________________ euros (expresar claramente escrita en letra la cantidad de euros por la que se compromete el licitante a la ejecución del trabajo).

Fecha y firma del proponente

PRESUPUESTO DE CONTRATA ________ euros
IMPORTE DE LA OFERTA ________ euros
BAJA DE LICITACION ________ %[②]

Ejemplo 2

Señor

Presidente del Comité de Contrataciones del
CUERPO DE INGENIEROS DE LA FUERZA TERRESTRE
Presente

Señor Presidente:

EL que suscribe, en atención a la invitación efectuada por el comité de Contrataciones del CUERPO DE INGENIEROS DEL EJÉRCITO para LA ADQUISICIÓN DE MAQUINARIA, VEHÍCULOS Y EQUIPO COMPLEMENTARIO PARA LA CARRETERA LAGO AGRIO—SAN MIGUEL, habiendo examinado los documentos precontracturales, declara que conoce la naturaleza, y las condiciones de financiamiento y suministro por ejecutar, para lo cual propone la cantidad de ..., de conformidad con el presupuesto detallado que se adjunta en la Tabla de Cantidades y Precios, para la entrega en bodegas o en el sitio que el Cuerpo de Ingenieros indique.

---

① se acredita documentalmente: 有文件证明其身份（文件另附）。
acreditar: 证明，证实。
– Esta carta poder le acredita como apoderado.（本授权信证明他是被授权人。）

② BAJA DE LICITACION ________ %：报价低于招标标底的 ________ %。补充知识：这种情况是指招标时有一个预算金额，即标底，所有投标人的报价都低于标底时方可视为投标有效。

Declara también comprometerse a entregar todos los ítems adjudicados en un plazo máximo de..., contados a partir de la fecha de suscripción del contrato.

Los precios unitarios y totales en US$ dólares que constan en la propuesta, tienen un periodo de validez de... contados a partir de la fecha...

FINANCIAMIENTO: Las condiciones de financiamiento de nuestra propuesta son las siguientes:

a. Banco o entidad Financiera (Que ofrece el financiamiento)

b. **Monto total del Financiamiento Ofrecido**①

c. Plazo total del financiamiento

d. **Periodo de gracia**②

e. Intereses (tasa de interés fijo, variable, etc.)

f. Comisión de administración o Comisión por manejo de documentos

g. Deudor (entidad deudora)

h. Aval requerido para el financiamiento

i. Forma de implementación del Crédito

(LUGAR Y FECHA)

(FIRMA DEL PROPONENTE)

Ejemplo 3

(PAPEL MEMBRETADO DEL LICITANTE)

CARTA PROPOSICIÓN

________ (ciudad y estado), ________ (fecha)

________ (nombre y cargo del titular de la **convocante**③)

________ (nombre de la convocante)

Presente

Me refiero a la licitación ________ (tipo de licitación) No. ________ (número de licitación) relativa a los trabajos de ________ (descripción de los trabajos).

① Monto total del Financiamiento Ofrecido: 融资总额。

② periodo de gracia: 宽限期。
– un préstamo con dos años de gracia: 一笔有两年宽限期的贷款。

③ convocante: 招标人。
– licitante/licitador/contratista/proveedor: 投标人，投标方。
– convocante/contratante/llamador de la licitación: 招标人，招标方。

a) Por mi propio derecho.
b) Como representante legal de ________ (nombre del licitante).

Manifiesto a usted que:

Oportunamente se tuvo acceso a las bases de participación del procedimiento de contratación correspondiente y se ha tomado debida nota de los datos y las Bases a que se sujetara dicha licitación y conforme a las cuales se llevaran a cabo los trabajos, se aceptan íntegramente los requisitos contenidos en las citadas bases de participación y para tal efecto se devuelven debidamente firmadas por el suscrito en un total de ________ (número de fojas de las bases de participación de la convocatoria u oficio de invitación) fojas foliadas.

Igualmente expongo que se han tomado las providencias a que se contraen las Bases de referencia.

Así mismo manifiesto que esta empresa conoce la Ley de Obras Públicas y Servicios Relacionados con las Mismas su Reglamento, los Términos de Referencia, las especificaciones generales y particulares y que aceptó que tales documentos rigen, en lo conducente, respecto a la licitación indicada y demás actos que de ella deriven.

De conformidad con lo anterior se presenta la proposición respectiva, la que con un importe total de $ ________ (importe de la proposición con IVA en número), ________ (importe de la proposición con IVA en letra), se encuentra requisitada e integrada en la forma que establecen las bases de participación, los términos de referencia, las especificaciones generales y particulares de los trabajos que se están contratando y demás documentos del caso.

El plazo de ejecución de los trabajos objeto de la licitación será de ________ (número de días naturales) días naturales contados a partir de la fecha real del inicio de los trabajos.

ATENTAMENTE

____

(nombre, cargo y firma del representante legal del licitante)

__________ (nombre del licitante)

Actividades

I. Escribe los sinónimos de las siguientes palabras.

compromiso ____________________
acreditar ____________________

convocante ________________________
monto ____________________________
impuesto __________________________
oficio _____________________________
providencias _______________________
suscribir __________________________
conducente ________________________
prescripción _______________________

II. Rellena los espacios en blanco con la expresión adecuada del recuadro.

de antemano	una carta de invitación	candidatura	adjuntos	esta licitación
distinguidos	ampliar	dirigirnos	por triplicado	consultoría

________ señores:

En fecha 4 de septiembre de 2009 y con referencia al asunto:

Proyecto ARG/09/R01, recibimos ________ para presentar la propuesta que se refiere a las presentaciones de servicios de ________ para el proyecto arriba mencionado.

Tenemos el agrado de ________ a ustedes para manifestar el deseo de nuestra compañía de participar en ________ .

Sírvase encontrar ________ los documentos siguientes ________ :

– Sobre A Propuesta Técnica

– Sobre B Propuesta Financiera

Agradeciéndoles ________ por la atención que será prestada a nuestra ________ , quedamos a sus órdenes para ________ cualquier información.

Sin otro particular, les saludamos muy atentamente.

(Firma)

III. Traduce al chino los siguientes costos indirectos enumerados.

Cálculo de los costos indirectos
Honorarios, sueldos y prestaciones
Personal Directivo
Personal Técnico
Personal Administrativo
Pasajes y viáticos del personal
Depreciación, mantenimiento y rentas
Edificios y locales

Locales de mantenimiento y guarda
Bodegas
Instalaciones generales
Equipos, Muebles y enseres
Depreciación o renta y operación de vehículos
Servicios de los siguientes conceptos
Consultores, asesores y servicios
Estudios e investigaciones
Gastos de oficina
Papelería y útiles de escritorio
Correos, teléfonos, telégrafos y radio
Equipo de computación
Copias y duplicados
Luz, gas y otros consumos
Gastos de licitación

IV. Traduce al chino las siguientes oraciones.

1. Ciencias Sociales y Humanidades verificará que las proposiciones recibidas en el acto de apertura, incluyan la información, documentos y requisitos solicitados en las bases de la licitación procediendo a desechar la propuesta cuando se advierte la falta de alguno de ellos o que algún rubro en lo individual.
2. La empresa que represento se compromete a cumplir con todas y cada una de las obligaciones que imponen la Ley Federal del Trabajo, y demás ordenamientos legales aplicables a los patrones de ejecución de obras, por lo tanto, acepto que seré el único responsable y obligado frente a los trabajadores, ante todo tipo de autoridades ya sean administrativas, judiciales o laborales, federales, estatales o municipales para todas las obligaciones derivadas y relacionadas con la obra.
3. El postor XXX se constituye en postor único, por lo que se le otorga el proyecto la Buena Pro, teniéndose en cuenta el monto de la propuesta económica, de conformidad a lo establecido por el Artículo 32° de la Ley de contrataciones y Adquisiciones del Estado, aprobado por D.S. N° 083-2004-PCM, que en su primer párrafo señala que el Comité Especial otorga la Buena Pro en una Licitación Pública, Concurso Público o Adjudicación Directa aún en los casos en los que se declare como válida una única oferta.
4. Se concluye la presente sesión, siendo las 15:45 hrs. del 11 de Julio del 2008, conviniendo los miembros del comité a suscribir la presente acta en señal de conformidad.

V. Traduce al español las siguientes oraciones.

1. 我方投标时，已经办理中标企业必须在市政府有关部门取得建筑许可的相关手续。
2. 本会议的目的是根据 XXX 法律规定的选择程序对 BUENA PRO 项目的技术和经济投标方案进行开标、评标和授标。
3. XXX 投标方的技术投标方案符合技术要求，可以进行技术方案评标。
4. 我方以所报单价为评标参数开始进行评标和授标。
5. 兹通知各方，有关的咨询和答复将会公布在相关网站，并且所有在网站注册的投标人都将通过电子邮件收到一份副本。
6. 就 XXX 号公开招标公告中的项目及其规定，我以 XXX 的总金额（不含增值税）投标执行该项目，单价详见所附工程项目图册。

Etiquetas específicas

• Carta bajo protesta de decir verdad (属实声明书)

Ejemplo 1

ESCRITO BAJO PROTESTA DE DECIR VERDAD

Fecha

C. DIRECTOR GENERAL DE AERONAUTICA CIVIL
PRESENTE.

Por este conducto manifiesto BAJO PROTESTA DE DECIR VERDAD:

Ser ciudadano mexicano y encontrarme en pleno goce de mis derechos civiles y políticos;

No haber sido sentenciado con pena privativa de libertad por delito doloso;

No estar impedido para prestar servicios públicos, en los términos de la Ley Federal de Responsabilidades Administrativas de los Servidores Públicos y las disposiciones correlativas en las entidades federativas;

Así mismo, manifiesto poseer el grado académico requerido mismo que acredito con la documentación que anexo, la cual tiene validez oficial por la institución que la emite.

Atentamente ______________________________

(FIRMA)

Ejemplo 2

México, D. F., a ___ de __________ de 2019.

SECRETARÍA GENERAL DEL CONSEJO
NACIONAL DE POBLACIÓN
PRESENTE

CARTA DE PROTESTA DE DECIR VERDAD

Por medio de la presente, el que suscribe **C.** _________________________ con RFC _____________________, en mi carácter de aspirante a participar en el concurso por la plaza de ____________________________________, con folio de concurso __________, hago constar y declaro bajo protesta de decir verdad, que no me encuentro en los supuestos señalados en el Artículo 21, Fracciones II, IV y V de la Ley del Servicio Profesional de Carrera en la Administración Pública Federal, que a continuación se indican:

II. No haber sido sentenciado con pena privativa de libertad por delito doloso (未因欺诈被剥夺自由).
IV. No pertenecer al estado eclesiástico, ni ser ministro de algún culto (非神职人员).
V. No estar inhabilitado para el servicio público ni encontrarse con algún otro impedimento legal.

Asimismo, y con base en los requisitos de participación establecidos en la convocatoria de este concurso, manifiesto bajo protesta de decir verdad que (SI / NO, SI ES AFIRMATIVO DEBE ESPECIFICAR) me he incorporado a un Programa de Retiro Voluntario en la Administración Pública Federal o en alguno de sus Órganos Desconcentrados.
Por último, hago constar y declaro bajo protesta de decir verdad, (SI / NO) ser Servidor Público de Carrera. Lo anterior en base a lo establecido en el Artículo 47 del Reglamento de la Ley del Servicio Profesional de Carrera.

Atentamente,
Protesto lo necesario

____
Nombre y Firma

• Carta poder（授权书）

Yo, XXX, titular de la Cédula de Identidad No. V-xxxx, actuando en este acto en representación de “XXXXX, C.A.” Sociedad de Comercio debidamente inscrita ante el Registro Mercantil X de la Circunscripción Judicial del Estado XX, bajo el No. X, Tomo X, por medio de la presente autorizo suficientemente a la(s) Empresa(s) de Transporte XXX, C.A., para que retire(n) ante CYBER OFFCIE 2000, C.A., toda la(s) mercancía(s) (partes, piezas, equipos de computación) que compremos ante dicha empresa, realizando su traslado hasta nuestras oficinas.

Dicha autorización comprende tanto el retiro de la mercancía, como de la factura correspondiente a la misma, debiendo firmar cada factura, la persona autorizada por el transporte aquí identificado en señal de（以示）haberse recibido la mercancía satisfactoriamente. La firma que realice la persona autorizada de dicho transporte en la factura será prueba suficiente de haber sido entregada la misma, de manera conforme tanto en cantidades como descripciones, exonerándose a CYBER OFFICE 2000, C.A. de responsabilidad alguna a partir de su entrega.

Una vez recibida la mercancía por el transportista se entiende que la misma ya se encuentra en poder del comprador, asumiendo toda la responsabilidad sobre ella, inclusive su pago. Si la mercancía fuese perdida, robada, hurtada o sufriere algún tipo de daño o deterioro posterior a su entrega al transportista, CYBER OFFICE 2000, C.A., no será responsable en ningún caso por los mismos, siendo estos única y exclusivamente responsabilidad del comprador.

La presente autorización tendrá plena validez a partir de la presente fecha, hasta el 10 de enero de 2020.

De igual manera, si por alguna circunstancia es revocada la presente autorización antes de su vencimiento, me comprometo a realizar de inmediato y por escrito a CYBER OFFICE 2000, C.A. la correspondiente notificación. En consecuencia, si no llegare a realizarle la notificación por escrito a CYBER OFFICE 2000, C.A., y esta me despachase alguna mercancía a través del transportista aquí identificado, dicho despacho y entrega tendrá plena validez.

Indico igualmente, que si por alguna circunstancia se demostrare que los datos que aquí suministro fueren falsos o inciertos, me hago responsable a título personal por los daños y perjuicios que los mismos pudieran ocasionar, tanto a CYBER OFFICE 2000, C.A., a la compañía a la cual represento, así como a terceras personas.

Sin más a que hacer referencia, autorización que expido a los xx días del mes de xx del año 2.019.

XXXXX

C.I. V-XXXX

XXXXX, C.A.

(SELLO HÚMEDO DE LA EMPRESA)

Lecturas complementarias

POLÍTICAS OPERATIVAS GENERALES PARA LICITACIÓN PÚBLICA INTERNACIONAL DE BID (BANCO INTERAMERICANO DE DESARROLLO)

POLÍTICA

Los montos límites a partir de los cuales el Banco requerirá licitación pública internacional para la adquisición de bienes, obras y servicios serán determinados, caso por caso, por los equipos de proyectos y aprobados por el correspondiente Jefe de Equipo, sujeto a la no objeción de la Unidad de Adquisiciones. Dichos límites pueden variar de país a país, de sector a sector y de proyecto a proyecto.

El Banco utilizará obligatoriamente el procedimiento de licitación pública internacional para la adquisición de bienes, obras y servicios que estén financiados parcial o totalmente con los fondos provenientes de los préstamos del Banco cuando el monto de la adquisición exceda los U$5 millones si se trata de obras y servicios y, los U$350,000 para bienes.

Cuando se utilicen divisas del préstamo otorgado por el Banco, los procedimientos empleados para la adquisición de bienes y servicios deberán permitir la participación exclusiva de oferentes provenientes de los países miembros.

OBJETIVOS

Los principios en que se basa el procedimiento de licitación pública internacional, enunciados a continuación, garantizan al sector público el uso eficiente y económico de los recursos del Banco y la transparencia del proceso.

Competencia: asegurar la participación del mayor número de oferentes calificados, de modo que los prestatarios obtengan las mejores condiciones del mercado.

Igualdad: asegurar a todos los participantes el mismo tratamiento de modo que exista una competencia efectiva, evitando todo tipo de preferencias o discriminaciones que favorezcan o perjudiquen a unos en detrimento o beneficio de otros.

Publicidad: asegurar que el acceso a la información relativa a una licitación está abierto a todo contratista, no solo en la etapa inicial de participación sino también en la apertura de sobres y aclaraciones.

Debido Proceso: la legislación local debe prever procedimientos para la discusión de controversias y permita la defensa o impugnación de los oferentes.

PUBLICIDAD

Los requisitos del Banco en materia de publicidad para la licitación pública internacional son:

Aviso General de Adquisición (AGA): tiene por objeto notificar con la debida anticipación a los interesados sobre las posibles adquisiciones para nuevos proyectos financiados por el Banco. La publicación de estos avisos la hará el Banco a nombre del prestatario, en el periódico de las Naciones Unidas "Development Business".

Avisos Específicos de Adquisiciones (AEAs): la publicación de estos será únicamente en el "Development Business". Los Jefes de Equipos de Proyectos, en consulta con los prestatarios y sujeto a la no objeción de la Oficina de Política y Coordinación de Adquisiciones, podrán determinar de acuerdo a la naturaleza y tamaño de cada proyecto la necesidad de efectuar una publicación adicional en un periódico internacional y/o una revista técnica.

Excepcionalmente, y por razones plenamente justificadas (como por ejemplo desastres naturales), los Jefes de los Equipos de Proyectos, con la no objeción de la Oficina de Política y Coordinación de Adquisiciones, pueden decidir que no es conveniente publicar el aviso en el "Development Business". En estos casos deberá solo publicarse el aviso correspondiente en un periódico de amplia circulación internacional y/o en una revista técnica.

La Publicidad Nacional de los AEAs será por lo menos dos veces en un periódico o, una vez en dos periódicos de amplia circulación nacional.

PRECALIFICACIÓN

El Banco requiere de la etapa de precalificación en el proceso de adquisición de bienes y servicios cuando se trata de contratos de obras de gran magnitud o de naturaleza compleja, con el objeto de asegurar la participación de empresas competentes. La precalificación deberá basarse exclusivamente en la habilidad de los contratistas para la ejecución satisfactoria de las obras.

DOCUMENTOS DE LICITACIÓN

Son el medio por el cual el prestatario informa a los posibles interesados sobre los requisitos y condiciones relativos a una determinada licitación. La claridad de estos documentos es de especial importancia y, deben indicarse claramente los criterios para la evaluación y comparación de las ofertas, la moneda a utilizar y las reglas para hacer las conversiones de moneda.

APERTURA Y EVALUACIÓN DE OFERTAS

Las ofertas deberán presentarse por escrito y en sobres cerrados dentro de los plazos establecidos y, deberán estar firmadas por los representantes legales de los oferentes y cumplir los requisitos establecidos en los documentos de licitación.

La evaluación de las ofertas se regirá por las normas establecidas para tales efectos y deberá someterse al Banco un informe detallado sobre la evaluación y comparación de las ofertas y los fundamentos en que se basa la recomendación de adjudicar el contrato.

La licitación se adjudicará, previa aprobación del Banco, al oferente cuya propuesta haya sido evaluada como la más baja, se ajuste a los documentos de licitación y a las normas apropiadas de capacidad y responsabilidad financiera.

EXCEPCIONES

No se requerirá licitación pública internacional para la adquisición de instrumentos, equipo, materiales especializados, libros y publicaciones para proyectos educativos, científicos y tecnológicos o investigaciones aplicadas.

ADQUISICIONES PARA PROYECTOS EN EMERGENCIA

Para las adquisiciones de obras, bienes y servicios y servicios conexos para proyectos en emergencia, el Banco podrá autorizar al Organismo Ejecutor a utilizar los procedimientos simplificados de licitación pública internacional descritos en la Sección GS-601 del Manual de Adquisiciones.

NORMAS

Las guías específicas, criterios y otros aspectos relevantes al procedimiento de licitación pública, están contenidas en la política correspondiente (véase documentos de referencia) y el Manual de Adquisición de Bienes y Servicios.

Lección 3 Garantías

Conocimientos

I. Definición y características

Los avales y garantías son productos de las entidades de crédito para asegurar el buen fin de los compromisos que hayan contraído sus clientes ante futuros intercambios de carácter internacional (pueden ser tanto de importación, como de exportación e incluso de inversión). **Podríamos definirlas como el compromiso que da la entidad financiera (garante) a pagar una cantidad determinada al beneficiario (normalmente el exportador) si este le presenta unos documentos previamente acordados que confirman que la otra parte no ha cumplido con sus obligaciones (el pago del importador, normalmente).**[①] Es decir, mediante una garantía o aval bancario, el exportador se asegura el cobro de la mercancía entregada, aunque la empresa compradora no pague. En la práctica, se utilizan indistintamente los términos aval y garantía, si bien, entendemos que el término garantía es de concepto genérico, siendo el aval una figura más concreta y que generalmente se relaciona con la formalización sobre documentos jurídicos (letras de cambio, pagarés, etc.). **El aval es una garantía documentada en el reverso de un efecto, letra de cambio o documento equivalente.**[②] El avalista o avalistas se comprometen al pago del nominal del documento si el librado no lo hiciera.

Por ello, nos referiremos en lo sucesivo a la terminología Garantía, que es más usada internacionalmente.

En cuanto al plazo de validez, decir que una garantía no es indefinida, debe recoger siempre su periodo de validez de forma clara e inequívoca. La fecha de vencimiento de la garantía equivale a que la obligación garantizada ha vencido y si el beneficiario no ha requerido la ejecución de la garantía, se entiende que dicha obligación ha sido cumplida y, por lo tanto, el banco emisor puede cancelar automáticamente su compromiso.

Podemos distinguir tres tipos básicos de avales y garantías:

— **Preavales:** la entidad financiera muestra su disposición a conceder un aval o garantía a la empresa, pero se reserva el sí definitivo hasta haber estudiado a fondo la propuesta

① 我们可以把保函定义为：当出口商向承保人提供了事先约定的相关文件，证明另一方没有履行其职责时（通常是进口商没有付款），金融机构（承保人）对受益人（一般是出口商）做出的一定金额的付款承诺。

② aval是针对现金而言的票据担保，如汇票或其他等效的票据。

de su cliente.

— **Avales y garantías técnicos:** estos son necesarios para las compañías que tienen algún compromiso frente a la administración pública o algún organismo internacional.

— **Avales y garantías económicos:** son los más comunes, ya que mediante estos la entidad financiera se compromete a pagar por las obligaciones del cliente ante terceros en caso de que este no cumpla con ellas. Normalmente se tratará de transacciones de carácter comercial o financiero. **La forma más común de garantía económica es la de aceptación bancaria, como, por ejemplo, en los créditos documentarios irrevocables confirmados.**①

II. Los principales tipos de garantía

1 Garantía de Licitación② (Bid Bond, Tender Bond, Tender Guarantee o Guarantee for Preliminary Deposit):

Su objeto es garantizar el compromiso de que se aceptará un contrato de acuerdo con la oferta establecida en el caso de que dicha oferta fuese admitida. Es de uso habitual cuando se desea acceder a concursos o licitaciones en otros países y en la mayoría de ocasiones son para el acceso a Concursos-Ofertas de empresas públicas, organismos estatales, organizaciones internacionales, etc.

2 Garantía de Devolución③ (Garantía de Pago Anticipado, Advance Payment Guarantee o Repayment Guarantee):

Tiene como objetivo asegurar al beneficiario la devolución de los pagos anticipados por él a cuenta de un contrato en el caso de que dicho contrato no fuese finalmente llevado a término. El caso más claro de aplicación de este tipo de Garantías es para cubrirse la devolución de pagos anticipados por un contrato de suministro de mercancía, si bien es también aplicable a otros tipos de operaciones.

3 Garantía de Buena Ejecución④ (Garantía de Cumplimiento, Performance Bond o Performance Guarantee):

Su finalidad es garantizar el posible incumplimiento de las obligaciones según el contrato establecido hasta la fecha prevista para el cumplimiento de las mismas. Este tipo de garantías son muy utilizadas en el Comercio Internacional por cuanto su utilización es muy diversa. Se utiliza para contratos de suministros de mercancías, prestaciones de servicio, funcionamiento

① 商业担保最常见的形式是银行的承兑，如不可撤销保兑信用证。

② Garantía de Licitación: 投标保函。

③ Garantía de Devolución: 预付款保函。

④ Garantía de Buena Ejecución: 履约保函。

de máquinas e instalaciones, etc. Al igual que la Garantía de Licitación, suele ser un porcentaje determinado sobre la operación principal contratada.

4 Garantía de Mantenimiento[①] (Maintenance Guarantee, Warranty Guarantee):

Cubre al comprador de posibles defectos o fallos en la obra o el equipo adquirido, así como del incumplimiento del contrato de mantenimiento del mismo por parte del vendedor. Se mantiene vigente hasta que la obra o el equipo se aceptan por el comprador definitivamente y se termina el periodo de mantenimiento.

5 Garantía de Pago/Cobro[②] (Payment Guarantee):

Este tipo es quizás el de mayor utilización, por cuanto las operaciones que cubre son las que se suelen dar con mayor asiduidad. **Si bien, todas las garantías antes mencionadas garantizan un pago/cobro, damos esta definición específica ya que suelen garantizar dicho pago/cobro independientemente de lo que haya sucedido con la operación principal.**[③]

Por norma general, suelen ser EJECUTABLES A PRIMERA DEMANDA, es decir, contra el simple requisito de que el beneficiario indique que no se ha cumplido la operación garantizada (a veces, con algún otro documento: factura, certificado, etc.) pero sin que deba probarse la veracidad del incumplimiento contractual.[④] Entrañan un elevado riesgo para el ordenante, porque podría verse obligado a pagar si fuese ejecutada la garantía, aunque por otra vía hubiese efectuado el pago de la operación principal. Los casos más claros de aplicación son:

— Garantizar la concesión de operaciones de riesgo en otro país (préstamos, cuentas de crédito, etc.).

— Garantizar el pago de un suministro de mercancías (puede ser sobre una operación concreta o sobre un suministro periódico). En este caso se producen como sustitutivas al Crédito Documentario.

6 Carta de Intención (Comfort Letter, Carta de Patrocinio, Lettre de Patronage):

Vale la pena mencionarla quizás porque su presentación viene planteada a veces como si se tratase de una Garantía y por tanto un posible afianzamiento para concesión de operaciones de riesgo con el beneficiario de la misma, cuando normalmente suele ser un acuerdo entre partes sin la garantía de ninguna Entidad Financiera.

---

① Garantía de Mantenimiento: 质量/维修保函。

② Garantía de Pago/Cobro: 付款保函。

③ 上述所有保函都是保证付款的，我们对这一点特别定义，是因为它通常指与主要合约执行情况无关的独立付款保证。

④ 根据惯例，它通常是“索要即付”的，也就是说，只要受益人指出相关责任没有被履行（有时会提供一些票据，如发票、证明等）并提出要求，则无须证明上述违约是否真实，都要保证付款。

El objeto de la misma puede ser muy variado, si bien las finalidades más conocidas son: una "toma de razón", donde una empresa (generalmente matriz), manifiesta tener conocimiento de que otra empresa (generalmente filial o participada) está tramitando o ha tramitado una determinada operación de riesgo, y que la apoya, sin que ello suponga su Garantía o Aval a la operación; Otras veces son "acuerdo de intenciones", como pueden ser un futuro plan de inversiones, inyecciones de capital o futuros préstamos a su filial, etc.

III. Partes que intervienen

Las personas físicas o jurídicas que intervienen en las operaciones de garantía son:

— El **garante**[①] es la persona que se obliga a pagar en sustitución de un tercero en caso de no hacerlo este. Generalmente, una Entidad Financiera.

— El **ordenante**[②]: es la persona que ordena la emisión de la garantía a favor de un tercero.

— El **beneficiario**[③]: es el acreedor de la operación garantizada, a cuyo favor se emite la garantía.

Textos

MODELO DE AVAL BANCARIO

Montevideo, _______________de _______________de 2004

Señores

Administración Nacional de Puertos

De nuestra mayor consideración:

Por el presente documento (1)_______________, se constituye fiador solidario por la suma de US$ _______________(_______________ dólares estadounidenses), amparando las obligaciones de (2)_______________ por concepto de (3) _______________ en el llamado N°_______________ (4) _______________, para (5) _______________, renunciando al

① garante: 承保人，担保人（一般是银行等金融机构）。

② ordenante: 担保申请人。

③ beneficiario: 受益人。

beneficio de excusión[①].

La presente garantía tendrá vigencia hasta el día _______________ El fiador se compromete a entregar a la Administración Nacional de Puertos el importe garantizado sin necesidad de ningún trámite judicial, siendo suficiente la intimación de entrega.

Dicho pago se efectuará en Rambla 14 de abril de 1886 número 150 de esta ciudad.

El fiador constituye domicilio especial a todos los efectos que dé lugar este documento en la calle _______________ N°. _______________de esta ciudad.

Se solicita al Escribano_______________ que certifique las firmas de este documento.

Saluda a ustedes atentamente,

---

(1) Razón social del fiador.

(2) Nombre (persona física) o Razón Social (persona jurídica) del Oferente.

(3) Opciones: a) mantenimiento de oferta; b) cumplimiento de contrato; c) orden de compra.

(4) Opciones: a) Licitación Abreviada N° ...; b) Licitación Pública N° ...; c) Licitación Pública Internacional N° ...; d) Llamado N° ...

(5) Objeto del llamado (Objeto de la licitación).

La certificación notarial deberá ser hecha en papel notarial con sello, signo y firma del Escribano interviniente y con los timbres correspondientes según el Arancel Notarial y estar ligada al documento de fianza. En caso de tratarse de personas jurídicas, el Escribano actuante deberá efectuar un control completo de la misma (lugar y fecha de constitución, objeto, plazo, representación de los firmantes, vigencia en los cargos, aprobación de los Estatutos, inscripción en el Registro de Comercio, publicaciones). **Si los firmantes actúan en calidad de apoderados, el Escribano deberá certificar que el poder está vigente y que los firmantes tienen facultades bastantes para el acto realizado.**[②]

---

① beneficio de excusión: es el derecho que tiene el fiador de oponerse a hacer efectiva la fianza en tanto el acreedor no haya ejecutado todos los bienes del deudor. Mediante el uso de este derecho el fiador le dice al acreedor que se dirija en primer término contra los bienes del deudor principal antes de dirigirse contra él. (在债权人对债务人的全部财产执行权力之前，担保人有权拒绝支付担保金。通过行使这一权利，担保人可要求债权人先对债务人的全部财产主张权利，再向自己索要担保。)

② 如果签字人为代理人，公证处需要证明其授权在有效期内，且签字人有足够行为能力履行此职责。
– facultad: 权力，能力，功能。
– facultar: 授权，许可。

MODELO DE CARTA FIANZA BANCARIA DE GARANTÍA DE SERIEDAD Y VALIDEZ DE PROPUESTA

(Lugar y Fecha)

Señores
Programa de las Naciones Unidas para el Desarrollo
Proyecto XXX
Presente.

A solicitud de _______________(nombre de la empresa o asociación), presentamos Fianza en favor de ustedes por la suma de_______________ dólares estadounidenses (USD_______________), a fin de garantizar la seriedad y validez de la propuesta de Nuctech Company Limited (nombre del proponente) en la Licitación Pública Internacional XXX, Adquisición de dos (2) Vehículos de Emergencia.

La presente Fianza **tiene la condición solidaria**①, incondicionada, irrevocable, sin beneficio de excusión y de realización automática a solo requerimiento por carta notarial, sin necesidad de exigencia judicial para su pago o ejecución.

Fecha de vencimiento: _______________

____
Nombre y firma(s) autorizada(s)
de la Entidad Bancaria

NOTA: El plazo de validez de la Carta Fianza debe ser como mínimo de ciento veinte (120) días calendario, contados a partir de la fecha fijada para la presentación de propuestas.

FORMATO DE GARANTÍA SOLIDARIA DE LA CASA MATRIZ

[MEMBRETE DE LA CASA MATRIZ]

El suscrito, _______________ de [nombre de la Casa Matriz] (el "Garante"), de conformidad con los términos y condiciones del proceso de selección para el otorgamiento

① tiene la condición solidaria: 负连带责任。
solidario: 连带的。补充词汇:
– deudor solidario: 连带债务人。
– garante solidario: 连带担保人。
– responsabilidad solidaria: 连带责任。

de licencias de exploración y explotación de gas natural correspondientes a la Fase "A" del Proyecto XXX (el "Proceso de Selección") llevado a cabo por la República Bolivariana de Venezuela por órgano del Ministerio de Energía y Petróleo ("Ministerio de Energía y Petróleo"), por medio del presente documento certifica que _______________ (la "Filial") **es una afiliada 100% controlada y de propiedad de la Compañía**①.

Mi representada declara formal y expresamente por este documento que asume y garantiza plenamente y de manera individual y solidaria todas y cada una de las obligaciones que asuma la Filial en relación con el Proceso de Selección referido.

Esta garantía se regirá e interpretará de conformidad con las leyes de la República Bolivariana de Venezuela, y cualquier disputa relacionada con la misma deberá ser resuelta exclusivamente por los tribunales de la República Bolivariana de Venezuela.

[Nombre de la Casa Matriz]

____

Nombre:

Cargo:

[Se debe adjuntar a esta garantía una copia certificada del estatuto, acta o poder que acredite que el firmante cuenta con facultades expresas para obligar al Garante. Tanto la garantía como los documentos que se adjunten deben cumplir con las formalidades requeridas para su validez conforme a las leyes de la República Bolivariana de Venezuela.]

Actividades

I. Interpreta en español las siguientes palabras o términos.

1. garantía de licitación ______________________________
2. garantía de buena ejecución ______________________________
3. garantía de pago ______________________________
4. garante ______________________________
5. beneficiario ______________________________
6. ordenante ______________________________
7. filial ______________________________
8. garantía solidaria ______________________________
9. apoderado ______________________________
10. escribano ______________________________

① es una afiliada 100% controlada y de propiedad de la Compañía: 是一个我公司100%控股的全资子公司。

II. Rellena los espacios en blanco con la expresión adecuada del recuadro.

apertura de proposiciones	en representación de un tercero	acudir
se levante	aclaraciones	debidamente
en forma electrónica	licitante	convocatoria

Nacional Financiera, S. N. C. recomienda la lectura completa y cuidosa de la convocatoria, con el fin de que elaboren __________ sus proposiciones, en IDIOMA ESPAÑOL.

No está permitida la cesión de derechos de esta convocatoria a terceros por parte del__________ participante.

Las personas que pretendan solicitar __________ a los aspectos contenidos en la convocatoria, deberán presentar un escrito en el que expresen su interés de participar en la licitación, por sí o __________, manifestando en todos los casos los datos generales del interesado y en su caso del representante.

Los licitantes que participen __________ se darán por notificados del acta que __________ de la junta de aclaraciones, cuando esta se encuentre a su disposición en la página de compranet, sin menoscabo de que pueda. _________ directamente a las oficinas de Nacional Financiera, S. N. C.

Se podrá modificar esta __________, mediante publicación de un aviso a través de Compranet, a más tardar el séptimo día natural previo al acto de presentación y __________.

III. Completa las siguientes oraciones con palabras adecuadas.

1. Este__________a licitación se emite como resultado del __________de Adquisiciones para este proyecto publicado en la edición No. 767 de Development Business, del 08 de enero de 2020.
2. La licitación se efectuará conforme al __________ de licitación __________ internacional indicado en la __________ del Banco Mundial.
3. Los licitantes __________ podrán comprar un juego completo de __________de licitación en español, solicitándolo por escrito a la dirección que se indica al final de este formulario, y contra el pago de una suma no __________ de mil quinientos pesos.
4. Cualquier intento por parte de un __________ de influir en las decisiones del __________ en la evaluación y comparación de las ofertas o la __________ del Contrato podrá dar lugar al rechazo de su oferta.
5. En caso de que el Contratante no haga un pago en la fecha debida o dentro del plazo establecido en el Contrato, el Contratante pagará al Proveedor __________sobre el monto del pago atrasado a la __________establecida en el apéndice correspondiente (Condiciones y procedimientos de pago) del Contrato por el periodo de la __________.

IV. Traduce del español al chino las siguientes frases.

1. Para poder concurrir al acto de licitación que se convoca, es necesario presentar el documento del sobre "A" indicado en la cláusula 8.9.7 de este Pliego, justificativo de la consignación previa de una garantía provisional no inferior a 120.000 euros, equivalente al dos por ciento del presupuesto del suministro, base de la licitación.
2. En el caso de Uniones Temporales de Empresarios las garantías provisionales podrán constituirse por una o varias de las empresas participantes, siempre que en conjunto se alcance la cuantía requerida y garantice solidariamente a todos los integrantes de la unión temporal.
3. La garantía permanecerá vigente hasta que el órgano de contratación adjudique el contrato, acordándose su devolución para todos los licitadores, salvo para el adjudicatario, al que se le retendrá hasta la formalización del contrato.
4. Una vez acordada la adjudicación se notificará el acuerdo recaído al contratista, el cual, en el plazo de quince días naturales contados desde la fecha de la notificación, deberá acreditar la constitución de la garantía definitiva, por un importe equivalente al 4% del importe de adjudicación.
5. La cancelación y devolución de la garantía definitiva tendrá lugar una vez concluido el plazo de garantía contractual, el cual se contará desde la fecha de recepción, o cuando se haya resuelto el contrato sin culpa del contratista.
6. Cuando el contrato se resuelva por incumplimiento culpable del contratista, le será incautada la garantía definitiva y deberá, además, indemnizar a la Agencia Tributaria los daños y perjuicios ocasionados en lo que excedan del importe de la garantía incautada.
7. Con sujeción a lo dispuesto en la cláusula 30 del Pliego, el Contratante adjudicará el Contrato al Licitante cuya oferta se ajuste sustancialmente a los documentos de licitación y haya sido evaluada como la más baja, a condición de que, además, se haya determinado que ese Licitante está calificado para cumplir satisfactoriamente el Contrato.

V. Traduce del chino al español las siguientes frases.

1. 根据阿斯图里亚斯出口公司 2010 年 3 月 1 日签署的 NO.123/09 号采购合同，该公司位于 XXX，经营范围为 XXX，我们（阿斯图里亚斯银行）发出以该公司为受益人且最高金额为 70 万欧元的保函，用以担保上述合同的顺利支付。
2. 本保函在采购合同条款规定的交货期之前有效。
3. 本保函所提及的所有关于采购合同的内容仅为信息展示，我方对此不做任何承诺，也不负任何责任。
4. 本保函项下的付款须凭书面付款申请来获得，该书面申请须说明合同有关规定未能履行的原因。

5. 本保函最终受益人为 JMC 股份有限公司，不可转让。
6. 单边终止合同之前，项目招标方应按合同规定提前将单边终止合同的决定通知卖方。
7. 如中标人在规定的期限内拒签合同，则投标保函生效，中标人无权投诉。

VI. Traduzca al español la siguiente carta de intenciones.

尊敬的先生们：

仅以此信证明我方已为我们的分公司 Importers Netherland 股份有限公司提供 10 万欧元的信用担保。

Importers Netherland 股份有限公司是一家由我集团 Importers Netherland B.V. 控股 80% 的西班牙企业。

如果我集团不再是其最大股东，我方将通知贵方，并在必要的时候商讨对贵方履行责任的可能性。

Importers Netherland B.V.

Etiquetas específicas

• El modelo BOT (BOOT)

El BOT (Build-Operate-Transfer) o BOOT (Build, Own, Operate, Transfer) es una nueva estrategia para el desarrollo de infraestructura, que permite la inversión privada directa en proyectos de gran escala, tales como caminos, puentes, puertos y centrales eléctricas. La teoría del BOT es absolutamente simple: Construir - una compañía privada (o el consorcio) acuerda con un gobierno invertir en un proyecto de infraestructura pública (tal como un camino o una central eléctrica). La compañía entonces asegura su propio financiamiento para construir el proyecto. Funcionar - el agente privado después toma posesión temporal del bien, lo mantiene y maneja por un periodo concesionario convenido (por ej. 20 años) y recupera su inversión a través de cargas o de peajes. Transferir - después del periodo concesionario la compañía transfiere la propiedad y la operación del recurso al gobierno o a la autoridad correspondiente del Estado, que bien puede ser una empresa del ámbito municipal.

Según un informe reciente del Banco Mundial, la inversión privada creciente del sector privado en proyectos de infraestructura “ofrece la doble ventaja de disponer de fondos adicionales y de una administración más eficiente... ”Esto resume el sentido del BOT: permitir al sector privado invertir directamente en proyectos de la infraestructura, a la vez que reducir el gasto fiscal y como el sector privado funciona con una lógica comercial de eficiencia, la eficacia también mejorará, por lo tanto los intereses se conjugan y así marchan las experiencias de alianzas público privadas en BOT ventures (合资公司).

• El modelo PPP

El modelo PPP (public private partnerships) o alianza público-privada, colaboración público-privada o asociación público-privada es un acuerdo entre al menos un actor del sector público y al menos un actor del sector privado para la prestación de un servicio público. Estos acuerdos suelen abreviarse en español con las siglas APP (invariables ya sea singular o plural) y en inglés, con PPP, P32 o 3P en singular y PPPs en plural.

Los poderes públicos han utilizado diferentes combinaciones de esfuerzos públicos y privados a lo largo de la historia. Sin embargo, desde 1970 se observa en el mundo una clara tendencia a hacer un mayor uso de diversas fórmulas APP.

Lecturas complementarias

REGLAMENTOS DE SUBCONTRATACIÓN DE OBRAS Y SEIVICIOS

1. Los empresarios que contraten o subcontraten con otros la realización de obras o servicios correspondientes a la propia actividad de aquellos deberán comprobar que dichos contratistas están al corriente en el pago de las cuotas de la Seguridad Social. Al efecto, recabarán por escrito, con identificación de la empresa afectada, certificación negativa por descubiertos en la Tesorería General de la Seguridad Social, que deberá librar inexcusablemente dicha certificación en el término de treinta días improrrogables y en los términos que reglamentariamente se establezcan. Transcurrido este plazo, quedará exonerado de responsabilidad el empresario solicitante.
2. El empresario principal, salvo el transcurso del plazo antes señalado respecto a la Seguridad Social, y durante los tres años siguientes a la terminación de su encargo, responderá solidariamente de las obligaciones referidas a la Seguridad Social contraídas por los contratistas y subcontratistas durante el periodo de vigencia de la contrata. De las obligaciones de naturaleza salarial contraídas por los contratistas y subcontratistas con sus trabajadores responderá solidariamente durante el año siguiente a la finalización del encargo. No habrá responsabilidad por los actos del contratista cuando la actividad contratada se refiera exclusivamente a la construcción o reparación que pueda contratar

un cabeza de familia respecto de su vivienda, así como cuando el propietario de la obra o industria no contrate su realización por razón de una actividad empresarial.

3. Los trabajadores del contratista o subcontratista deberán ser informados por escrito por su empresario de la identidad de la empresa principal para la cual estén prestando servicios en cada momento. Dicha información deberá facilitarse antes del inicio de la respectiva prestación de servicios e incluirá el nombre o razón social del empresario principal, su domicilio social y su número de identificación fiscal. Asimismo, el contratista o subcontratista deberán informar de la identidad de la empresa principal a la Tesorería General de la Seguridad Social en los términos que reglamentariamente se determinen.
4. Sin perjuicio de la información sobre previsiones en materia de subcontratación a la que se refiere el artículo 64 de esta Ley, cuando la empresa concierte un contrato de prestación de obras o servicios con una empresa contratista o subcontratista, deberá informar a los representantes legales de sus trabajadores sobre los siguientes extremos:
   a) Nombre o razón social, domicilio y número de identificación fiscal de la empresa contratista o subcontratista.
   b) Objeto y duración de la contrata.
   c) Lugar de ejecución de la contrata.
   d) En su caso, número de trabajadores que serán ocupados por la contrata o subcontrata en el centro de trabajo de la empresa principal.
   e) Medidas previstas para la coordinación de actividades desde el punto de vista de la prevención de riesgos laborales.

   Cuando las empresas principales, contratista o subcontratista compartan de forma continuada un mismo centro de trabajo, la primera deberá disponer de un libro registro en el que se refleje la información anterior respecto de todas las empresas citadas. Dicho libro estará a disposición de los representantes legales de los trabajadores.
5. La empresa contratista o subcontratista deberá informar igualmente a los representantes legales de sus trabajadores, antes del inicio de la ejecución de la contrata, sobre los mismos extremos a que se refieren el apartado 3 anterior y las letras b) a e) del apartado 4.
6. Los trabajadores de las empresas contratistas y subcontratistas, cuando no tengan representación legal, tendrán derecho a formular a los representantes de los trabajadores de la empresa principal cuestiones relativas a las condiciones de ejecución de la actividad laboral, mientras compartan centro de trabajo y carezcan de representación. Lo dispuesto en el párrafo anterior no será de aplicación a las reclamaciones del trabajador respecto de la empresa de la que depende.
7. Los representantes legales de los trabajadores de la empresa principal y de las empresas contratistas y subcontratistas, cuando compartan de forma continuada centro de trabajo, podrán reunirse a efectos de coordinación entre ellos y en relación con las condiciones

de ejecución de la actividad laboral en los términos previstos en el artículo 81 de esta Ley. La capacidad de representación y ámbito de actuación de los representantes de los trabajadores, así como su crédito horario, vendrán determinados por la legislación vigente y, en su caso, por los convenios colectivos de aplicación.

UNIDAD 6

NEGOCIOS DIGITALES

数字商务

↘ Lección 1　La economía digital
↘ Lección 2　Comercio electrónico

信息技术的高速发展催生了基于数字网络的新兴经济和商务模式——数字商务。尽管它出现时间较短，但不可否认的是它已成为推动新时代经济发展的重要动力。对企业来说，数字商务更是引领了发展和变革的新方式，新的行业、新的经营理念和新的商业机会正在不断出现。

本单元分为两课：第一课我们将学习基于信息技术发展的新型经济模式——数字经济，探讨其影响并通过案例来建立相关基本概念；第二课我们将学习数字经济中最具代表性的电子商务，重点了解其特点和类型。

通过这一单元的学习，同学们将掌握数字商务这一领域相关的基本知识和概念，对全球经济发展的新趋势有一定把握。

Lección 1 La economía digital

Conocimientos

I. ¿Qué es y qué contiene?

La **economía digital**①, también conocida como "economía en internet", "nueva economía" o "economía web", se refiere a una economía basada en la tecnología digital. Actualmente, la Economía Digital se ha ido entrelazando cada vez más con la economía tradicional hasta el punto en el que es difícil entender la diferencia entre ambas.

La economía digital está constituida por la infraestructura de telecomunicaciones, las industrias **TIC**② (software, hardware y servicios TIC) y la red de actividades económicas y sociales facilitadas por **internet**③, la **computación en la nube**④ y las redes móviles, sociales y de sensores remotos. La economía digital es un facilitador cuyo desarrollo y despliegue se produce en un ecosistema caracterizado por la creciente y acelerada convergencia entre diversas tecnologías, que se concreta en redes de comunicación, equipos de hardware (móviles multimedia 3G y 4G), servicios de **procesamiento**⑤ y tecnologías web (Web 2.0).

La economía digital consta de tres componentes principales que son la infraestructura de redes de banda ancha, la industria de aplicaciones TIC y los usuarios finales.

En este modelo, la infraestructura de redes de banda ancha es el primer componente de la economía digital. Los elementos básicos de esa infraestructura son: la conectividad nacional e internacional, las redes de acceso local, los puntos de acceso público y la asequibilidad.

El segundo componente esencial para generar servicios y aplicaciones para los usuarios (individuos, empresas y gobierno) es la industria de hardware, software y aplicaciones TIC, incluyendo también los servicios facilitados por estas tecnologías. En estos otros servicios

① economía digital: 数字经济。也称互联网经济，是基于互联网所产生的经济活动的总和，在当今发展阶段主要包括电子商务（e-commerce）、互联网金融（ITFIN）、即时通信、搜索引擎和网络游戏等。

② TIC: 信息及通信技术。全称为tecnologías de la información y la comunicación。

③ internet: 互联网。la internet 或 el internet 均可，但在西班牙，该词往往不带冠词直接使用。

④ computación en la nube: 云计算。补充词汇：
- banda ancha: 宽带。
- cibernauta: 网民。
- aplicación: 应用。
- hardware: 硬件。
- software: 软件。

⑤ procesamiento: 运算，处理。

facilitados por las TIC, destacan los servicios financieros, contables, recursos humanos, servicios analíticos, de diseño, de investigación y desarrollo tecnológicos.

El tercer componente son los usuarios finales, quienes demandan los servicios y utilizan las aplicaciones. El consumo y los usos de estos usuarios firales llevan a mejorar la eficiencia de los procesos productivos en las empresas; en el gobierno, aumentan la eficiencia en la provisión de servicios públicos y la transparencia, y para los cibernautas individuos, mejoran su calidad de vida. Es crucial que los usuarios sean capaces de utilizar los servicios y aplicaciones de una forma productiva y eficiente, destacando el comercio electrónico en sus diversos formatos, las compras públicas y el acceso a servicios públicos y de comunicación.

Las características que forman la Economía Digital son las siguientes:

– Toda la información utilizada se encuentra en forma digital, lo que permite que pueda transferirse gran cantidad de información de forma inmediata.

– El conocimiento es la parte fundamental y mediante el cual funciona lo demás, dejando a un lado los recursos tradicionales.

– Permite vincular a comerciantes, proveedores y usuarios de una manera más directa.

– Fomenta el desarrollo de nuevos productos y servicios, haciendo uso de la imaginación y la creatividad.

– Impulsa la globalización económica, ya que las empresas tienen acceso a los mercados en el extranjero.

II. Impactos de la economía digital

Es ampliamente aceptado que el crecimiento de la economía digital tiene un impacto generalizado en muchos aspectos. En general, son los siguientes:

– Hay un mayor crecimiento económico en la productividad y en la generación de empleo, también tendrá un gran impacto en la sociedad, en la educación, en los servicios de salud y sobre todo en el acceso a las personas a la información.

– Todas las empresas pueden tener grandes mejoras en la eficiencia del proceso de producción y reducir los costos generados en las transacciones.

– A nivel gubernamental, el Estado puede proveer de un mejor servicio público a los ciudadanos, el proceso es más transparente e igualmente se reducen los costos de las operaciones gubernamentales.

– Los **consumidores finales**① pueden tener acceso a una mayor información y sobre todo tendrán la opción de elegir el producto que más les conviene, solo con el uso de los servicios y de las aplicaciones se podrá llegar a los mejores servicios públicos y comunicacionales, se podrán encontrar empleos y habrá más oportunidades de desarrollarse o avanzar junto a la

① consumidores finales: se define como la persona que realmente utiliza un producto (最终消费者).

tecnología.

– Se generan nuevos contactos sociales con el uso de las redes sociales e incluso se pueden mejorar los resultados escolares con solo hacer uso de los sistemas informáticos para buscar información.

– Este tipo de economía es sustentable en el tiempo, ya que todas las transacciones se hacen a través del mercado digital con una amplia gama de bienes y servicios para elegir. El desarrollo de la economía se hace más rápido, ya que la demanda aumenta, trayendo más ingresos para las empresas y la estructura de costos será la misma, ya que el proceso es digitalizado, lo que indica que la empresa tendrá mejores ganancias y productividad.

– El mercado se abre a los extranjeros en tiempo real, creando una diversificación y estratificación de la producción masiva. El dueño de una empresa tiene nuevos canales y medios para ofertar sus bienes e incluso puede llegar a internacionalizarse, tener una mejor posición en el mercado y tener nuevos beneficios para su empresa.

Si bien la economía digital resulta ser un facilitador del desarrollo de los países, también es necesario señalar su contraparte. Los riesgos que se encuentran presentes en la economía digital son la concentración de las plataformas digitales en unas cuantas manos a causa de la poca competencia y también la desigualdad, debido a que las economías requieren de mayor cualificación en los empleos y habilidades de más alto nivel, lo cual sustituirá los empleos de trabajo rutinario.

Textos

"LANZANOS" – LOS PIONEROS DEL CROWDFUNDING[1] EN ESPAÑA

El crowdfunding es un fenómeno enmarcado dentro de los movimientos colaborativos, que han adquirido una nueva dimensión gracias a los avances de internet. Mediante el crowdfunding, un gran número de individuos realiza pequeñas aportaciones a una causa, logrando en su conjunto una contribución relevante. Las plataformas de crowdfunding de retorno financiero, en formatos similares a los utilizados por las redes sociales, sirven de lugar de encuentro entre solicitantes de financiación (personas o empresas) e inversores, que reciben una contraprestación económica acorde con su aportación de fondos y el riesgo de los proyectos, que suele ser evaluado por las plataformas. Esta novedosa forma de intermediación financiera permite reducir los costes de transacción y gestiona los riesgos a través de la diversificación.

① crowdfunding: 众筹。即大众筹资（或群众筹资）。

En el caso de España, "Lanzanos.com"es la plataforma digital de crowdfunding más potente en estos momentos en este país, consiguiendo cada día más y más **seguidores**[①] y proyectos financiados, entre los que cabe destacar todo un referente para los que apuestan por este tipo de financiación colectiva, la película "El Cosmonauta" que consiguió más de 130.000 euros.

¿Cómo funciona el crowdfunding de LANZANOS?

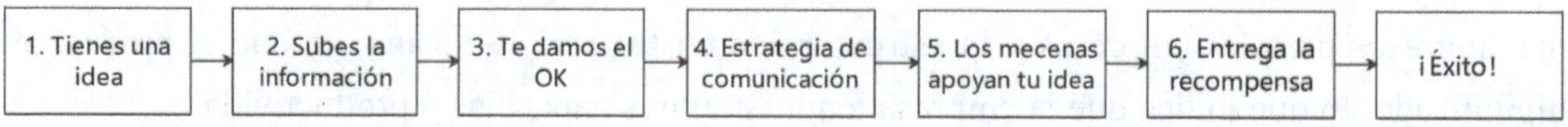

Con un parecido elevado a la web americana de referencia **Kickstarter**[②], los creadores de lanzanos.com han apostado por la claridad, facilidad y modernidad, otorgando a su web una destacada apuesta por la imagen, con una navegación muy sencilla.

Entre los elementos a tener en cuenta encontramos La Caja, que es el lugar donde llegan los proyectos y en el que se pueden ir votando, para determinar si pasan a la fase de financiables, o no llegan al mínimo para poder captar dinero.

Más de 50 proyectos financiados avalan a esta plataforma que tiene mucho que decir en el mundo del crowdfunding en España.

LA INDUSTRIA DEL VIDEOJUEGO SE CONSOLIDA COMO MOTOR EN LA ECONOMÍA DIGITAL

La industria del videojuego se está consolidando como una de las más dinámicas en el ámbito de los contenidos digitales, posicionándose como el motor de la economía digital. Se trata de una industria con excelentes oportunidades de negocio y amplias posibilidades de creación de empleo, al configurarse como una industria joven, innovadora y con vocación global. El incesante crecimiento del mercado a nivel mundial se posiciona como una de las mejores oportunidades para la industria.

En el caso de Chile, la industria de los videojuegos crece a pasos agigantados por todo el mundo. Y Chile, pese a que no puede compararse con los mercados norteamericanos y asiáticos aún, es hoy en día un referente iberoamericano por excelencia.

El escenario es muy distinto para los desarrolladores nacionales respecto a hace diez años. Si antes los emprendimientos apenas se sostenían de manera casi artesanal, en la actualidad, los estudios independientes proliferan y facturan junto a grandes compañías internacionales. En 2017, de hecho, la industria criolla tuvo ingresos por 5,8 millones de dólares.

① seguidores: 追随者，爱好者。

② Kickstarter: 这是一个于2009年在美国纽约成立的产品募资平台。它通过网站进行大众筹资，以提供人们进行创意项目的资金。其业务最初仅面向美国，后来拓展至世界各国。

VideoGames Chile (VG Chile) es la **asociación gremial**[①] que acoge a los desarrolladores locales. Uno de sus directivos, Sven Von Brand, cuenta que debieron esperar hasta 2010 para fundarlo, porque recién ese año alcanzaron las 8 empresas mínimas como requisito para fundar un gremio. En 2016 eran cerca de treinta, y a estas alturas ya son más de 40 estudios. Por lo mismo, al año Chile lanza cerca de 100 títulos de factura propia como promedio.[②]

Al mismo tiempo de impulsar el desarrollo de la economía digital, la industria de videojuego también ha recibido los beneficios que trae el avance de la economía digital, como cuenta Brand: "La **barrera de entrada**[③] a la industria se rompió. Antes era difícil, pero desde que Android y Apple se abrieron y permitieron que desde tu casa puedas desarrollar juegos para plataformas móviles, todo cambió".

"APPENVIO" – LA PRIMERA APP DE MENSAJERÍA INSTANTÁNEA EN ARGENTINA

Siendo un componente de suma importancia en la economía digital, las aplicaciones de mensajería instantánea generan gran facilidad a nuestra vida. Gracias al avance de la tecnología informática y los aparatos móviles, ya surgen cada vez más plataformas digitales que ofrecen los servicios de mensajería, AppEnvio de Argentina se cuenta una entre ellas.

AppEnvio nació de la necesidad de dar respuesta a las exigencias que impone el nuevo escenario económico a los emprendedores y la urgencia de estos por satisfacer al instante las necesidades de sus potenciales clientes, así como de la intención de resolver las demandas de los usuarios independientes que desean permanecer en la comodidad de su hogar para hacer trámites, recibir productos o, incluso, enviar de manera instantánea las llaves del hogar, recuperar en el momento los documentos o la billetera olvidados, y mucho más, cualquiera que sea el día y la hora, ya que la aplicación funciona los 7 días de la semana durante las 24 horas.

En este sentido, la app, que también tiene su versión de escritorio, se presenta para dar respuesta a aquellos que acuden a los servicios de mensajería para realizar entregas. Una opción rápida y confiable que permite realizar el trámite sin complicaciones en un click: basta con solicitar el servicio desde el celular o la computadora para que el repartidor llegue en minutos y se lleve el paquete a destino.

AppEnvio tiene un costo base de $20 y la tarifa por kilómetro es de $7, está disponible en iPhone, Android y en su versión de escritorio. El servicio cuenta con la promoción "Código

---

① asociación gremial: 行业协会。

② 本句中的título可以翻译为量词"部"，factura则可翻译为"作品"。

③ barrera de entrada: 进入壁垒。是指产业内既存企业相对于潜在进入企业和刚刚进入这个产业的新企业所具备的某种优势的程度。进入壁垒具有保护产业内已有企业的作用，也是潜在进入者成为现实进入者时首先必须克服的困难。

amigo": cuando el usuario recomienda a un amigo el uso de la app, ambos ganan 20 **pesos**① de crédito para usar en envío.

Actividades

I. Señala con "F" (Falsa) o "V" (Verdadera) las siguientes afirmaciones.

1. ( ) Internet es un "vehículo" de la economía digital, el avance de la ciencia informática impulsa el desarrollo de la economía digital.
2. ( ) La economía de internet tiene tres componentes: el proveedor, el consumidor y el gobierno.
3. ( ) Una característica importante de la economía digital es que todas las informaciones tienen su formato digital, así se pueden transferir de forma inmediata.
4. ( ) Ahora es un poco difícil de distinguir entre la economía digital y la economía tradicional.
5. ( ) La economía digital aumenta, obviamente, la productividad y los puestos de empleo.
6. ( ) Las ventajas que trae la economía digital son muchas más que sus contrapartes, por lo tanto, debemos avanzar firmemente en la economía de internet en lugar de vernos obstaculizados por las incertidumbres.
7. ( ) Se debe dirigir la atención a las desventajas que va a traer la economía de internet, un desafío considerable es el hecho de que reducirá los puestos de trabajo rutinario.
8. ( ) Si quiere emprender un español, puede acudir a "lanzanos.com" para financiar su proyecto.
9. ( ) Chile es un país poderoso en la industria de videojuego a nivel mundial.
10. ( ) AppEnvio es una aplicación de Argentina que permite a sus usuarios recibir productos u objetos personales sin salir de casa, basta con utilizar la plataforma de esta app.

---

① pesos:（阿根廷）比索。阿根廷法定货币，同样使用"$"符号，其完整符号为"ARS$"，其分币单位为centavo。

II. Explica los siguientes términos con tus propias palabras.

1. economía digital
____

2. TIC
____

3. asociación gremial
____

4. seguidor
____

5. barrera de entrada
____

III. Rellena los espacios en blanco con la palabra apropiada en el cuadro.

economía digital	acceso	redes sociales	establecer	clientes	internet
plataforma	aplicación	proporcionarnos	proveedores	usuarios	

1. Desde la llegada de ______, la sociedad se ha involucrado en el desarrollo exponencial de no solamente nuevas tecnologías en diferentes ámbitos, sino que además ha impulsado necesidades en la población que cada vez buscan, con mayor exigencia, ser atendidas. De esta manera, hemos llegado a lo que hoy se conoce como ______. Un concepto que se encuentra en pleno auge y que se basa en ______ de manera eficiente nuevos bienes y servicios al alcance de un clic.
2. La economía web de la última década ha experimentado cambios significativos en la relación persona-empresa. A modo de ejemplo, las empresas ______ sobre la base de la popularidad de las ______ un espacio virtual de conexión entre ______, ______ y sistemas internos.
3. GLOVO, la ______ que le permite a los ______ enviar y recibir cualquier producto inmediatamente dentro de la misma ciudad, lanza Glovo Prime, un servicio de suscripción mensual que le permite a los usuarios tener envíos ilimitados por solo 5,99 euros al mes. Gracias a este nuevo servicio, los usuarios de Glovo Prime tienen ______ a entregas ilimitadas gratis en todos sus pedidos que se hagan desde la ______ en las categorías de: Comida, Farmacia, Regalos, Supermercados y Alcohol y bebidas.

IV. Traduce al chino las siguientes oraciones.

1. La aplicación Mytaxi está presente y ofrece su servicio en cuatro ciudades españolas

(Barcelona, Madrid, Sevilla y Valencia) y en cada una de ellas nuestros taxistas trabajan con las tarifas establecidas por el organismo regulador correspondiente.

2. Una macroeconomía con vaivenes hizo que la economía digital argentina tenga menor peso que el que muestra ya en otros países de la región: hoy representa en nuestro país el 16,2% del PBI, comparada con el 34% de Estados Unidos y el 21,7% del vecino Brasil.
3. Amazon permite desde este lunes comprar en formato digital y descargar videojuegos y software, así como exclusivas digitales como paquetes de expansión, pases de temporada, suscripciones a juegos online, monedas virtuales para videojuegos y suscripciones de software.
4. La economía web de la última década ha experimentado cambios significativos en la relación persona-empresa. A modo de ejemplo, las empresas han establecido sobre la base de la popularidad de las redes sociales un espacio virtual de conexión entre proveedores, clientes y sistemas internos.
5. Las tecnologías de la información y las comunicaciones (TIC) están transformando las modalidades de interacción social y de las relaciones personales, en tanto que la convergencia de las redes fijas, móviles y de radiodifusión, así como la creciente conexión de dispositivos y objetos hacen posible el internet de las cosas.
6. El portavoz avisa que el 5G generará un nuevo consumo de datos grandísimo. "Con el 5G conseguiremos que el video sea tan fácil de consumir como lo es la música". Esto provocará igualar aplicaciones como Netflix, a las de música como Spotify, pese a que las de vídeo consuman muchísimos más datos.
7. El 61% de las empresas de alto crecimiento cree que la tecnología ayuda a nivelar la competitividad entre las PyMES y las grandes corporaciones. Asimismo, el 65% de esas empresas estima que su participación en la economía digital será esencial para la supervivencia de su empresa en los próximos 5 años.
8. "Deliveroo" es una compañía británica de entrega rápida de comida, con operaciones en Reino Unido, Países Bajos, Francia, Alemania, Bélgica, Irlanda, España, Italia, Australia, Singapur, Emiratos Árabes Unidos y China. Fue fundada en Londres en 2013. Los pedidos se hacen a través de su sitio web y sus empleados utilizan la bicicleta o el ciclomotor para recoger los pedidos de bares y restaurantes y entregarlos a los clientes.

V. Traduce al español las siguientes oraciones.

1. 互联网金融和互联网游戏都是互联网经济的重要组成部分。
2. 互联网经济在促进生产力和经济全球化发展的同时，也给传统经济带来了挑战。
3. 进入壁垒较高使得互联网经济带来的利益集中在部分高科技企业的手里。
4. 互联网经济在中国发展迅速，无论是硬件发展、技术发展还是网民数量，中国都处于世界领先地位。

5. 信息电子化（digitalización）是互联网经济的特点。在互联网经济中，几乎所有的交流和信息传递都是在瞬时完成的。
6. 拉丁美洲的互联网经济潜力巨大，尽管目前还处于初始阶段，但其发展迅速，各国政府均给予充分重视。
7. 对于 37% 的拉丁美洲企业来说，缺乏互联网经济方面的专业人才是其发展的主要阻碍。
8. 互联网经济带来的重大影响之一是改变了人们的消费习惯，使更多的交易和服务得以发生。
9. Kickstarter 是一个于 2009 年在美国纽约成立的众筹平台，人们可以通过这一平台进行创意项目的资金筹集。
10. 联合国拉丁美洲和加勒比经济委员会的一份报告指出，近年来，拉美地区网民数量以年均两位数的速度增长，增速领先世界。

VI. Lee el texto y reflexiona.

"Para muchas personas el acceso a las tecnologías de la información y comunicación puede hacerse pesado debido a la edad o al nivel de estudio, en otros casos, hasta el género de la persona puede influir de acuerdo con la sociedad en donde viva."

"Hay muchos lugares, por ejemplo, en los que las mujeres no tienen acceso al estudio y menos al uso de computadoras, para una persona de la tercera edad el uso de las computadoras y de las redes comunicacionales son un tema que no pueden tocar, ya que se sienten con incapacidad de poder acceder a ellas por desconocimiento de su uso."

"Las plataformas digitales actuales se encuentran en unas cuantas manos, ya que no existe mucha competencia y este es uno de los riesgos o desventajas que presenta esta economía."

"Es una desigualdad que infiere que las personas que se dedican a esto deben tener una mayor calificación y habilidad para poder trabajar en este nivel, se cree que este trabajo comenzará a sustituir los trabajos rutinarios."

¿Cómo valoras la economía digital? ¿Cuáles son los obstáculos en su desarrollo?
¿Qué piensas sobre las perspectivas de la economía digital?

Etiquetas específicas

• Digitalización de empresa

Una frase para definir la digitalización de empresa es: "Un proceso de transformación empresarial que precisa un plan estratégico innovador, con el foco en el nuevo modelo de mercado. Además, la pieza clave del cambio son las personas que integran la compañía, mediante un compromiso sólido con el cambio".

Debido a la continua y veloz transformación tecnológica, el mercado ha cambiado de forma radical: hábitos, necesidades, deseos, manera de comunicarse, diferente consumo... Una verdadera transformación digital debe afectar de algún modo a todos los ámbitos y niveles de la empresa. Un buen punto de partida para gestionar el cambio es realizar un exhaustivo análisis de los procesos de la compañía, viendo de qué modo la tecnología puede ejercer un efecto positivo en dichos procesos.

Desafortunadamente, querer transformar una empresa digitalmente no es tan sencillo como cambiar un manual de conducta. Se trata de un lento, denso y complejo proceso de crecimiento y cambio. Este tránsito debe originarse desde la cúpula y expandirse progresivamente a todos los ámbitos de la compañía. La digitalización supone la oportunidad de ser más eficientes gracias a los beneficios que la tecnología nos proporciona. Digitalización de documentos, ahorro en desplazamientos, ruptura de la barrera espacio y tiempo, optimización de los recursos, etc.

Como decíamos anteriormente, solo es posible encauzar un proceso de digitalización empresarial si las personas implicadas están convencidas de ello. A través de una cultura y filosofía innovadora, es posible implementar los diferentes procesos y mecanismos necesarios para una correcta digitalización.

• Pago móvil

El pago móvil es el medio que permite realizar transacciones financieras mediante teléfonos móviles, incluyendo el pago de productos y servicios, compras a distancia y la transferencia de dinero.

Pago a distancia: El pago a distancia es utilizado mayormente para comprar mediante aplicaciones móviles. En este caso, el importe de la compra es cargado directamente a la cuenta del banco. Con sistemas como PayPal, es también posible hacer la compra en sitios de comercio electrónico desde un smartphone.

El pago sin contacto: El pago sin contacto, que utiliza la tecnología NFC, es posible desde una tarjeta bancaria, así como desde un teléfono móvil. En los móviles, el NFC está directamente integrado en un chip. Para pagar sin contacto, solo es necesario acercar el teléfono a un dispositivo compatible en el establecimiento del comerciante. Para importes pequeños, el código confidencial de 4 cifras, generalmente, no es solicitado.

Transferencia de dinero: Ciertas aplicaciones permiten enviar y recibir dinero directamente desde el móvil. Para transferir una cantidad de dinero de móvil a móvil, solo hace falta descargar una aplicación, registrar una tarjeta bancaria, ingresar el importe y enviar el dinero. Por lo general, el usuario que recibe el dinero no necesita poseer la misma aplicación que el emisor. Un código de seguridad le es enviado para permitirle cobrar el dinero. Por ejemplo, la aplicación de pago móvil Lydia funciona con códigos QR efímeros que es necesario escanear.

Lecturas complementarias

¿PARA QUÉ SIRVE EL BIG DATA?

El Big Data y la inteligencia artificial son dos factores importantes que impulsan el desarrollo de la economía digital. El término Big Data también conocido en español como macrodato, es relativamente nuevo entre los usuarios y cada vez está más en boca de todos, pero ... ¿Realmente sabemos para qué sirve?

Según internet, "Big Data, macro datos o datos masivos es un concepto que hace referencia al almacenamiento de grandes cantidades de datos y a los procedimientos usados para encontrar patrones repetitivos dentro de esos datos".

Para conocer las características de la palabra Big Data, podemos centrarnos en explicar las "5V" para así, comprender mejor el término.

Volumen

Es una de las características más destacadas y asociadas al concepto de Big Data. La generación de datos en un día es superior a la de hace veinte años, todos esos datos desestructurados que se guardan tienen un inmenso potencial. Por eso, para este gran volumen de información se requiere que se tenga una correcta orientación de las estrategias, para poder filtrarlo y así ofrecer un ahorro de tiempo.

Velocidad

El tiempo siempre es importante y el cómo se afronta también. Todo el proceso de tratamiento de datos pide agilidad para extraer el valor de negocio a toda la información que se tiene y que, de esta manera, no se pierda ninguna oportunidad. El tiempo de procesamiento de la información tiene que ser un factor fundamental para que el tratamiento aporte ventajas y marque la diferencia.

Variedad

Es fundamental hacer frente a la variedad de datos que aumenta el grado de complejidad, tanto en el almacenamiento de información, como en el análisis. Por ello, hay que dar uniformidad a los datos que tienen origen heterogéneo porque una de las fortalezas del Big Data es que se puede conjugar y combinar todo tipo de información para alcanzar un todo homogéneo.

Veracidad

Como se ha dicho antes, existe mucha variedad en toda la información que se recaba; por ello es conveniente encontrar las herramientas necesarias para comprobar la veracidad de la información recibida. Para ello, se tiene que ejercer una limpieza en los datos, para asegurarse el mayor aprovechamiento de los mismos.

Valor

Toda la información recogida tiene que servir para aportar valor a las empresas, los gobiernos o la sociedad porque si no, no da lugar a almacenarla ni administrarla. En definitiva, la clave está en cómo obtener la mejor información, el mejor valor y conocimiento para sacar la mayor rentabilidad. En la actualidad, los datos han pasado a ser una nueva materia prima de las empresas.

(Adaptación de un artículo de Campusbigdata)

Lección 2 Comercio electrónico

Conocimientos

El comercio electrónico, también conocido como e-commerce (electronic commerce en inglés) o bien comercio por internet o comercio en línea, consiste en la compra y venta de productos o de servicios a través de medios electrónicos, tales como redes sociales, plataformas digitales y otras páginas web.

Originalmente, el término se aplicaba a la realización de transacciones mediante medios electrónicos tales como el intercambio electrónico de datos; sin embargo, con el advenimiento de la internet y de la **World Wide Web**① a mediados de la década de 1990, comenzó a referirse principalmente a la venta de bienes y servicios a través de internet, usando como forma de pago medios electrónicos tales como las **tarjetas de crédito**②.

La cantidad de comercio llevada a cabo electrónicamente ha crecido de manera extraordinaria debido al desarrollo de la internet y el **motor buscador**③. Una gran variedad de comercio se realiza de esta manera. En 2017, en España, dos mil millones de personas realizaron transacciones de comercio electrónico móvil, dando lugar a una tasa de **crecimiento interanual**④ de un 23,4% según la **Comisión Nacional de los Mercados y la Competencia (CNMC)**⑤.

Hoy en día, las plantillas de diseño y los sistemas simplificados permiten a las personas lanzar una tienda de comercio electrónico **en cuestión de minutos**⑥. Como resultado, la gente está cosechando todos los beneficios que ofrecen las tiendas de comercio electrónico.

A continuación, podemos concluir cinco razones por las que el comercio electrónico es una opción atractiva para los emprendedores en la actualidad:

Alcance Global – Con una tienda física está limitada geográficamente a mercados cercanos, es decir, si un emprendedor tiene una tienda en Barcelona y desea vender también

---

① World Wide Web: 万维网。亦作“WWW”或“Web”，是一个通过互联网访问、由许多互相链接的超文本组成的系统。英国计算机科学家蒂姆·伯纳斯–李于1989年发明了万维网，1990年他在瑞士CERN工作期间编写了第一个网页浏览器。

② tarjetas de crédito: 信用卡。tarjeta de débito: 借记卡。

③ motor buscador: 搜索引擎（或buscador）。

④ crecimiento interanual: 同比增长。

⑤ Comisión Nacional de los Mercados y la Competencia (CNMC):（西班牙）国家市场与竞争委员会。

⑥ en cuestión de minutos: 几分钟之内。

en Madrid, deberá abrir otra tienda física allí. Pero el comercio electrónico no tiene esta limitación. En su lugar, puede vender a cualquier persona en cualquier lugar del mundo a través de su negocio de comercio electrónico digital.

Siempre abierto – Las empresas físicas generalmente tienen horarios limitados, pero una tienda de comercio electrónico en línea permanece **abierta las 24 horas del día, siete días a la semana, 365 días al año**①. Esto es sumamente conveniente para el cliente y una excelente oportunidad para los comerciantes.

Ahorro en costos② – Las empresas de comercio electrónico tienen costos operativos significativamente más bajos en comparación con las tiendas físicas. No hay renta, no hay personal que contratar y pagar, y muy poco en cuanto a los costos operativos fijos. Esto hace que las tiendas de comercio electrónico sean extremadamente competitivas en precio, lo que generalmente aumenta la participación de mercado de forma espectacular.

Marketing dirigido por láser – Los comerciantes en línea pueden recopilar una considerable cantidad de datos de consumidores para asegurarse de que se dirigen a las personas adecuadas para sus productos.

Dominio del nicho de mercado③ – Debido a los costos operativos más bajos, la capacidad de apuntar a su cliente ideal, además de llegar a una audiencia global, que aporta un sitio web de comercio electrónico, también garantiza la rentabilidad de sus empresas.

Debido a todas estas ventajas, encontramos cada vez más comercio electrónico ahora, tanto en los países desarrollados como en los países en desarrollo. Hay muchos tipos de comercio electrónico, en la parte siguiente se va a presentar tres principales y representativos.

Textos

COMERCIO B2C – BUSINESS TO CUSTOMER (EMPRESA A CLIENTE)

En lo que se refiere a comercio electrónico, tradicionalmente los primeros portales comerciales que aparecieron fueron aquellos donde una empresa vendía a compradores particulares. El mercado B2C (Business to consumer), que traducido sería del comercio al consumidor, se refiere a un **modelo de negocio directo**④. Esto es, el empresario vende lo que

---

① abierta las 24 horas del día, siete días a la semana, 365 días al año: 全天营业，全年无休。

② costos: 成本。与coste同义，但costo更常用于拉丁美洲。

③ nicho de mercado: 利基市场。是在较大的细分市场中具有相似兴趣或需求的一小群顾客所占有的市场空间。"利基"一词是英文niche的音译，原指小生境。

④ modelo de negocio directo: 直销。

oferta directamente, sin **intermediarios**[①] entre él y el consumidor final.

Este tipo de mercado es uno de los más habituales en la red, ya que el usuario de hoy en día busca la comodidad y rapidez a la hora de comprar. Además, comprar en línea generalmente sale a un precio más económico, debido a su alta competitividad del mercado.

Un e-commerce B2C tiene que tener bien claro que la principal característica en este tipo de mercado es la actuación sin intermediarios. Además, para un negocio que acaba de comenzar es fundamental abaratar costes. Asimismo, en el comercio B2C la reducción de precios y la reducción de costes a nivel de infraestructura es considerable, ya que no se necesitan puntos físicos de venta, con la web se accede a nivel mundial.

Los principales causantes del éxito del comercio B2C son los métodos de pago. El éxito de las transacciones en línea depende de la confianza y las posibilidades que le demos al cliente: la utilización de servicios proporcionados por otras empresas como PayPal, las tarjetas de crédito, transferencias bancarias, etc.

Sin ninguna duda, todo usuario que quiera encontrar el producto que desea, acudirá a un e-commerce dirigido al mercado B2C. Los compradores quieren su producto de la forma más segura y rápida posible, y este tipo de mercado se adapta a esas características. Los ejemplos más representativos son El Corte Inglés de España e IKEA de Suecia.

COMERCIO B2B – BUSINESS TO BUSINESS (EMPRESA A EMPRESA)

"Todos los compradores profesionales comparten el mismo objetivo: encontrar la mejor solución a sus necesidades al mejor precio posible."

Las compañías, para poder funcionar, obviamente necesitan proveedores. Por ejemplo, una papelería necesitará comprar el papel; de igual manera, un restaurante necesitará comprar la comida a un **mayorista**[②] o fabricante y, en el mundo de los servicios, por poner un ejemplo, un despacho de abogados necesitará contratar el marketing o diseño web. Este tipo de relaciones comerciales de "empresa a empresa" es conocido como B2B.

Una solución B2B ofrece la posibilidad de intercambiar bienes o servicios a través de internet principalmente, o bien a través de otros tipos de redes de comunicación, para que sean integrados en la cadena de valor de otra empresa.

El comercio electrónico B2B hace referencia a las transacciones entre empresas realizadas en un mercado electrónico. El comercio electrónico entre empresas abarca no solo la venta a través de internet, sino que incorporo una gran variedad de formas de hacer

① intermediarios: 中介，中间商。

② mayorista: 批发商。补充词汇：
– minorista: 零售商。
– venta al por mayor: 批发。
– venta al por menor: 零售。

negocios, incluyendo uniones electrónicas entre procesos dentro de una organización y entre organizaciones distintas a lo largo de la **cadena de valor**[①].

Asimismo, los sistemas tradicionales que intercambian pedidos y facturas con los proveedores de las compañías: el sistema de **Intercambio Electrónico de Datos (EDI)**[②] y las **redes de valor añadido (VAN)**[③], se están trasladando hacia internet.

La planificación de la producción, la gestión de stocks de productos, la gestión de plazos de entrega, etc., se pueden realizar de manera más eficiente y con un gran ahorro de costes y tiempo, a través de la implantación de una solución de comercio electrónico entre empresas. Son destacables los buenos resultados que el modelo B2B está aportando a la empresa de fabricación de ordenadores Dell.

COMERCIO C2C – CUSTOMER TO CUSTOMER

El término C2C puede sonar ajeno para la mayoría de personas, pero lo cierto es que se trata de una modalidad cada vez más cercana a los usuarios gracias al auge de las redes sociales y ciertos portales web. Las cifras C2C corresponden a la frase "Consumer to Consumer" (Consumidor a Consumidor), que hace referencia al comercio realizado entre dos consumidores. En esta transacción no intervienen las empresas de forma directa, pues no son estas los proveedores de los productos y servicios sino los mismos consumidores.

¿Qué ejemplos existen de comercio electrónico C2C? Uno de los más conocidos en América Latina es "Mercado Libre". A través de ese portal, las personas pueden promocionar sus propios productos (de primera o segunda mano) y coordinar ellos mismos con sus clientes la forma, hora y lugar de la transacción.

La principal ventaja de este modelo de e-commerce es la posibilidad de realizar transacciones de bajo costo, donde ambas partes pueden sacar mucho provecho al no contar con intermediarios que eleven los precios. Las formas de pago dependen del convenio entre ambas partes y, por lo general, la entrega puede hacerse en el mismo momento del pago, eliminando los tiempos de espera que suelen presentarse en el comercio B2C.

---

① cadena de valor: 价值链。

② Intercambio Electrónico de Datos (EDI): 电子数据交换。

③ redes de valor añadido (VAN): 增值网络。英语为value added network。增值网络是将制造业、批发业、物流业、零售业等行业之间的信息通过计算机服务网络来相互交换的信息系统。增值网络最大的特点是它通过计算机服务网络，使不同企业和不同的网络系统可以相互连接，从而使不同形式的数据交换成为可能。增值网络实现了不同系统的对接和不同格式的交换，为无数的使用者提供了数据交换服务，创造了附加价值，因而被称作增值网络。

Actividades

I. Señala con "F" (Falsa) o "V" (Verdadera) las siguientes afirmaciones.

1. ( ) El nacimiento de internet y el navegador da la luz al comercio electrónico.
2. ( ) En la era de comercio electrónico, el alcance de las tiendas ya no está limitado geográficamente.
3. ( ) Aunque el comercio electrónico ha facilitado bastante el proceso de compra y venta, tanto a las empresas como los consumidores finales, las demandas del mercado de nicho han sido difícilmente satisfechas por el e-comercio.
4. ( ) Solo existen tres tipos de e-comercio, B2B, B2C y C2C.
5. ( ) B2B se refiere un modelo de negocio entre empresa y empresa o mayorista y fabricante.
6. ( ) En una plataforma digital de B2C, los consumidores finales pueden comprar productos directamente a los fabricantes o empresas.
7. ( ) Amazon es una empresa de modelo C2C.
8. ( ) Gracias al e-comercio, los intermediarios ya no tienen tanta relevancia como anteriormente, ya que los clientes pueden encontrar fácilmente a los proveedores a través de varias plataformas digitales.
9. ( ) En España, el e-comercio ya está bastante desarrollado.
10. ( ) El e-comercio es una forma de la economía digital.

II. Indica las ventajas del comercio electrónico en comparación con el tradicional.

1. ____
____
____
2. ____
____
____
3. ____
____
____
4. ____
____
____

5. ____
____
____

III. Rellena los espacios en blanco con términos apropiados.

1. El concepto de __________ hace referencia a un grupo de personas o empresas que cuentan con unas determinadas necesidades, y que tienen voluntad para satisfacerlas y capacidad económica para la adquisición de los servicios o bienes necesarios para ello.
2. En el sector de la compra/venta y el tráfico comercial, el __________ es aquella persona que actúa como vínculo e interlocutor entre los dos o más agentes que intervienen en el proceso.
3. Mientras que el __________ tiene contacto directo con los productores, fabricantes o importadores, el __________ tiene contacto directo con los consumidores, o el mercado final.
4. En economía, el __________ o __________ es el valor monetario de los consumos de factores que supone el ejercicio de una actividad económica destinada a la producción de un bien, servicio o actividad.
5. Podemos buscar archivos almacenados en servidores web gracias al __________, que es un sistema informático muy importante en la época contemporánea.

IV. Traduce al chino las siguientes oraciones.

1. De hecho, según las últimas cifras de la Cámara de Comercio de Santiago (CCS), Chile es el segundo país con mayor comercio electrónico en Latinoamérica.
2. En la actualidad, las ventas digitales son la cuarta fuerza comercial en la principal potencia del mundo, con una facturación que en febrero alcanzó los $59.800 millones.
3. El comercio electrónico crece a pasos agigantados a nivel global y en Estados Unidos se logró un hito: según el Departamento de Comercio, las ventas online superaron a las de las tiendas físicas en febrero por primera vez en la historia.
4. Internet ha puesto patas arriba las ventas entre negocios con los portales B2B, un canal de ventas específico para empresas que reduce los costes, automatiza los procesos y agiliza las operaciones convirtiendo las compras B2B en algo más cómodo para comprador y vendedor y sin perjudicar o incidir la política y estrategia de distribución de las compañías.
5. Un sitio web que sigue el modelo de negocios C2C ayuda a los consumidores a vender sus activos como propiedades residenciales, automóviles, motocicletas, etc., publicando su información en el sitio web. El sitio web puede o no cobrar al consumidor por sus

servicios. Otro consumidor puede optar por comprar el producto del primer cliente al ver la publicación en su sitio web.

6. Plataformas de ventas: Mercado Libre o Amazon. Es la opción más barata. Son plataformas reconocidas mundialmente y en continuo crecimiento, en las cuales podrás crear un perfil y portafolio de productos para realizar ventas dentro de una categoría específica. Convives con tus competidores. Puedes contratar a un diseñador para que arme tus publicaciones con Photoshop.
7. El volumen de negocio del e-commerce B2C en España es de 25.354 millones de euros anuales. En nuestro país el principal canal de compra son las webs que se dedican de forma específica a la venta online, mientras que los productos más demandados por internet son las reservas de alojamiento y los paquetes turísticos, así como los billetes de transporte. Les siguen de cerca artículos deportivos y entradas para acudir a espectáculos.

V. Traduce al español las siguientes oraciones.

1. B2B、B2C、C2C 是三种电子商务的重要模式。
2. 互联网和信息技术的发展极大地促进了电子商务的普及。
3. 电子商务是以信息网络技术为手段、以商品交换为中心的商务活动。
4. 电子商务使企业的经营范围突破了地理的限制，还削弱了传统中介的重要性。
5. 个人与个人之间的电子商务被称为 C2C 模式，其构成要素除了买卖双方外，还包括电子交易平台供应商。
6. B2C 是企业对消费者的电子商务模式。这种模式的电子商务一般以网络零售业为主，企业主要借助互联网开展在线销售活动。
7. 在 B2B 模式中，企业间通过电子商务的方式进行交易。举例来说，一家卖餐巾纸的公司，若它主要的销售对象为餐厅，则构成了 B2B 模式。
8. 在互联网的环境下，电子商务的普及让买卖双方无须见面就可以进行各种商贸活动，使消费者在网上购物、商户之间在网上交易和在线电子支付成为现实。
9. 这家企业创立于 1971 年，是老牌的多渠道 B2B 外贸网站，通过举办线下会展、发行商情刊物、出售行业咨询报告等方式营运，主要的优势行业是电子产品和礼品等。
10. 目前拉美地区的互联网覆盖率仅为 55%，电商市场仍处于萌芽阶段，仅占 5% 的市场份额，但其体量已经达到了 200 亿美元。业内人士称，未来该地区的互联网覆盖率将逐步增长，人们将逐渐倾向于网购。

VI. Traduce e identifica qué tipo de e-comercio son las plataformas siguientes.

1. *Chinabrands* es una plataforma de comercio electrónico que ofrece venta al por mayor para ayudar a todo tipo de negocios. Tienen más de 500.000 productos actualmente disponibles en sus almacenes. Tienen 36 almacenes en todo el mundo para garantizar una

entrega rápida a cualquier parte del mundo. La mejor parte es que los fabricantes listan directamente sus productos en *Chinabrands*. Así, se elimina el intermediario y se obtienen los precios más bajos. Además, ofrecen un excelente servicio postventa a sus clientes y tienen políticas de devolución fáciles en caso de que no le gusten los productos pedidos.

2. *Mercado Libre* es una empresa argentina dedicada a las compras, ventas y pagos por internet. Cuenta con operaciones en cada país de origen como Bolivia, Brasil, Chile, Colombia, Costa Rica, Ecuador, Guatemala, México, Nicaragua, Panamá, Perú, Paraguay, El Salvador, República Dominicana, Uruguay, Honduras y Venezuela. Los usuarios pueden vender y/o comprar tanto productos nuevos como usados a un precio fijo o variable y también se ofrecen servicios privados. Mercado Libre también posee un servicio llamado *Mercado Pago*, una plataforma de cobro a los compradores y pagos y abonos a los vendedores. Sus oficinas centrales se encuentran en Buenos Aires, Argentina.

Etiquetas específicas

• Optimización en motores de búsqueda (SEO)

El posicionamiento en buscadores, optimización en motores de búsqueda o SEO (en inglés Search engine optimization), es un conjunto de acciones orientadas a mejorar el posicionamiento de un sitio web en la lista de resultados, tiene mayor relevancia para los comercios electrónicos.

La razón más importante por la que es necesario el SEO es porque hace más útil tu página web, tanto para los usuarios, como para los motores de búsqueda. Aunque estos aún no pueden ver una página web como lo hace un humano. El SEO es necesario para ayudar a los motores de búsqueda a entender sobre qué trata cada página y si es o no útil para los usuarios.

Ahora pongamos un ejemplo para ver las cosas más claras:

Tenemos un comercio electrónico dedicado a la venta de libros infantiles. Pues bien, para el término "dibujos para colorear" hay unas 673.000 búsquedas mensuales. Suponiendo que el primer resultado que aparece tras hacer una búsqueda en Google obtiene el 22% de clics, obtendríamos unas 148.000 visitas al mes.

Ahora bien, ¿cuánto valen esas 148.000 visitas? Pues si para ese término el gasto medio por clic es de 0,20€ estamos hablando de más de 29.000€/mes. Esto solo en España, si tenemos un negocio orientado a varios países, cada hora se realizan 1,4 billones de búsquedas en el mundo. De esas búsquedas, un 70% de los clics son en los resultados orgánicos y el 75% de los usuarios no llegan a la segunda página. Si tenemos en cuenta todo esto, vemos que son muchos clics al mes para el primer resultado.

El SEO es la mejor manera de que tus usuarios te encuentren a través de búsquedas en las que tu página web es relevante. Estos usuarios buscan lo que tú les ofreces. La mejor manera de llegar a ellos es mediante un motor de búsqueda.

• Mercado de nicho

Mercados de nicho o nichos de mercado son grupos de personas que comparten características similares, a los cuales se ofrece un producto o servicio de manera específica porque se sabe que tienen exactamente la necesidad que usted o su negocio resuelven. Al atender un mercado de nicho se especializa en una solución a la medida que difícilmente otro competidor estará resolviendo.

Los nichos de mercado están formados por personas (B2C) o compañías (B2B) que tienen características similares desde el punto de vista demográfico, comportamiento de compra, necesidades que tienen o el estilo de vida que los caracteriza. Estamos ante un nicho de mercado cuando identificamos que los principales proveedores de un sector no están atendiendo las necesidades básicas de un segmento de la población (por más evidente que sea).

Cuando los competidores están tan ocupados tratando de ser todo para todos y de vender productos genéricos, es la mejor oportunidad para especializar productos o servicios que resuelven mucho mejor lo que el generalista ofrece. Un nicho de mercado puede parecer pequeño, pero cuando se identifican personas con gustos y preferencias similares en la misma ciudad o en otras zonas geográficas, se puede estar frente a un gran mercado.

Los nichos de mercado han sido subestimados por muchas compañías por considerarlos "pequeños" o demasiado especializados para ser rentables, pensando que no justifican una producción en masa. Si bien no siempre son mercados para fabricar grandes cantidades, los nichos de mercado son fieles grupos de consumidores que aprecian a las compañías que se esmeran por resolver sus necesidades mejor que las demás.

Atender en un nicho de mercado sustenta la filosofía de que es mucho más rentable ser un gran pez en una pequeña pecera, que ser un pez pequeño en un vasto océano. Es mejor ser el jugador dominante de un pequeño mercado, que un pequeño competidor en un mercado enorme y altamente competido.

Lecturas complementarias

¿QUÉ ES O2O?

El mundo del comercio electrónico ha evolucionado enormemente desde sus inicios. O2O, Online to Offline (y también a la inversa, Offline to Online), por sus siglas en inglés, se perfila como un instrumento más para llevar a cabo una estrategia multicanal de éxito.

Esta estrategia surgió en Estados Unidos, pero se ha desarrollado con gran éxito a lo largo del mundo y es en China, en los últimos años, donde se ha acuñado con fuerza este término O2O. El objetivo fundamental es el de atraer a los consumidores online a los establecimientos para poder crear más oportunidades de venta y reforzar los lazos existentes de fidelidad, confianza y seguridad entre cliente y empresa. La forma de llegar a este objetivo es permitir que el consumidor realice su compra online: busque y compare productos, se informe, se decida y efectúe el pago, aunque será él el que haga la recogida del producto o la consumición, en caso de ser un servicio, en el propio establecimiento físico de la marca. Posteriormente, el feedback del cliente podrá también ser realizado de manera online.

La clave de esta estrategia es ofrecer ventajas a los usuarios por comprar de esta manera, como, por ejemplo, servicios o descuentos especiales a los que no podría acceder a través de la simple y "tradicional" compra virtual. Además, se le ofrecería al consumidor un precio menor que en la compra online normal, por la total eliminación de los gastos de transporte, lo que supondría un atractivo señuelo. Internet no solo será importante para crear ventas en las tiendas físicas, sino que se convertirá en un medio esencial para buscar a nuestros clientes potenciales, centrar la estrategia de promoción y hacer visible nuestro negocio.

El aumento de la penetración de internet en todo el mundo a lo largo de estos años, ha provocado que el comercio electrónico haya tenido que evolucionar rápidamente a los cambios del medio, las plataformas, las mentalidades de los consumidores, las tendencias… Ahora mismo, internet nos ofrece disponibilidad y comodidad, etc., con el método O2O estaríamos añadiendo la confianza del cliente y el valor añadido a la ecuación, entre otras cuestiones. Como ya hemos comentado con anterioridad, es muy importante saber aprovechar las oportunidades de todos los canales que tenemos al alcance y hay que tratar de analizar los resultados obtenidos como un todo, con independencia del canal donde se realicen.

En definitiva, esta estrategia permite dar el salto a la red a los negocios tradicionales emprendiendo proyectos de e-commerce, así como crear oportunidades factibles de montar un establecimiento físico a compañías que han conquistado el medio online (reverse O2O). Ambas situaciones cuentan con la dificultad añadida, y medida disuasoria en muchos casos, de tener que integrar los sistemas gestión (para control de facturación, pagos y cobros), el inventario on y off. La ventaja de hacerlo es que, de esta manera, no será necesario interpretar la venta online como un canal que necesita sus propias herramientas (por ejemplo, contar con un catálogo diferente para cada medio o un espacio separado en el almacén) sino que podrán ser gestionadas con naturalidad. En el último punto de este set de artículos, "Arquitectura de las integraciones on-off off-on", intentaremos abordar las diferentes soluciones tecnológicas disponibles para resolver estos aspectos.

Según lo anterior, podemos concretar las ventajas que supone esta estrategia multicanal para los comerciantes y las marcas:

– ***Paso natural para integrar una tienda online y una física:*** este sistema permite construir una estrategia multicanal y que todos los actores involucrados en el proceso resulten beneficiados.

– ***Primer paso hacia la multicanalidad:*** la integración y unificación tecnológica de los diferentes canales de venta no es algo sencillo, como se verá en el último apartado, pero para comenzar es un paso natural pues, como hemos dicho en el punto anterior, desde ahí es posible sumar más canales de captación y venta más fácilmente, por ejemplo, dentro del canal offline aún quedaría integrar los canales de venta telefónico y en el caso del canal online, habría que integrar el móvil (en el caso de una app nativa), las redes sociales y los mercados virtuales como eBay, Amazon, etc.

– ***Ahorro de costes en la localización de la tienda física:*** si nuestro caso es saltar de la red al retail tradicional, no es necesario tener un local en una de las calles comerciales más transitadas de la ciudad, porque la manera clave de promocionar el establecimiento y de atraer clientes será mediante la visibilidad online.

– ***Venta cruzada:*** La conversión del consumidor se producirá principalmente online, pero el establecimiento podrá llevar a cabo estrategias complementarias de *cross selling,* procurando que el cliente no se quede únicamente con lo adquirido a través del sitio web. De esta forma se puede aumentar el valor de pedido medio con el consiguiente aumento en el beneficio.

– ***El comportamiento del consumidor quedará totalmente registrado:*** al tratarse de una compra online podremos conocerlo como persona y saber exactamente qué compra, cuándo, etc., información de un elevado para investigación de mercado y optimización de futuras campañas de marketing. Así, en futuras ocasiones, podremos ofrecerle información y productos a su medida, para convencerle de que vuelva.

– Fidelización del cliente mediante la consolidación de la marca online y la atención personalizada al cliente en tienda física, con la que se generará una relación más estrecha que la existente.

La imagen de la marca será valorada más positivamente por los servicios añadidos asociados a la estrategia O2O.

(Adaptación de un artículo de Sugerendo)

UNIDAD 7

INSTITUCIONES FINANCIERAS Y COOPERACIONES INTERNACIONALES

国际金融机构与国际金融合作

↘ Lección 1 Instituciones financieras internacionales
↘ Lección 2 Cooperaciones financieras internacionales

无论对于企业还是国家来说，在参与国际化和当代经济活动的过程中，融资都是最为重要的问题之一。随着全球化的深入发展，国际金融机构与国际金融合作已成为国际项目中重要的资金来源。在完成之前单元的学习后，对这一问题的学习将有利于我们再次认识经济全球化及其内涵。

本单元分为两课：第一课我们将学习国际金融机构，了解当前主要国际金融机构，初步建立当代国际金融体系的宏观概念；第二课我们将学习与国际金融合作有关的知识，初步认识目前国际相关合作形势，了解代表性项目和计划。

通过这一单元的学习，同学们将了解数个具有代表性的国际金融机构以及重要国际金融合作项目，对全球化背景下的国际金融形势有初步认识。

Lección 1 Instituciones financieras internacionales

Conocimientos

I. Las instituciones de Bretton Woods

El Banco Mundial, el Fondo Monetario Internacional y la Organización Mundial de Comercio son las principales organizaciones económicas internacionales. Las dos primeras, conocidas como las **instituciones de Bretton Woods**①, se ocupan de las relaciones monetarias y financieras internacionales, mientras que la tercera fija las reglas del comercio internacional.

El Fondo Monetario Internacional (FMI) y el Banco Mundial (BM) fueron creados en 1944 en la conferencia de Bretton Woods. El FMI debía organizar un sistema monetario internacional con tipos de cambio fijos entre las monedas de cada país, cuyo punto de referencia común eran el oro y el dólar estadounidense. Por eso, la devaluación del dólar en 1971 supuso el fin del orden monetario internacional de la postguerra, dando paso a una inestabilidad cambiaria que todavía persiste, y cuestionando la propia supervivencia de la institución. Haciendo de la necesidad virtud, el FMI reconvirtió su actividad financiera, pasando de conceder préstamos a corto plazo para evitar devaluaciones a dar créditos a largo plazo condicionados a la realización de políticas de ajuste estructural. Y concentrando su intervención en las economías del Sur y luego también en las del Este, a medida que se incorporaban a la institución tras la caída del bloque soviético. No obstante, la profundidad de la crisis en el nuevo siglo ha roto esta tendencia, y treinta años después el FMI ha vuelto a intervenir en diversos países europeos.

Por su parte, el BM debía ocuparse de financiar la reconstrucción de la posguerra —cosa que finalmente hizo Estados Unidos a través del Plan Marshall y no el BM— y del desarrollo del Sur. Desde entonces es la principal fuente de financiación multilateral para el desarrollo. Inicialmente dedicó sus recursos a proyectos de infraestructuras de transporte, comunicaciones y energéticas para facilitar la inversión privada, local o extranjera, que se suponía base del crecimiento económico. A partir de los años setenta, constatando la insuficiencia del crecimiento y la persistencia de la pobreza, el BM empezó a financiar también proyectos destinados a satisfacer necesidades básicas como alimentación, sanidad y educación. Y desde

① instituciones de Bretton Woods: 布雷顿森林体系（英语为Bretton Woods system），是二战后以美元为中心的国际货币体系。

los ochenta, sin abandonar lo anterior, ha confluido con el FMI en la imposición de programas de ajuste estructural a un centenar de economías del Sur y del Este, en lo que se ha dado en llamar CONSENSO DE WASHINGTON.

En las instituciones de Bretton Woods dominan los países del Norte, ya que la capacidad de voto depende de la cuota (FMI) o capital (BM) de cada país, y detentan más de la mitad. Desde 1975 ese control se ha ejecutado por el **G7**①, a través del cual Estados Unidos comparte su hegemonía con los otros dos grandes polos de la economía mundial, Europa y Japón. Pero desde 2008, a raíz del estallido de la crisis financiera, esa responsabilidad se ha traspasado al G-20, donde además de las potencias del Norte también participan algunas economías emergentes, encabezadas por China, a las que se les ha ampliado ligeramente su capacidad de voto en el FMI y el BM. De todas formas, para las decisiones más importantes en ambas instituciones se requiere una mayoría del 85%, lo que otorga derecho de veto a Estados Unidos, que retiene más del 15% de los votos.

II. Las Instituciones Financieras Internacionales (IFI)

Las Instituciones Financieras Internacionales (IFI), incluido el Banco Mundial, otros bancos multilaterales y bancos regionales de desarrollo, y bancos nacionales de desarrollo con objetivos internacionales, son aliados para el desarrollo críticos a fin de alcanzar los Objetivos de Desarrollo Sostenible (ODS). Además de los conocimientos en políticas, análisis económico y productos del conocimiento, aportan recursos de desarrollo considerables y fortalecen los vínculos con gobiernos nacionales.

Las Instituciones Financieras Internacionales importantes de América Latina son **Banco Interamericano de Desarrollo (BID)**②, **Corporación Andina de Fomento (CAF)**③, Fondo Latinoamericano de Reservas (FLR), entre otros.

Textos

ROL DE CAF EN LA INTEGRACIÓN

La Corporación Andina de Fomento (CAF) es una institución financiera multilateral cuya

---

① G7: 七国集团。是主要工业国家会晤和讨论政策的论坛，成员国包括美国、英国、德国、法国、日本、意大利和加拿大。

② Banco Interamericano de Desarrollo (BID): 一般译为泛美开发银行或美洲开发银行。

③ Corporación Andina de Fomento (CAF): 安第斯开发银行。成立于1970年，2010年改名为拉美开发银行（Banco de Desarrollo de América Latina，西班牙语简称仍沿用CAF）。

misión es apoyar el desarrollo sostenible de sus países accionistas y la integración regional. Atiende a los sectores público y privado, suministrando productos y servicios financieros múltiples a una amplia cartera de clientes, constituida por los gobiernos de los Estados accionistas, instituciones financieras y empresas públicas y privadas. En sus políticas de gestión integra las variables sociales y ambientales e incluye en sus operaciones criterios de ecoeficiencia y sostenibilidad.

La CAF ha mantenido una presencia permanente en sus países accionistas que le ha permitido consolidar su liderazgo regional en cuanto a la efectiva movilización de recursos. En la actualidad, es la principal fuente de financiamiento multilateral de los países de la Comunidad Andina, aportándoles en la última década más del 40% de los recursos que les fueron otorgados por los organismos multilaterales.

La CAF está conformada actualmente por dieciséis países de América Latina y el Caribe. Sus principales accionistas son los cinco países de la Comunidad Andina de Naciones (CAN): Bolivia, Colombia, Ecuador, Perú y Venezuela, accionistas de las series "A" y "B", además de once socios: Argentina, Brasil, Chile, Costa Rica, España, Jamaica, México, Panamá, Paraguay, Trinidad y Tobago y Uruguay, accionistas de la serie "C" y 18 bancos privados de la región andina, también representantes de la serie "B".

Actividades principales

La CAF actúa como intermediario financiero, movilizando preferiblemente recursos desde países industrializados hacia la región y sirviendo de puente entre la región y los mercados internacionales de capital.

- Financia el desarrollo de infraestructura productiva, especialmente aquella que facilite la integración física y fronteriza.
- Promueve el desarrollo, la consolidación y la integración de los mercados financieros y de capital en sus países accionistas, especialmente en la región andina.
- Fomenta el comercio, las inversiones y nuevas oportunidades de negocio.
- Apoya al sector empresarial, desde las grandes corporaciones hasta las microempresas.
- Apoya los procesos de reforma estructural que están llevando a cabo sus países accionistas para asistirlos en la modernización de sus economías y en el aumento de sus inserciones competitivas en el proceso de globalización.

La Corporación Andina de Fomento fue concebida, desde sus orígenes, como el ente financiero de apoyo e impulso al proceso de integración. En efecto, en el preámbulo de su Convenio Constitutivo se destaca "la importancia de la acción mancomunada de los países de la subregión para lograr un desarrollo económico equilibrado y armónico junto a las demás naciones latinoamericanas que integradas formarán un mercado común". De acuerdo con el Artículo tercero de este Convenio, la CAF tiene por objeto: "impulsar el proceso de integración subregional".

Esta vocación integracionista de la Corporación fue ratificada por los Primeros Mandatarios andinos en diversas oportunidades. En 1990, el Consejo Presidencial Andino destacó que la meta de los países que conforman el Acuerdo de Cartagena no es quedarse en el Grupo Andino, sino "avanzar en el objetivo de construir un hemisferio integrado por el libre comercio". De manera consistente, los Presidentes del Grupo Andino decidieron fortalecer y proyectar la Institución permitiendo, en primer término, la duplicación de su capital en 1990 e invitando a otros países latinoamericanos y del Caribe a participar en el capital accionario de la Corporación, mediante la suscripción de acciones de la serie "C", a fin de fortalecer el comercio y la inversión entre los países andinos y el resto de las naciones del continente.

Desde inicios de la década de los noventa y en el marco de un nuevo contexto internacional caracterizado por espacios económicos ampliados y el regionalismo abierto, la CAF comenzó a expandir su radio de acción hacia otros países de América Latina y el Caribe. En efecto, hoy la Institución cuenta entre sus accionistas —además de los cinco que conforman la Comunidad Andina— a Brasil, Chile, Jamaica, México, Paraguay, Panamá y Trinidad y Tobago. Así mismo, a principios de 1992 la CAF precisó su misión circunscribiéndola a dos pilares básicos: el desarrollo sostenible y la integración regional.

La CAF, como promotor del fortalecimiento de los vínculos de sus países accionistas y orientada a la construcción y consolidación de la integración regional, ocupa un sitial preponderante dentro del proceso integracionista en especial por la ampliación de su base accionaria y operativa. El fortalecimiento financiero e institucional de la Corporación, la experiencia adquirida tanto en el sector público como privado, su actual estrategia de captación de recursos y su condición de institución conformada solo por países de América Latina y el Caribe, la facultan para impulsar —especialmente en el plano financiero— la interconexión entre los esquemas de integración más importantes de la región.

En este contexto de integración regional abierta, la CAF busca desempeñar un rol cada vez más relevante, sirviendo de manera pragmática y puntual como vaso comunicante entre la Comunidad Andina y el resto de los esquemas de integración de América Latina y el Caribe, a los que pertenecen sus socios, en particular el MERCOSUR, el Grupo de Los Tres y la CARICOM.

También la CAF actúa como un eje de vinculación entre sus países accionistas y otras regiones del mundo, fortaleciendo las relaciones económicas, financieras, comerciales y de inversión principalmente con los Estados Unidos de Norteamérica, Canadá, la Unión Europea y el Japón, entre otros.

Campos de acción prioritarios

- Promover y financiar proyectos orientados a la integración de sus países accionistas entre sí y con el resto de la región, principalmente a través de la dotación de infraestructura sostenible dirigida a los sectores de vialidad, energía, telecomunicaciones y fluvial, además del desarrollo de la integración fronteriza.

- Apoyar el fortalecimiento del proceso de integración regional.

EL GRUPO BID Y LA CARTERA ACTIVA DE PROYECTOS CON GARANTÍA SOBERANA

El Grupo BID está integrado por el Banco Interamericano de Desarrollo (BID), BID Invest (nombre comercial de la Corporación Interamericana de Inversiones) y BID Lab (nombre comercial del Fondo Multilateral de Inversiones, administrado por el Banco).

El BID, el banco regional más grande y más antiguo del mundo, es la principal fuente de financiamiento multilateral para el desarrollo económico, social e institucional de América Latina y el Caribe.

BID Invest tiene como misión promover el desarrollo económico de América Latina y el Caribe a través del sector privado. Como parte de su misión, BID Invest apoya a empresas privadas y estatales con financiación en forma de préstamos, inversiones de capital y garantías. BID Invest también se asocia con clientes para ofrecer servicios de asesoramiento y capacitación.

BID Lab es el laboratorio de innovación del Grupo BID. Realiza experimentos de alto riesgo para probar nuevos modelos para atraer e inspirar al sector privado a resolver problemas de desarrollo económico en América Latina y el Caribe.

Los recursos financieros del BID provienen de sus 48 países miembros, de empréstitos obtenidos en los mercados financieros, de los fondos fiduciarios que administra y de operaciones de cofinanciamiento. **La clasificación crediticia del BID es triple-A**[①], la más alta que existe. El BID tiene su sede en la ciudad de Washington D.C. y representaciones en los 26 países miembros de América Latina y el Caribe, así como también oficinas en Madrid y Tokio. A fines de 2018 el Banco había aprobado más de US$286 mil millones en concepto de préstamos y garantías, incluyendo financiamiento sin garantía soberana aprobado antes de 2015, para financiar proyectos con inversiones por más de US$567 mil millones, además de US$7.300 millones en operaciones no reembolsables.

PAÍSES MIEMBROS:

Alemania, Argentina, Austria, Bahamas, Barbados, Bélgica, Belice, Bolivia, Brasil, Canadá, Chile, China[②], Colombia, República de Corea, Costa Rica, Croacia, Dinamarca, Ecuador, El Salvador, Eslovenia, España, Estados Unidos, Finlandia, Francia, Guatemala,

---

① 美洲开发银行的信用评级为3A。在标准普尔和穆迪公司对债券、公司以及金融机构的信用评级标准中，3A为最高等级。

② 2009年1月，中国正式加入美洲开发银行，成为该组织的第48个成员国。

Guyana, Haití, Honduras, Israel, Italia, Jamaica, Japón, México, Nicaragua, Noruega, Países Bajos, Panamá, Paraguay, Perú, Portugal, Reino Unido, República Dominicana, Suecia, Suiza, Surinam, Trinidad y Tobago, Uruguay y Venezuela.

En 2018, el Banco desembolsó US$9.900 millones para proyectos con garantía soberana. Ese monto es 11% superior al nivel de desembolsos de 2017.

Al cierre del ejercicio el 31 de diciembre de 2018, **la cartera activa de proyectos con garantía soberana**① en ejecución del Banco estaba compuesta por 600 proyectos con un saldo no desembolsado de $31.100 millones. Del total de recursos no desembolsados, 62% corresponde al sector de infraestructura y medio ambiente, 19% a programas de instituciones para el desarrollo, 16% a programas del sector social y 3% a programas de comercio e integración regional.

El valor de la cartera de proyectos con garantía soberana aprobados en ejecución se viene consolidando a partir de un mayor nivel de aprobaciones. En promedio, el volumen de la cartera creció 26% en los últimos cinco años, en comparación con el quinquenio anterior. El volumen promedio anual se elevó de US$42.400 millones en el periodo 2009-2013 a US$53.400 millones en el período 2014-2018.

Actividades

I. Escribe el nombre completo de las siguientes siglas.

1. BID ____
2. CAF ____
3. BM ____
4. FMI ____
5. OMC ____
6. CEPAL ____

II. Completa las siguientes oraciones con las palabras adecuadas.

En una entrevista exclusiva, Xinhua dialogó con los integrantes de un equipo dedicado a la investigación sobre temas de Asia.

---

① la cartera activa de proyectos con garantía soberana: 主权担保的在建项目清单。
– cartera: 公事包，文件夹，有价证券清单，财产目录，部长职务。
– garantía soberana: 主权担保。指一国以国家主权为担保向外借债或融资。涉及主权担保的项目通常规模大，资金多，周期长，利息低。

"El BAII (Banco Asiático de Inversión en Infraestructuras) es una organización financiera __________cuyo objetivo __________es financiar proyectos de infraestructura para mejorar la conectividad y el desarrollo económico", dijeron los analistas.

Para los analistas argentinos, "la región debe modernizar su infraestructura y logística y reducir sus costos de transporte, o puede __________el riesgo de obstruir una mayor productividad y desarrollo".

Resaltaron la relevancia de que el BAII tenga un __________de inclusión y su llegada a la región latinoamericana, por ejemplo, a través de la __________ de países miembro como Brasil, Perú y Venezuela.

"El BAII podría ser un __________de gran relevancia para la región en dos aspectos fundamentales: por un lado __________ el financiamiento de __________ que la infraestructura local permita el desarrollo económico", explicaron.

Añadiendo que también podría __________"un muy necesario ámbito de planeamiento y coordinación a __________ y largo plazo trayendo estabilidad y mejorando la gobernanza a nivel regional, superando las diferentes coyunturas que atraviesan las administraciones locales involucradas".

III. Traduce del español al chino las siguientes frases.

1. Muchos países han pasado de ser emisores de migrantes a receptores netos, demostrando empatía y generosidad hacia sus vecinos más necesitados. Sin embargo, cuando la migración es repentina y masiva, puede provocar efectos adversos en los países receptores.
2. Es un hecho que la economía es cada vez más global. Ello significa que las economías nacionales son cada vez más interdependientes. Economías que aparentan funcionar bien se pueden ver arrastradas al caos financiero porque sus vecinos se comportan mal.
3. La industria maquiladora ha llegado a ser un elemento característico de la región de la frontera norte de México debido a los cambios acelerados que su presencia ha producido en términos de crecimiento de la población, industrias filiales o proveedoras, comercio y servicios.
4. ¿No será que el multilateralismo político sufre de estancamientos, asociados probablemente a la multipolaridad propia de los equilibrios de poder, mientras el multilateralismo para el desarrollo social y el respeto por la Tierra, continúa avanzando al ritmo de las exigencias contemporáneas?
5. Esos problemas hicieron que los países iniciaran una alocada carrera de endeudamiento externo que luego se intentó encarar acudiendo al financiero del Fondo Monetario Internacional, institución que exigía el cumplimiento de un rígido programa neoliberal de ajuste estructural para poder dar acceso a sus recursos.

IV. Traduce del chino al español las siguientes frases.

1. 随着“一带一路”倡议的推进，中国与沿线国家开展国际金融合作的重要性日益彰显。
2. 南方银行是由委内瑞拉倡议、南美 7 国总统于 2009 年 9 月在委内瑞拉举行的第二届南美洲和非洲首脑会议上签署正式成立的银行，启动资金为 200 亿美元。
3. 为降低中国企业在投资拉美方面的风险并缓解资金压力，中国单方出资成立了两个针对拉美地区的基金——中拉产能合作投资基金和中拉合作基金。
4. 发展主义是二战后在拉美地区占主导地位的一种经济学说。拉丁美洲和加勒比经济委员会用发展主义理论解释拉美国家不发达和社会不平等的原因，试图在同发达世界已经形成的关系模式中探索拉美进步的可能性。
5. 拉美国家经济发展的曲折经历以及它们在城镇化、社会政策方面的有益探索都值得中国学者认真研究和借鉴。

Etiquetas específicas

• Banco Asiático de Inversión en Infraestructuras – BAII

El BAII fue fundado por iniciativa de la República Popular China en 2015 como el más reciente banco multilateral de desarrollo. En tres años, el número de países miembros aumentó de 57 a 70. El Banco Asiático de Inversión en Infraestructuras (BAII) fomenta, mediante inversiones en infraestructura, un crecimiento sostenible, estable y social en Asia.

El objetivo es colmar la sustancial brecha financiera entre la demanda de infraestructuras sostenibles en Asia y los recursos financieros disponibles, contribuyendo así a mejorar el desarrollo económico y los estándares de vida, ambientales y sociales en los países. El BAII se ha comprometido a prestar especial atención a las inversiones sostenibles y verdes para ayudar a los países asiáticos a adoptar tecnologías respetuosas del medio ambiente sobre todo en el sector de la producción de energía.

Las actividades del banco se centran especialmente en proyectos de infraestructura en los sectores de la energía, del transporte, del desarrollo urbano y del agua. Para ello, el banco no solo utiliza sus propios recursos, sino que también moviliza capital público e inversiones privadas. El Banco concede créditos, garantías y participaciones.

2019 es el cuarto año operacional del BAII, pero este aún se encuentra en la fase inicial de cinco años definida por el BAII, en la que se creará la institución.

Hasta la fecha, el banco ha desarrollado una serie de estrategias sectoriales y establecido tres prioridades estratégicas: infraestructuras sostenibles, movilizar capital privado, promover la conectividad transfronteriza.

• Consenso de Washington

Se conoce como Consenso de Washington a un conjunto de diez recomendaciones de política económica formuladas en 1989 por el economista inglés John Williamson, que tenían como objetivo orientar a los países en desarrollo inmersos en la crisis económica para que lograsen salir de la misma.

El Consenso de Washington estaba formado por el Fondo Monetario Internacional, por el Banco Mundial y por el Tesoro de Estados Unidos, las tres instituciones con sede en Washington. Las recomendaciones pretendían conseguir aspectos como liberalizar el comercio exterior y el sistema financiero, reformar la intervención del Estado o atraer capital extranjero a los países.

Las 10 medidas que se propusieron fueron enfocadas a superar estos problemas:

Disciplina fiscal: Se consideró que los altos déficits que habían acumulado casi todos los países de América Latina habían conducido a desequilibrios macroeconómicos que hicieron entrar a la región en problemas inflacionarios.

Reordenación de las prioridades del gasto público: Para hacer frente al déficit fiscal se optó por reducir el gasto, más concretamente, redistribuirlo desde subsidios no justificados hacia la sanidad, la educación e infraestructuras.

Reforma tributaria: Basada en aumentos de los impuestos, sobre una base amplia y con tipos marginales moderados. Es decir, el impuesto adicional que se pagaba por disponer de más renta era bajo.

Liberalización de las tasas de interés: Para que fuesen establecidas por el mercado.

Tipo de cambio marcado, también, por el mercado.

Liberalización del comercio: Para llevar a cabo una política económica orientada al exterior también se creyó necesario liberalizar las importaciones. La idea de proteger las industrias nacionales frente a "las de fuera", se consideró un obstáculo al crecimiento.

Liberalización de la inversión extranjera directa: Y así aportar capital, tecnología y experiencia.

Privatización: Se basaban en la idea de que la industria privada está gestionada más eficientemente que las empresas estatales.

Desregulación: Se consideró una manera de fomentar la competencia en América Latina, ya que era donde se encontraban las economías más reguladas del mundo.

Derechos de propiedad: En una región donde los derechos de propiedad eran muy inseguros, se optó por implantar unos derechos garantizados como en EEUU.

Lecturas complementarias

EL MODELO MONETARISTA DEL FMI Y SUS RECETAS

Para comienzos de la década de 1970, serios desequilibrios internos y externos afectaron a los países latinoamericanos, desequilibrios producidos en su mayoría por la elevación de los precios del petróleo, por la baja en los precios de nuestros principales productos de exportación, por la recesión que padecía la economía mundial y como consecuencia de profundos errores en la conducción de nuestras políticas internas.

Esos problemas hicieron que los países latinoamericanos iniciaran una alocada carrera de endeudamiento externo que luego se intentó encarar acudiendo al financiero del Fondo Monetario Internacional (FMI), institución que exigía el cumplimiento de un rígido programa neoliberal de corte "monetarista" para poder dar acceso a sus recursos. Por lo que para juzgar adecuadamente las políticas del FMI, hay que hurgar aunque sea a grandes rasgos, en el paradigma teórico que le servía de sustento es decir, en "el monetarismo".

El monetarismo del FMI

El "monetarismo" moderno se basa en la idea de que todo incremento en la oferta monetaria, es decir, cada nueva cantidad de dinero en circulación se manifiesta en un aumento de la tasa de inflación. Su postulado más conocido es el aforismo de Milton Firdman (Premio Nobel de Economía y profesor de la "escuela de Chicago") que reza que la "la inflación es en todo momento y en todo lugar un fenómeno monetario", por lo que proponen que la cantidad de dinero en circulación no debe nunca encender al crecimiento real de la economía, si se quiere mantener el equilibrio macroeconómico y controlada la inflación.

A nivel externo, el modelo se basó en el "enfoque monetarista de una economía abierta" desarrollado por el economista de la "escuela de Chicago" Harry Johnson, quien planteaba que los equilibrios externos de los países subdesarrollados, es decir, los desajustes entre lo que el país recibe en divisas y lo que tiene que pagar en exterior, vienen dados por un exceso de dinero en circulación motivado por los elevados gastos del Gobierno, lo cual genera un proceso inflacionario que hace que los precios de los productos nacionales sean más caros que las mercancías extranjeras en el mercado interno y externo.

Según este enfoque monetarista, lo anterior produce un aumento de las importaciones y una disminución de las exportaciones, lo que, a su vez, trae una demanda de divisas extranjeras que la economía no está en capacidad de suplir. Entonces como la economía tiene poca entrada y mucha salida de divisas, es evidente que esto traerá un desequilibrio.

Por lo que recomienda que la tasa de inflación internacional no puede ser nunca mayor que la inflación internacional. Es decir, la inflación dominicana, por ejemplo, no puede ser nunca mayor que la inflación puertorriqueña; porque de lo contrario, sería mucho más atractivo para los comerciantes nacionales y extranjeros comprar los productos puertorriqueños, que las mercancías dominicanas.

La finalidad global del modelo era poner a los países latinoamericanos en condiciones de pagar la deuda externa y así evitar un posible colapso del sistema financiero internacional. Para conseguir ese propósito tenían como meta estimular las exportaciones para generar los dólares del pago de la deuda y lograr un equilibrio macroeconómico sin necesidad de contraer la economía y sin inflación; lo que, al mismo tiempo, se lograba con la imposición de una férrea disciplina a los gobiernos que solicitaban la ayuda del Fondo.

Las recetas del FMI

Las recetas de este primer modelo consistían en:

*Contracción de la demanda, esto es, recorte en los gastos de los consumidores locales, mediante la imposición de controles gubernamentales (el único control gubernamental promovido por el FMI);

*Devaluación de la moneda, lo cual baja el precio de las exportaciones del país, haciéndolas (en teoría) más atractivas para los compradores extranjeros;

*Liberación del comercio exterior, vale decir, eliminación de los controles gubernamentales a las importaciones, lo que es lo mismo que disminución de aranceles;

*Liberación de precios, que implica por lo general; la eliminación de los controles de precios;

*Reducción del déficit de presupuesto, especialmente mediante la eliminación de los subsidios gubernamentales a los alimentos, los combustibles, el transporte y el gasto social;

*Reestructuración de los precios relativos, esto es, aumento de los precios de sectores tales como la energía eléctrica, la agricultura y las exportaciones;

*Incremento de las tasas de interés a sus niveles naturales de mercado para estimular la fuga de capitales y para atraer ahorro externo;

*Eliminación de los subsidios gubernamentales a la inversión;

*Reducción de la inversión estatal en la economía, lo que equivale a impedir la crearon de nuevas empresas públicas, racionalizar, y algunas veces privatizar.

*Establecimiento de topes a los salarios para evitar un consumo inflacionario y para hacer atractivo el precio de la mano de obra a la inversión extranjera.

Los resultados del modelo

Pero las políticas de ajuste estructural del FMI no resolvieron en forma definitiva los problemas para lo que fueron diseñadas. Lo que produjeron, en cambio, fue recesión y desindustrialización, nuevas escaladas inflacionarias, permanencia de los desequilibrios externos, una profunda concentración del ingreso y, en la mayoría de los países, represión política.

En un análisis reciente de 226 programas respaldados por el Fondo, durante el periodo 1979-1989, se demuestra que el 52 por ciento de estos programas fracasaron; por lo que se puede decir que el modelo fondomonetarista logró estabilizar las economías, pero no logró el desarrollo esperado, es decir, los países latinoamericanos alcanzaron una "estabilización sin desarrollo".

En primer lugar, la devaluación y la baja arancelaria no generaron el aumento de las exportaciones esperado, puesto que la rigidez de los aparatos productivos de los países latinoamericanos no respondió a los estímulos para exportar; lo que generó en cambio, fue inflación, nuevas devaluaciones y redistribución desigual del ingreso. En segundo lugar, la política monetaria de restricción del crédito interno a través del aumento de las tasas de interés, limitó las posibilidades de inversión, lo que degeneró de igual forma un aumento del desempleo. En tercer lugar, las reducciones del gasto corriente y de capital de los gobiernos, aminoró considerable la inversión, lo que se tradujo en una disminución del crecimiento económico en momentos en que el sector privado no tenía la capacidad para responder a los requerimientos del desarrollo. Y en cuarto lugar, los topes a los salarios generaron una reducción de la demanda de los productos nacionales. Lo que a su vez generó estancamiento y más desempleo.

Todas esas consecuencias adversas crearon un clima hostil a las recetas del Fondo Monetario por parte de sectores empresariales, trabajadores, sectores políticos y populares, y se creó con ello un panorama de inestabilidad.

¿Por qué el fracaso parcial del FMI?

Las razones por las cuales las políticas de ajustes del FMI no dieron los resultados esperados, en todos los casos, se debieron, no a la falta de consistencia lógica, sino a que simplemente, los factores básicos del modelo no se daban en ese preciso momento en la realidad de los países latinoamericanos. Por un lado, el modelo estaba diseñado para responder a economías cercanas al pleno empleo, pero en los países subdesarrollados el problema era que recursos como la tierra y el trabajo no estaban empleados plenamente, al contrario, la característica de los países latinoamericanos es la desocupación de esos recursos económicos.

Por otro lado, el FMI planteó la liberación comercial y financiera en un momento en que nuestros países no tenían nada que ganar en el comercio internacional, puesto que la economía mundial experimentaba un agudo estancamiento y las potencias industrializadas practicaban un intenso proteccionismo.

Además, para ese entonces no se habla de globalización, ni de apertura comercial, ni muchos menos de integración mundial. Asimismo, el modelo no tomó en cuenta que muchos de nuestros desequilibrios no obedecen tanto a distorsiones en los precios o a un exceso de demanda, sino a desajustes estructurales propios del subdesarrollo, tales como retraso tecnológico, baja productividad, escasez de capital y de mercados, etc. Es decir, el FMI intentó "ajustar la realidad de los países latinoamericanos a los supuestos del modelo, en lugar de que este se ajustará a la realidad específica de los países latinoamericanos".

Gedeón Santos (Extraído de su libro "El PLD Frente a la Pobreza y la Globalización")

Lección 2 Cooperaciones financieras internacionales

Conocimientos

I. Programa de las Naciones Unidas para el Desarrollo (PNUD)[①]

El Programa de las Naciones Unidas para el Desarrollo (PNUD) se asocia con las personas en todos los niveles de la sociedad para ayudar a construir naciones que puedan superar las crisis e impulsar y mantener un crecimiento que mejore la calidad de vida de todos. En calidad de aliado del desarrollo en unos 170 países, el PNUD asiste a los gobiernos en el diseño y la ejecución de proyectos financiados con sus propios ingresos o por medio de subsidios o préstamos facilitados por las instituciones financieras internacionales (IFI).

Las IFI son contribuyentes importantes para la financiación de proyectos específicos (recursos complementarios) del PNUD. Desde 2010, las IFI han contribuido con más de mil millones de dólares a los programas del PNUD. Algunas de estas contribuciones fueron otorgadas a través de subvenciones directas para el PNUD, mientras la mayoría (cerca del 60 por ciento) se brindó en forma de acuerdos de participación del gobierno en la financiación de los gastos, con los que el PNUD ofrece el desarrollo de la capacidad o apoyo para la implementación de proyectos de gobiernos nacionales financiados por préstamos de las IFI.

En cada región, el PNUD trabaja con los gobiernos y las IFI para promover conocimientos y recursos de desarrollo al colaborar en torno al análisis, a la evaluación y planificación, a la línea de desarrollo y a la implementación de proyectos para lograr resultados compartidos, a fin de aumentar el apoyo para los gobiernos nacionales y comunidades locales, y mejorar la sostenibilidad de los esfuerzos relativos al desarrollo.

Casi toda la colaboración con las IFI se lleva a cabo a través de una de varias modalidades, entre ellas:

- Productos del conocimiento y de desarrollo, como los Informes de Perspectivas Económicas de África del Banco Africano de Desarrollo.
- Evaluaciones y análisis, como las evaluaciones conjuntas post-desastre con el Banco Mundial (BM) en lugares como el Caribe, Sierra Leona, Ecuador y Haití; y evaluaciones de recuperación/consolidación de la paz con el Banco Mundial y otros en

① Programa de las Naciones Unidas para el Desarrollo (PNUD): 联合国开发计划署。

Ucrania, la República Centroafricana, Camerún, Nigeria y otros países;

- Forjar alianzas a través de prioridades conjuntas o "financiación paralela", trabajando con las IFI en proyectos en común y resultados conjuntos por medio de flujos separados de financiación;
- Implementación de proyectos que, al haber un requerimiento de los gobiernos nacionales, el PNUD apoya el diseño o la ejecución de proyectos nacionales de desarrollo financiados por las IFI, a la vez que se desarrolla la capacidad a largo plazo.

II. Los Objetivos de Desarrollo Sostenible (ODS)

Los Objetivos de Desarrollo Sostenible, también conocidos como Objetivos Mundiales, se adoptaron por todos los Estados Miembros en 2015 como un llamado universal para poner fin a la pobreza, proteger el planeta y garantizar que todas las personas gocen de paz y prosperidad para 2030.

Los 17 ODS están integrados, ya que reconocen que las intervenciones en un área afectarán los resultados de otras y que el desarrollo debe equilibrar la sostenibilidad medioambiental, económica y social.

Siguiendo la promesa de no dejar a nadie atrás, los países se han comprometido a acelerar el progreso para aquellos más atrasados. Es por esto que los ODS han sido diseñados para traer al mundo varios "ceros" que cambien la vida, lo que incluye pobreza cero, hambre cero, SIDA cero y discriminación cero contra las mujeres y niñas.

Todo el mundo es necesario para alcanzar estos objetivos ambiciosos. Se necesita la creatividad, el conocimiento, la tecnología y los recursos financieros de toda la sociedad para conseguir los ODS en cada contexto.

Textos

COOPERACIÓN FINANCIERA

La cooperación financiera trata de toda transferencia concedida para la financiación de actividades orientadas al desarrollo del país receptor que se canaliza bajo la forma de recursos financieros, es decir, créditos o donaciones, o de contenidos reales, como la venta o donación de mercancías y servicios, transferidos desde los países donantes a los beneficiarios.

Dentro de la cooperación al desarrollo se suelen distinguir cuatro grandes grupos según su contenido: cooperación financiera, cooperación técnica, ayuda alimentaria y ayuda humanitaria. La cooperación financiera, también denominada cooperación económico-financiera, es aquella modalidad cuyo contenido persigue objetivos amplios de desarrollo económico de los países receptores por medio de inversiones o transferencias, que abarca por exclusión aquellas formas de cooperación que no responden a las características más precisas de las restantes modalidades.

Aunque las ayudas técnica y humanitaria han aumentado su peso relativo en los últimos años, la cooperación financiera continúa siendo con diferencia el capítulo más importante, alcanzando casi las tres cuartas partes del total.

Modalidades

La importancia de la cooperación financiera se manifiesta no solo en las cantidades que comporta y en su peso sobre el total de la cooperación al desarrollo, sino también en la diversidad de mecanismos que utiliza y de objetivos que persigue. En una primera clasificación pueden distinguirse tres líneas de cooperación financiera:

a) Las subvenciones y créditos a través de los proyectos y los programas.

b) Las ayudas en mercancías necesarias para el desarrollo del país y que este no puede importar por carecer de recursos.

c) La financiación para realizar reformas estructurales.

Como ocurre también con la ayuda no financiera, para que estos mecanismos de ayuda puedan ser considerados como cooperación para el desarrollo, según el criterio establecido por el CAD (Comité de Ayuda al Desarrollo de la OCDE) es necesario que dispongan de un nivel de concesionalidad o gratuidad de al menos el 25%.

Aunque la definición técnica de la cooperación económico-financiera al desarrollo se limita a las transferencias de recursos de un país o de un organismo internacional a otro país beneficiario, cabe una comprensión más amplia de la misma, a pesar de que no sea susceptible de plasmarse en datos contabilizables. De hecho, la historia de la cooperación se ha caracterizado por plantear iniciativas cuyo objetivo era regular la actividad económica de manera que tuviera efectos distributivos más justos entre los países. Este tipo de medidas que no implican en principio transferencias de capitales, pueden tener tanta o mayor trascendencia para el desarrollo que las transferencias de recursos financieros. Un ejemplo al respecto lo constituye el **Sistema Generalizado de Preferencias**①, que otorga determinadas ventajas aduaneras a productos provenientes de los países en desarrollo para facilitar su acceso a los mercados de los países desarrollados. Lo mismo cabe decir de otros acuerdos que tengan consecuencias positivas para el desarrollo de los países. Aunque algunas de estas formas de cooperación económica no pueden cuantificarse por su misma naturaleza, y en consecuencia no aparecen en las estadísticas oficiales, no quiere decir que no desempeñen un papel sustancial a

① Sistema Generalizado de Preferencias: 普惠制。全称为普遍优惠制。它是发达国家对发展中国家出口的产品给予的普遍、非歧视、非互惠的优惠关税制度，是在最惠国关税基础上进一步减税以至免税的一种特惠关税方案。普惠制可以帮助受惠国增加出口，促进工业化和经济发展。

la hora de diseñar estrategias de cooperación al desarrollo.

La actual estructura de la cooperación al desarrollo, dominada por la dimensión financiera, y el hecho de que las iniciativas de tipo no financiero antes señaladas, además de no haber sido muy prolíficas, resultan imposibles de evaluar en cuanto a sus efectos, explican la dedicación prioritaria que debe otorgarse a los flujos financieros a la hora de analizar la cooperación financiera. Pero ello no quiere decir que no se tengan en cuenta, ya que sería un error no incluir dentro de la cooperación los cambios en los marcos regulatorios de todo tipo, económicos, sociales y políticos, que guarden relación con las posibilidades que se ofrezcan a los países en desarrollo. Una legislación más o menos flexible para la inmigración en los países desarrollados, el carácter de los convenios sobre protección de zonas naturales y reservas forestales, o la amplitud o la restricción en las transferencias de tecnología desde los países más avanzados, serán procesos decisivos para el aumento o la restricción de las posibilidades de desarrollo de muchos países.

Con las salvedades y precauciones hechas, la dimensión financiera es el capítulo central de la cooperación al desarrollo, no solo porque en última instancia la transferencia de recursos financieros es un indicador aceptable para medir las posibilidades que se les ofrecen a los países en desarrollo (ya que cuantos más recursos financieros dispongan, mayor número de programas y proyectos desarrollo podrán impulsar); sino también porque pone de manifiesto la voluntad y el compromiso político real de los países desarrollados en la tarea de conseguir el desarrollo de todos los países.

Las formas tradicionales de cooperación financiera han consistido en la aportación de recursos para la realización de proyectos y programas que persiguen el desarrollo de los países receptores. Los objetivos que contemplan estos instrumentos incluyen una multiplicidad de intervenciones: infraestructuras sociales (educación, salud, agua potable, saneamiento, etc.) y productivas (carreteras, comunicaciones, transporte, etc.), actividades productivas específicas (constitución, modernización o ampliación de empresas), acciones localizadas de promoción del desarrollo, etc.

Dentro de esas intervenciones, una práctica tradicional de los países donantes ha sido la concesión de créditos concesionales, pero condicionando su uso a la compra de determinados bienes o servicios del país que concede el crédito. Esta práctica se denomina ayuda ligada y ha tenido un gran peso dentro de las modalidades de la cooperación bilateral. Últimamente existe en el CAD una progresiva tendencia a eliminar la ayuda ligada como forma de cooperación financiera de la **Ayuda Oficial al Desarrollo (AOD)**① y de hecho se ha conseguido disminuir significativamente el porcentaje de la AOD que se destina a este tipo de cooperación.

En el caso de la cooperación española, los FAD (Fondos de Ayuda al Desarrollo) han supuesto una parte sustancial, llegando a alcanzar más de la mitad del total de los recursos, y han sido objeto de debate por las dudas que planteaba su consideración como auténtico

① Ayuda Oficial al Desarrollo (AOD): 政府开发援助。又称政府发展援助、官方发展援助，是发达国家对发展中国家的一种经济援助。

instrumento de cooperación financiera. Los informes del CAD sobre la cooperación española han sido críticos en torno a esta forma de cooperación. Socialmente son contestados por amplios sectores no solo por su dudoso carácter concesional, sino por estar **bajo la tutela del**[①] Ministerio de Hacienda.

En la actualidad hay que destacar la importancia progresiva que adquiere la cooperación financiera que tiene como objetivo no la realización de un proyecto o programa determinado sino el apoyo del presupuesto del gobierno para la realización de reformas estructurales. Esta modalidad de cooperación fue impulsada por los organismos multilaterales, especialmente el Banco Mundial, pero ha sido posteriormente aceptada por la Unión Europea en su política de cooperación al desarrollo y por varios gobiernos europeos. Supone un salto cualitativo en la concepción de los objetivos de la cooperación al desarrollo por la injerencia que implica sobre los Estados receptores al promover que estos adopten determinadas políticas. Una más amplia consideración de este punto puede verse al tratar el tema de la condicionalidad de la ayuda.

Otra forma de progresiva importancia dentro de la cooperación financiera la constituyen las propuestas para la condonación o alivio de la deuda externa. La evidencia de que la deuda externa de muchos países ha alcanzado un nivel de insostenibilidad llevó a los organismos multilaterales a impulsar un programa de reducción de la deuda para los países altamente endeudados. A pesar de esta iniciativa, muchos sectores de la cooperación se muestran muy críticos con la misma por considerar insuficientes los recursos que se aportan y por el alto grado de exigencia a los países deudores para acogerse a los potenciales beneficios del plan. Asimismo, los gobiernos donantes han introducido esta modalidad de cooperación financiera de cara a la deuda externa bilateral, es decir, la existente entre gobiernos. La complejidad que plantea este tipo de acuerdos exige un análisis extenso que no es posible realizar aquí. En todo caso, el CAD ha fijado los requisitos que deben cumplir este tipo de operaciones para que realmente puedan computarse como AOD, a fin de evitar que se introduzcan como tales operaciones financieras beneficiosas para los países acreedores.

(Autor: Alfonso Dubois)

Actividades

I. Rellena los espacios en blanco con la expresión adecuada en el recuadro.

cultura	productividad	gestionar	vital
instancia	sostenibilidad	civil	valor
extensivos	cadena	transformar	esferas

① bajo la tutela del: 在……的监管之下。

Más que desarrollar estrategias para generar innovación en el aparato productivo, se requiere fomentar una __________ de innovación en todas las __________ del Estado incluyendo, por supuesto, el sector empresarial, las universidades, y la sociedad __________.

La innovación constituye el mecanismo óptimo para garantizar la __________ del crecimiento y la competitividad del país en el largo plazo. A modo de ejemplo, en Estados Unidos, durante la segunda mitad del siglo XX, la innovación dio cuenta de una tercera parte del crecimiento de la __________.

Innovar no solo significa desarrollar nuevos productos y __________ los productos existentes. Consiste en crear nuevas formas de organizar, __________ producir, entregar, comercializar, vender y relacionarse con clientes y proveedores; logrando, en última __________, generar __________ agregado a través de toda la __________ productiva. Es por ésto que la innovación y la inversión en investigación y desarrollo no son exclusivas a los sectores de alta tecnología. Por lo contrario, deben ser parte __________ de todos los sectores económicos y hacerse __________ a todos sus eslabonamientos.

II. Interpreta en español los 17 Objetivos de Desarrollo Sostenible.

无贫穷
零饥饿
良好健康与福祉
优质教育
性别平等
清洁饮水和卫生设施
经济适用的清洁能源
体面工作和经济增长
产业、创新和基础设施
减少不平等
可持续城市和社区
负责任消费和生产
气候行动
水下生物
陆地生物
和平、正义与强大机构
促进目标实现的伙伴关系

III. Traduce del español al chino las siguientes frases.

1. Como parte de este panorama internacional potencialmente positivo, pero aún incierto,

perduran los riesgos y una tendencia a restringir el crecimiento de la demanda interna en los países desarrollados, debido a los ajustes implementados con el fin de reducir las persistentes brechas fiscales de Europa, los Estados Unidos y el Japón.

2. Hay voces, en países desarrollados y en desarrollo, que cada tanto declaran que el multilateralismo está inmovilizado y ya sin respuestas. Y frente a ello sugieren nacionalismo, proteccionismo y otros atajos de resonancias populistas como las vías del futuro.
3. La aparición de la Alianza del Pacífico (AP) ha causado revuelo y sensación en la región y en los procesos de integración latinoamericanos, ya que puede significar una reconfiguración de las relaciones intra y extrarregionales en Latinoamérica.
4. En una severa crisis financiera, las normas prudenciales de supervisión y regulación y una rápida e idónea reacción de las autoridades del Banco Central fueron capaces de mantener la estabilidad del sistema financiero, aún en un sistema de cambio fijo donde la capacidad del prestamista de última instancia estaba restringida.
5. Las políticas preventivas son las más costo-efectivas, pero las preferencias ciudadanas son cada vez más punitivas. Es necesaria mayor tracción política para intervenciones preventivas basadas en evidencia científica. Hay espacio para mejorar la calidad del gasto a través de políticas más preventivas en lugar de reactivas, más focalizadas en lugar de universales, y más basadas en la evidencia científica en lugar de la intuición.
6. La literatura económica presenta diferentes enfoques que intentan explicar las principales causas que originan los desequilibrios de la cuenta corriente del balance de pagos. Dentro de esta gama de propuestas encontramos un modelo adecuado que permite cuantificar el nivel del déficit sostenible, que se fundamenta en el concepto de solvencia intertemporal, incorporando como variables explicativas el crecimiento económico, la tasa real de interés internacional y el saldo de la deuda externa.

IV. Traduce del chino al español las siguientes frases.

1. 中国政府着力稳增长、调结构、防风险，创新宏观调控方式，实行积极的财政政策和稳健的货币政策。
2. 近日西班牙再次向欧元区申请金融援助以拯救其银行业。此前，欧盟集团已经以贷款形式向西班牙金融业注资 1000 亿欧元，以缓解其过度负债的状态。
3. 中拉经济互补优势明显，相互之间的合作有力地促进了各自的发展。受大宗商品价格影响，当前中拉传统商品的贸易额有所下降，但双方在投资、金融、产能、基础设施建设等新兴领域的合作正在快速推进，这将给中拉合作带来新的强劲动力。
4. 在全球化不断发展的今天，各国处在产业链的不同位置。开展国际产能合作或产业与投资合作，就是在一国建设中根据需要引入别国有竞争力的装备和基础设施建设所需要的建材生产线、先进技术及管理经验。这样能够充分发挥各自的比较优势，有效降低基础设施建设成本，促进产业多元化发展并扩大就业，从而实现互利多赢、共同发展，促进世界经济的强劲、可持续、平衡增长。

V. Interpreta en español las frases subrayadas.

Es un hecho que la economía es cada vez más global. Ello significa que las economías nacionales son cada vez más interdependientes. (1) Economías que aparentan funcionar bien se pueden ver arrastradas al caos financiero porque sus vecinos se comportan mal. El efecto de la crisis mexicana de 1994 es un buen ejemplo del contagio financiero: México enferma y se lleva por delante a sus socios más débiles. El contagio no solo se extiende entre los países en vías de desarrollo, sino también implica a los países desarrollados. Por eso, los países industrializados procuran hacer todo lo posible para solucionar los problemas que pesan sobre las economías emergentes. (2) Sin embargo no existe una vacuna del todo eficaz contra el contagio financiero hasta la fecha.

¿Cuál es el carácter de un país? El carácter de un país es sus instituciones, tanto formales como informales. Las leyes y el Parlamento son instituciones formales, por ejemplo; las normas sociales y las tradiciones son instituciones informales. ¿Qué tiene esto que ver con el contagio financiero inicial? Muy fácil: unas instituciones estructuradas y sólidas evitarían las crisis de liquidez por dos vías: los políticos no tendrían al margen de maniobra discrecional; las instituciones sólidas dan credibilidad porque obligan al cumplimiento; (3) la credibilidad es uno de los valores más apreciados por los inversores institucionales internacionales. Reducido al riesgo de crisis de liquidez, se refuerza la economía nacional de manera que el contagio financiero resulta menos virulento. El contagio financiero se produce porque los inversores institucionales observan un patrón de comportamiento político similar entre diferentes países: carecen de instituciones formales sólidas y de compromiso político. (4) La consecuencia de este comportamiento es la incertidumbre, y a mayor incertidumbre, menos aprecio por parte de los inversores internacionales.

VI. Lee la siguiente noticia e intenta contestar ¿qué influencia trajo el hecho al sector financiero de ambos países?

Entra en servicio programa de conexión entre las bolsas de Shanghai y Londres

BEIJING, 17 jun, 2019 (Xinhua) -- Un programa de conexión entre las bolsas de Shanghai y Londres entró en servicio hoy lunes y la empresa HuataiSecurities se convirtió en la primera compañía de acciones A en cotizar en Reino Unido a través del mecanismo.

Con el nuevo sistema de conexión bursátil, las compañías registradas en la bolsa de valores de Shanghai pueden cotizar en la bolsa de Londres mediante la emisión de Recibos de Depósitos Globales (GDR, por sus siglas en inglés).

De igual manera, las firmas británicas pueden emitir Recibos de Depósito de China (CDR, por sus siglas en inglés) en la bolsa de Shanghai.

El lanzamiento del mecanismo resulta un paso crucial para la apertura del mercado de capital de China y constituye una parte importante de la cooperación en el sector financiero entre China y Reino Unido, indicó la Comisión Reguladora de Valores de China.

La conexión entre ambas bolsas tendrá un impacto de largo alcance en la ampliación de los canales de inversión y recaudación de fondos transfronterizos, el impulso del desarrollo de los mercados de capital de ambos países y el fomento de la transformación de Shanghai en un centro financiero internacional, señaló la comisión en un comunicado.

Etiquetas específicas

• Préstamos de BID

La mayoría de los proyectos y los programas de cooperación técnica del BID se financian a través de préstamos, ya sea a precios de mercado o mediante el uso de recursos en condiciones favorables.

Los préstamos pueden ser otorgados como:

- Préstamos de Garantía Soberana: El BID ofrece financiamiento a los gobiernos y a las instituciones controladas por el gobierno para apoyar el desarrollo y proyectos sociales. Para sus clientes soberanos, el BID ofrece un extenso menú de productos financieros flexibles y garantías basados en estándares de mercado a un costo competitivo para satisfacer las necesidad de los proyectos y de la gestión de deuda.
  Adicionalmente, el BID ofrece financiamiento a términos concesionales y fondos en donación para apoyar el desarrollo de los países más pobres de la región.
- Préstamos sin Garantía Soberana: El BID ofrece financiamiento para proyectos del sector privado que contribuyan al desarrollo.
  Los préstamos y garantías se pueden hacer directamente a las empresas privadas sin garantías soberanas sobre la base de fijación de precios basados en el mercado, por lo general destinados a la infraestructura —energía, transporte, saneamiento o comunicaciones — y para el desarrollo de mercados de capital y proyectos de financiación de las exportaciones.

• ¿Cómo puede añadir valor el PNUD a las operaciones de las IFI?

El PNUD ofrece a las IFI acceso, imparcialidad y conocimientos especializados para ayudar a optimizar al máximo el verdadero impacto de desarrollo de cada dólar invertido por ellas.

PRESENCIA Y ACCESO

Amplia presencia global

- Más de 8.000 funcionarios trabajando en casi 170 países
- Operaciones en contextos de fragilidad y otros entornos difíciles

Alianzas e influencia en las políticas

- Excelente relación con los gobiernos y otras partes interesadas
- Conocimiento de las redes subnacionales y locales

Acceso a los recursos del Sistema de Desarrollo de la ONU en su conjunto

- Vicepresidente del Grupo de las Naciones Unidas para el Desarrollo y actual custodio del sistema de coordinadores residentes
- Brinda plataformas integradoras a nivel mundial y de país, a fin de apoyar enfoques multisectoriales y con múltiples aliados para la implementación de los ODS

IMPARCIALIDAD

Credibilidad y reputación

- Mantiene un perfil neutral, respaldado por la "bandera de la ONU"
- Cuenta con la confianza de los gobiernos en situaciones sensibles

Amplio mandato de desarrollo

- Aliado eficaz de los gobiernos en la planificación y ejecución de los ODS
- Compromiso reconocido con el desarrollo sostenible
- Promueve la cooperación Sur-Sur y triangular, lo que permite a las IFI participar en alianzas innovadoras

CONOCIMIENTOS ESPECIALIZADOS

Experiencia en el desarrollo de capacidades y ejecución de proyectos

- Puede cubrir los déficits en la ejecución nacional de préstamos poco productivos al tiempo que apoya el desarrollo de capacidades a largo plazo
- Compromiso con estándares sociales y ambientales
- Aliado para la reducción de riesgos y la ejecución de proyectos piloto
- Estándares altos respecto a la calidad, transparencia y rendición de cuentas de los proyectos

Recursos intelectuales

- Desarrolla productos del conocimiento y herramientas de financiación innovadoras
- Lidera la ONU en las evaluaciones de recuperación y consolidación de la paz y de necesidades posteriores a los desastres

Lecturas complementarias

MODELO DE SOLVENCIA INTERTEMPORAL

El concepto de solvencia intertemporal está relacionado a la capacidad de endeudamiento de una economía y la posibilidad de llevar a cabo el pago en el futuro.

El origen de estos balances puede ser atribuido a múltiples razones, entre otras, escasez de ahorro interno, políticas macroeconómicas expansivas, distorsiones en sus sistemas financieros, deterioro en los términos internacionales de intercambio y reducción de aranceles.

Desde una perspectiva intertemporal, enfatiza el rol del crecimiento económico y la tasa internacional de interés en la evolución de la deuda externa. Se caracteriza por aquella situación en la cual el país como un todo y cada unidad económica individual, incluyendo el gobierno, actúa de conformidad con sus restricciones presupuestarias intertemporales.

La literatura económica presenta diferentes enfoques que intentan explicar las principales causas que originan los desequilibrios de la cuenta corriente del balance de pagos. Dentro de esta gama de propuestas encontramos un modelo adecuado que permite cuantificar el nivel del déficit sostenible, que se fundamenta en el concepto de solvencia intertemporal, incorporando como variables explicativas el crecimiento económico, la tasa real de interés internacional y el saldo de la deuda externa. Teóricamente estos modelos se basan, entre otros supuestos, en un agente representativo que posee una función de utilidad intertemporal aditiva que depende del consumo de bienes en cada periodo, cuyo nivel se guía por la hipótesis del ingreso permanente.

Considerando que el equilibrio de la cuenta corriente es importante como indicador de la posición externa, ello no significa necesariamente que los déficits sean indeseables. Al constituir una fuente adicional de ahorro para la economía, puede ser de gran utilidad para aumentar la capacidad productiva o financiar el consumo en ciertos periodos. La situación en la cual no sería una decisión acertada de contar con un elevado déficit en cuenta corriente, es cuando su origen se debe a un persistente consumo elevado, ya sea como resultado de una política gubernamental o de un mal funcionamiento de la economía.

Los siguientes ejemplos justifican la conveniencia de contar con déficit en la cuenta corriente, ya sean permanentes o transitorios, siempre y cuando sean sostenibles:

(1) Si los préstamos se invierten en actividades rentables que permitan generar recursos suficientes para cubrir el pago de intereses y el principal;

(2) Cuando se presenta una afluencia de capitales externos, especialmente de inversión directa;

(3) Si el país experimenta una caída temporal en la producción nacional;

(4) Cuando se reducen los niveles de protección mediante la disminución de las barreras arancelarias y no arancelarias.

El modelo de optimización dinámica (intertemporal) postula que los desequilibrios externos son el reflejo de choques transitorios de oferta o demanda, ya que en esas condiciones el sector externo actúa como amortiguador para suavizar la evolución del consumo y de esta forma alcanzar el máximo bienestar. Por esa razón, estos choques afectan el ahorro interno, pero no el consumo (como ya mencionamos, el consumo se determina por el ingreso permanente). Adicionalmente, se considera que este enfoque puede ser útil para explicar los movimientos de la cuenta corriente como consecuencia del ciclo económico.

DIVIDENDO DEMOGRÁFICO

La "transición demográfica" significa el paso de una sociedad principalmente agrícola, con altas tasas de fertilidad y mortalidad, a otra predominantemente industrial y urbana, con bajas tasas de fertilidad y mortalidad. En las primeras etapas de esa transición, la fuerza laboral crece más rápidamente que la población que depende de ella, lo cual libera recursos para ser invertidos en el desarrollo económico y el bienestar familiar. Si todo lo demás no varía, el ingreso per cápita también crecerá más rápidamente. Este es el primer dividendo.

Su duración es bastante larga, de cinco o más décadas, pero eventualmente el descenso de las tasas de fertilidad reduce el ritmo de crecimiento de la fuerza laboral, en tanto que la reducción de la mortalidad eleva el número de ancianos; entonces, si no varían los demás factores, el ingreso per cápita crece más lentamente y el primer dividendo pasa a ser negativo.

También es posible un segundo dividendo. Una población con una edad laboral más alta y con jubilaciones más largas está más incentivada a acumular activos. La inversión de estos activos adicionales en el país o en el exterior eleva el ingreso nacional. En resumen, el primer dividendo es una ganancia transitoria y el segundo se traduce en desarrollo sostenible y aumento de los activos. Estos resultados no son automáticos: dependen de la aplicación de políticas eficaces. Es decir, el periodo de los dividendos ofrece una posibilidad y no una garantía de mejora del nivel de vida.

El provecho que se obtiene del primer dividendo demográfico depende de ciertas características del ciclo de actividad económica. La productividad de los adultos jóvenes depende de decisiones en materia de escolaridad, prácticas laborales, edad y frecuencia de la maternidad y facilidades para el trabajo de padres jóvenes. La productividad en edades avanzadas depende de la salud y la incapacidad, incentivos y desincentivos tributarios y, sobre todo, estructura de los programas y normas jubilatorias. A medida que envejece la población, aumentará la carga sobre las familias y gobiernos en relación con el PIB, lo cual despierta gran preocupación en muchos países, pero con el segundo dividendo, un creciente número de trabajadores de mediana edad podría elevar considerablemente el capital en relación con el PIB si las políticas estimulan el ahorro jubilatorio. Si se estimula el ahorro y la acumulación de fondos de pensiones, el envejecimiento de la población puede elevar el capital por trabajador, la productividad y el ingreso per cápita. Por tanto, las autoridades, especialmente de países en desarrollo, deberán crear sistemas financieros sólidos, fiables y accesibles a la gran masa de población que desea asegurar su futuro financiero.

UNIDAD 8

CALIFICACIONES CREDITICIAS Y RIESGO PAÍS

信用评级与国家风险

- Lección 1　Calificaciones crediticias
- Lección 2　Riesgo país

全球化背景下的今天，机会与风险并存，在本单元中我们将学习与信用评级和国家风险相关的知识。无论是对外贸易还是境外投资，无论是传统经济还是电子商务，也无论是企业还是国家投资者，为避免损失并确保经济全球化进程中的利益最大化，信用评级与国家风险都是必须了解也必须重视的问题。

本单元分为两课：第一课我们将学习与信用评级有关的基本概念，了解什么是信用评级以及信用评级机构和相关标准，建立概念框架；第二课我们将了解与国家风险相关的问题，包括其因素、组成、相关指数和指标。

通过这一单元的学习，同学们将对信用评级与国家风险有基本的认识，能够初步研读几个代表性机构的风险报告和项目预期。

Lección 1 Calificaciones crediticias

Conocimientos

I. Calificaciones crediticias

La calificación crediticia es una puntuación que mide la calidad crediticia de un país, empresa o persona. Se determina mediante una evaluación del historial de crédito y capacidad para pagar la deuda (que mide la probabilidad de que esos créditos sean impagados). Esta capacidad se mide en base a la analítica de todos los pasivos y activos.

La calificación crediticia (también referido como calificación de crédito o **calificación de la deuda soberana**[①]si se refiere a un país), en inglés, credit rating o simplemente rating, mide la capacidad del ente calificado para pagar por su deuda (credit worthiness) y, por tanto, es un índice del riesgo asociado a invertir en esta deuda (comprar deuda por ejemplo en forma de bonos del Estado). Esta operación consiste en valorar la calidad de la deuda tomada por un prestatario, en base a la capacidad para generar flujos financieros, beneficios, volumen de deuda y crecimiento a medio o largo plazo en el caso de un país.

Por lo tanto, es un concepto muy relacionado con las emisiones de deuda, que pueden ser calificadas indicando la seguridad de pagos sobre esa emisión, o también puede ser objetivo de calificación el emisor de la deuda en cuanto a institución. Para los emisores, también es un factor que influye en la posibilidad de colocar las emisiones y en el coste o servicio de la deuda.

También a las personas físicas se les puede hacer una calificación crediticia. Sin embargo, para el caso de personas físicas se conoce como puntuación de crédito (credit score) y no como calificación de crédito.

II. Agencias de calificación crediticia[②]

La calificación de crédito es emitida por las llamadas agencias de calificación crediticia,

---

① calificación de la deuda soberana: 主权债务评级。

② agencias de calificación crediticia: 信用评级机构。

entre las que destacan **Standard & Poor's, Moody's y Fitch Ratings**①, las tres son privadas y con presencia internacional.

Las agencias de calificación crediticia han cobrado visibilidad e importancia en los últimos años. Emiten calificación de riesgo tanto a corto como a largo plazo sobre la deuda de compañías y empresas, bonos y cualquier otro instrumento financiero.

La calificación consiste en un código alfanumérico. Cada agencia tiene su propio código no existiendo un código estándar compartido por todas las agencias de calificación. De esta forma, S&P y Fitch utilizan la calificación con el código AAA para calificar la deuda con menos riesgo y la D para las de mayor riesgo. Por su parte, Moody's otorga el AAA como mejor calificación y una D como la peor. En cualquier caso, una calificación inferior o igual a Baa (Moody's) o a BBB (Fitch y S&P) no se consideraría como una operación de inversión sino como de especulación de alto riesgo.

III. Las calificaciones de deuda de las agencias más importantes

LARGO PLAZO		
MOODY'S	STANDAR & POORS	FITCH IBCA
AAA	AAA	AAA
Aal	AA+	AA+
Aa2	AA+	AA+
Aa3	AA-	AA-
A1	A+	A+
A2	A	A
A3	A-	A-
Baal	BBB+	BBB+
Baa2	BBB	BBB
Baa3	BBB-	BBB-
Bal	BB+	BB+
Ba2	BB	BB
Ba3	BB-	BB-
B3	B+	B+
B2	B	B
B1	B-	B-
Caa	CCC	CCC
Ca	CC	CC
C	C	C
C	D	D

CORTO PLAZO		
MOODY'S	STANDAR & POORS	FITCH IBCA
PRIME 1	A1	F1
		F2+
PRIME 2	A2	F2
		F2-
		F3+
PRIME 3	A3	F3
		F3-
		B+
	B	B
		B-
NOT PRIME	C	C+
	D	C+
	SD	C-
	R	D

① Standard & Poor's, Moody's y Fitch Ratings: 标准普尔公司、穆迪公司和惠誉国际信用评级有限公司。世界著名的三大信用评级机构。1860年，为顺应欧洲投资者希望更多地了解自己在美国新发展的基础设施资产的想法，亨利·瓦纳姆·普尔创立了标准普尔公司。穆迪公司创立于1900年，它开创了对铁路债券信息进行信用评级的先河，1913年起开始对公用事业和工业公司进行债券信用评级。惠誉国际信用评级有限公司创立于1913年，规模小于标准普尔和穆迪，但在全球市场（尤其是新兴市场）的评级上，惠誉的敏感度要高得多。

IV. La calificación no es estática

Dadas las condiciones de mercado, el rating puede variar en función de los mercados financieros, de la evolución del negocio y de los factores comentados anteriormente.

Las agencias de calificación, suelen emitir una perspectiva (rating outlook) que puede ser de tres formas:

Positiva (upgrade): se emite cuando el rating actual puede mejorar.

Estable: el rating atribuido a la empresa no es previsible que varíe.

Negativa (downgrade): se emite cuando el rating actual puede empeorar.

Textos

ENTENDIENDO LAS DEFINICIONES DE CALIFICACIÓNES DE STANDARD & POOR'S

Resumen ejecutivo

Las calificaciones crediticias de Standard & Poor's están diseñadas principalmente para ofrecer clasificaciones relativas entre emisores y obligaciones sobre su calidad crediticia en general; las calificaciones no son indicadores de una probabilidad absoluta de incumplimiento (default). La calidad crediticia considera la probabilidad de incumplimiento y también incluye (i) prioridad de pagos, (ii) recuperación y (iii) estabilidad crediticia.

Además, nuestros símbolos de calificación fueron creados para connotar el mismo nivel general de calidad crediticia para emisores y bonos en diferentes sectores y en diferentes momentos. A fin de promover la comparabilidad de las calificaciones entre sectores, ubicación geográfica, y en el tiempo, presentamos escenarios de estrés asociados con cada categoría de calificación. Estos escenarios de estrés serán una herramienta importante para calibrar nuestros criterios y ayudar a mantener su comparabilidad. Estos escenarios no serán parte de las definiciones de calificación. Tampoco serán los únicos o principales elementos conductores de nuestros criterios.

Esta publicación busca promover una mayor comprensión de las calificaciones y ayudar a los inversionistas a atribuir significados más claros a las diferentes categorías de calificación.

Atributos clave de las Calificaciones Crediticias de Standard & Poor's

Clasificación ordinal de la calidad crediticia

Las calificaciones crediticias de Standard & Poor's expresan opiniones prospectivas sobre la calidad crediticia de emisores y obligaciones. De manera más específica, las calificaciones crediticias de Standard & Poor's expresan una clasificación relativa de la calidad crediticia. En nuestra opinión, consideramos que los emisores y obligaciones con calificaciones más altas tienen mayor calidad crediticia que los emisores y obligaciones con calificaciones crediticias más bajas.

La calidad crediticia es un fenómeno multifacético. Aunque no hay una "fórmula" para combinar las diversas facetas, nuestras calificaciones crediticias intentan condensar sus efectos combinados en símbolos de calificación dentro de una escala simple unidimensional. De hecho, como se analiza más adelante, la importancia relativa de los varios factores puede cambiar en diferentes situaciones.

El término calidad crediticia se refiere a la pregunta de si un bono u otro instrumento financiero serán pagados de conformidad con sus términos contractuales. A simple vista, la idea de calidad crediticia parece ser muy sencilla. Sin embargo, al profundizar en el concepto se revela su verdadera naturaleza multidimensional.

Factor principal —Probabilidad de incumplimiento

En nuestra opinión, la probabilidad de incumplimiento es la piedra angular de la calidad crediticia. Esto significa que la probabilidad de incumplimiento —que incluye la voluntad y la capacidad de pagar— es el factor más importante en nuestra evaluación de calidad crediticia de un emisor o de una obligación. Por lo tanto, en línea con nuestro objetivo de lograr una clasificación ordinal de la calidad crediticia, las calificaciones más altas de emisores y obligaciones reflejan nuestra expectativa de que dichos emisores y obligaciones calificados incumplirán con menor frecuencia que los emisores y obligaciones con calificaciones más bajas, de mantenerse iguales todos los otros factores considerados.

Si bien enfatizamos el proceso de clasificación ordinal de la probabilidad de incumplimiento, no consideramos las categorías de calificación exclusivamente en términos relativos. Asociamos cada categoría de calificación sucesivamente más alta con la capacidad de sortear entornos económicos cada vez más estresantes, que consideramos que tienen una menor probabilidad de ocurrir. Asociamos a emisores y obligaciones calificados en las categorías más altas con una capacidad para sortear condiciones de estrés extremas o severas en términos absolutos sin que caigan en incumplimiento. Por el contrario, asociamos a emisores y obligaciones calificados en categorías inferiores con una vulnerabilidad ante condiciones de estrés leves o moderadas.

Observar niveles de estrés absolutos es parte de la manera en que intentamos lograr la comparabilidad entre calificaciones a través de los diferentes tipos de instrumentos, distintos momentos, diferentes monedas, y diferentes regiones. Es decir, nos esforzamos por hacer que nuestros símbolos de calificación correspondan al mismo nivel aproximado de calidad crediticia en cualquier lugar que se encuentren. Así, cuando usamos un símbolo de calificación determinado, intentamos connotar aproximadamente el mismo nivel de calidad crediticia a emisores que pueden ser muy diferentes en todo el mundo, como una empresa minera canadiense, una institución financiera japonesa, un distrito escolar de Wisconsin, una emisión británica respaldada con hipotecas, o una nación soberana.

Buscaremos usar los escenarios de estrés hipotéticos como referencia para calibrar nuestros criterios entre diferentes sectores y a lo largo del tiempo. Los escenarios no formarán parte de las definiciones de calificación, y tampoco serán los únicos o principales elementos conductores de nuestros criterios. Sin embargo, serán una herramienta importante para calibrar nuestros criterios a fin de ayudar a mantener la comparabilidad entre los sectores y en el tiempo. Es decir, consideraremos los escenarios de estrés en el proceso de asociar factores cualitativos y cuantitativos con las diferentes categorías de calificación. Por ejemplo, para calificaciones crediticias de empresas, consideraremos los escenarios de estrés (junto con todo lo demás que tomamos en cuenta actualmente) al evaluar los niveles de apalancamiento y rentabilidad que asociamos con créditos en diferentes categorías de calificación. De igual manera, para emisiones de financiamiento estructurado, consideraremos los escenarios de estrés al evaluar los niveles de respaldo crediticio que asociamos con las diferentes categorías de calificación.

Los escenarios representan condiciones hipotéticas de estrés que corresponden a cada categoría de calificación. El escenario de una categoría particular reflejará un nivel de estrés que los créditos calificados en dicha categoría deberían, en nuestra opinión, poder sortear sin caer en incumplimiento (aunque podría haber bajas de calificación a niveles cercanos al incumplimiento). Es importante señalar que los escenarios no sustituyen las consideraciones de los factores de riesgo específicos del sector o de la compañía en nuestros criterios o cuando asignamos calificaciones individuales. Más bien, se aplican además de dichos factores. No esperamos que la adopción de los escenarios de estrés por sí misma, genere un número importante de cambios de calificación en el corto plazo. Esto es, aunque se están dando cambios en las calificaciones a medida que actualizamos nuestros criterios, no esperamos que la adopción de los escenarios de estrés, por sí sola, provoque cambios adicionales o de mayor magnitud.

Sin embargo, no asociamos probabilidades específicas a determinados tipos de entornos económicos potenciales. Por lo tanto, no atribuimos una "probabilidad de incumplimiento" específica para cada categoría de calificación. Por el contrario, reconocemos que las tasas de incumplimiento observadas para todas las categorías de calificación suben y bajan a medida que el entorno económico avanza a través de periodos de expansión y contracción. Además, generalmente los ciclos económicos no producen el mismo grado de estrés en todos los sectores y regiones. En consecuencia, solo a muy largo plazo (por ejemplo, durante varios ciclos económicos), esperaríamos ser capaces de observar si emisores con calificaciones similares de diferentes segmentos del mercado experimentan realmente frecuencias de incumplimiento similares en el largo plazo. Estas observaciones informan sobre cambios futuros a nuestros criterios y análisis.

Factores crediticios secundarios

Más allá de la probabilidad de incumplimiento, existen otros factores que pueden ser relevantes. Por ejemplo, uno de ellos es la prioridad de pago de una obligación tras un incumplimiento. Nuestras calificaciones reflejan el impacto de la prioridad de pago en una forma muy visible: cuando una empresa emite deuda senior y deuda subordinada, comúnmente asignamos una calificación inferior a la deuda subordinada. Para la mayoría de los emisores, la probabilidad de incumplimiento es exactamente la misma para la deuda senior y para la deuda subordinada, ya que ambas caen en incumplimiento al mismo tiempo cuando un emisor quiebra. Otro ejemplo es la "subordinación estructural" de la deuda de una compañía controladora respecto a la deuda de sus subsidiarias operativas.

Otro factor secundario es la recuperación proyectada que un inversionista esperaría recibir en caso de incumplimiento de una obligación. Por ejemplo, nuestras calificaciones de ciertas obligaciones de una institución financiera y de obligaciones de empresas con calificaciones de grado especulativo reflejan ajustes en la recuperación esperada tras un incumplimiento.

Un tercer factor secundario es la estabilidad crediticia. Algunos tipos de emisores y obligaciones son propensos a mostrar un periodo de decadencia gradual antes de caer en incumplimiento. Otros pueden ser más vulnerables al deterioro o incumplimiento repentino. En esencia, algunos tipos de créditos dan señales antes de caer en incumplimiento, mientras que otros no. Además, la probabilidad de incumplimiento de algunos tipos de créditos puede cambiar repentinamente debido a modificaciones en aspectos clave del entorno económico o de negocios. Para otros créditos, la probabilidad de incumplimiento puede ser menos sensible a condiciones cambiantes. Ambos tipos de diferencias se describen por el término "estabilidad crediticia". Los diferentes grados de estabilidad constituyen diferencias en la calidad crediticia.

La calidad crediticia es compleja y si bien no existe una fórmula para combinar los distintos factores en una evaluación general, los criterios proporcionan una guía para considerar estos factores. La prioridad de pago y la recuperación se aplican más a menudo en el contexto de asignación de calificación a obligaciones específicas que cuando se califican emisores. Asimismo, la prioridad de pago y la recuperación cobran mayor importancia a medida que aumenta la probabilidad de incumplimiento (es decir, en niveles más bajos de calificación). En contraste, la estabilidad crediticia tiene un peso cada vez mayor a medida que disminuye la probabilidad de incumplimiento (es decir, en niveles más altos de calificación). Además, la importancia relativa de los diversos factores puede sufrir altibajos si cambian las condiciones del mercado y del entorno económico. Los criterios de calificación para los diferentes tipos de créditos detallan los aspectos específicos sobre cómo incorporamos los factores de prioridad de pago, recuperación y estabilidad en nuestro análisis.

Las calificaciones crediticias de Standard & Poor's son prospectivas. Es decir, expresan opiniones sobre el futuro. De hecho, la cuestión a la que se refieren —la calidad crediticia— está en esencia orientada al futuro. Las calificaciones en el extremo inferior de la escala de calificaciones reflejan nuestra opinión sobre la vulnerabilidad de la entidad a las fluctuaciones cíclicas y, en consecuencia, se refieren generalmente a horizontes de tiempo más cortos y pueden reflejar pronósticos y proyecciones económicas específicas. Por el contrario, las calificaciones en el extremo superior de la escala de calificaciones se refieren generalmente a horizontes de tiempo más largo y por lo general reflejan menos los pronósticos o proyecciones de lo que es probable que ocurra en el corto plazo. Más bien, reflejan un mayor énfasis de nuestra opinión sobre lo que podría ocurrir en escenarios futuros poco probables (o muy poco probables).

Tomando en consideración el movimiento de los ciclos económicos y crediticios, esperamos que las calificaciones cambien con el tiempo a medida que la calidad crediticia de emisores y obligaciones calificados sube y baja. Para hacer frente a la variabilidad inherente de la calidad crediticia, mantenemos la vigilancia o seguimiento de nuestras calificaciones. Nuestro enfoque respecto a los cambios en la calidad crediticia es tomar acciones de calificación de manera expedita cuando consideramos que, con base en nuestra vigilancia o seguimiento, es apropiado subir, bajar o confirmar las calificaciones. Junto con las calificaciones en sí, nos esforzamos en explicar el fundamento de nuestro análisis mediante la publicación de un fundamento claro para las calificaciones que asignamos. En muchos casos, no solo describimos las razones para asignar una calificación en particular, también examinamos la evolución a futuro que podría generar un cambio de la calificación.

Conclusión

Las calificaciones de Standard & Poor's expresan opiniones prospectivas sobre la calidad crediticia relativa de emisores y de obligaciones. La calidad crediticia es un fenómeno multidimensional. Consideramos que la probabilidad de incumplimiento es la dimensión más importante de la calidad crediticia. Ponemos el mayor énfasis en la clasificación ordinal de la probabilidad de incumplimiento para aplicarla en las definiciones de nuestras calificaciones, en el desarrollo de criterios de calificación, y en la asignación de calificaciones de emisores y obligaciones específicas.

Además, hacemos un énfasis secundario a las probabilidades absolutas de incumplimiento como parte de nuestros esfuerzos para mantener la comparabilidad entre calificaciones. En forma indirecta, nuestra consideración de la probabilidad de incumplimiento absoluta puede considerarse como una asociación de "pruebas de estrés" o "escenarios" de diversa severidad con las diferentes categorías de calificación. No esperamos observar frecuencias constantes de incumplimiento al paso del tiempo, esperamos que las frecuencias de incumplimiento observadas para todas las categorías de calificación suban y bajen de conformidad con los cambios en las condiciones económicas.

Más allá de la probabilidad de incumplimiento, también consideramos las dimensiones secundarias de la calidad crediticia: prioridad de pago, recuperación, y estabilidad crediticia.

Estas dimensiones pueden convertirse en elementos críticos sobre la forma en que aplicamos nuestras definiciones de calificación en el desarrollo de criterios para situaciones particulares.

Sin embargo, cuando llevamos a cabo estudios para medir el desempeño de nuestras calificaciones, volvemos a la piedra angular de la clasificación relativa de la frecuencia observada de incumplimientos. Podemos medir e informar sobre las frecuencias absolutas de incumplimiento o en factores secundarios, pero nuestro principal énfasis para la medición del desempeño sigue siendo siempre la clasificación relativa de la frecuencia de incumplimiento durante un determinado periodo de estudio.

(Adoptado del Reporte publicado por Standard & Poor's en su web oficial)

Actividades

I. Rellena los espacios en blanco con la palabra y su forma adecuada en el recuadro.

financiero	emitir	directivo	nomenclatura	complementar
determinar	recopilación	cuestión	interpretar	estándar

El proceso habitual mediante el que las agencias __________su opinión sobre la calidad crediticia comienza con la __________de una gran cantidad de información sobre la entidad emisora. Por un lado, se analiza información puramente económico-__________(balances, cuentas de pérdidas y ganancias, historial de pagos, etc.) y, por otro, información de mercado (historial de cotizaciones, situación del sector en el que opera, etc.).

Dicha información, suele ser __________ con la realización de entrevistas y encuentros con el personal __________de la entidad emisora. Una vez recabados e __________ todos los datos, los analistas emiten una __________ calificación en forma de código alfanumérico el cual atiende a diferentes criterios según la agencia de rating en __________. Es decir, no existe un código de calificación crediticia __________ que sea compartido por todas y cada una de las agencias, sino que cada una de ellas utiliza su propia __________.

II. Traduce al español los siguientes conceptos.

主权债务评级
评级机构
债务发行人信用
债券信用

长期信用评级
短期信用评级
基金稳定性评级
财务稳健性评级
中小企业发展评级
展望评级：积极、负面、稳定

III. Traduce del chino al español las siguientes frases.

1. 穆迪投资者服务有限公司（Moody's Investors Services）是美国评级业务的先驱，也是当今世界最负盛名的评级机构之一。
2. 信用评级级别从最高的AAA级到最低的C级一共有21个。评级级别分为两个部分，分别是投资等级和投机等级。
3. 国际信用评级机构标准普尔宣布下调欧元区九国的信用评级，其中法国和奥地利失去了最高的3A评级。种种不利消息使得持续蔓延的欧债危机雪上加霜。
4. 大公国际资信评估有限公司是中华人民共和国的信用评级机构之一。截至2017年9月，该公司是中国内地唯一一家具有国际性全评级资质的评级机构，还获得了中国香港和欧洲评级监管部门的认证与许可。
5. 拉美是中国开展对外交往的重要对象，我们同拉美主要国家都建立了全面战略伙伴关系，中拉整体合作也已扬帆起航。我们支持拉美国家积极探索符合自身实际的发展道路，积极推动中拉合作的提质升级，实现双方更高水平的优势互补和共同发展，努力构建中拉携手共进的命运共同体。
6. 进入21世纪之前的阶段，新兴发展中经济体的经济增速高于发达国家的年份稍多一些。但整体看，发达国家与新兴发展中经济体的增长率差距的变化没有规律，两者的经济增速也不存在显著差异。

IV. Traduce del español al chino los siguientes párrafos.

El rating de créditos o calificación de la deuda surge de la necesidad de establecer baremos e índices que informen en qué medida un deudor va a ser capaz de devolver la deuda de acuerdo a su situación y estructura financiera. Cuando las instituciones financieras tratan de debatir si conceder o no un crédito a otras instituciones o empresas, valoran positivamente estos estudios que toman todo tipo de registro y forman variables para determinar la capacidad de devolución y estudiar el interés mínimo que debe ser pedido para prestar el dinero. Por tanto, sus funciones más importantes son:

Facilitar, desde el punto de vista del inversor, la percepción del grado de solvencia de un determinado emisor.

Informar, desde el punto de vista regulatorio, sobre el nivel de riesgo asumido por parte de las entidades emisoras a los organismos de supervisión competentes.

Orientar, desde el punto de vista del mercado, a los distintos agentes económicos que intervienen en el mercado sobre la capacidad crediticia de los distintos emisores de cara a sus decisiones de inversión.

Etiquetas específicas

• Calificaciones de Dun & Bradstreet (邓白氏公司评级)

Las calificaciones crediticias Dun & Bradstreet son una forma de que otras compañías observen lo bien que una empresa está funcionando en el campo que su empresa representa. Ellos son la agencia de informes de crédito más grande y reconocida en el mundo de las empresas. A diferencia de las agencias de informes de crédito personal Equifax, Experian y Trans Union, sus informes van mucho más allá de solo el historial de pago y registros públicos. Dun & Bradstreet ofrece seis diferentes informes u opiniones de cada sociedad cotizada, cada uno especializado en áreas específicas de la empresa que se observen. El informe especial llamado "El Reporte de Puntuación" se concentra en los resultados y las clasificaciones de cómo la empresa se compara con otras en la gran base de datos de Dun & Bradstreet.

• Calificaciones Crediticias de Emisor de Largo Plazo de Standard & Poor's

Categoría	Definición
AAA	Un emisor calificado con "AAA" presenta una capacidad extremadamente fuerte para cumplir con sus compromisos financieros. La calificación "AAA" es la calificación crediticia de emisor más alta otorgada por S&P Global Ratings.
AA	Un emisor calificado con "AA" presenta una capacidad muy fuerte para cumplir con sus compromisos financieros. Este emisor difiere solamente en un pequeño grado de los que tienen la calificación más alta.
A	Un emisor calificado con "A" presenta una capacidad fuerte para cumplir con sus compromisos financieros, pero es un poco más susceptible a los efectos adversos derivados de cambios en las condiciones y situaciones económicas que los emisores calificados en categorías más altas.
BBB	Un emisor calificado con "BBB" presenta una capacidad adecuada para cumplir con sus compromisos financieros. Sin embargo, es más probable que condiciones económicas adversas o cambios coyunturales debiliten la capacidad del deudor para cumplir con sus compromisos financieros.

Tabla continua

Categoría	Definición
BB, B, CCC, y CC	Los emisores calificados en estas categorías son considerados como poseedores de características especulativas importantes. La categoría "BB" indica el menor grado de especulación y la de "CC" el mayor grado. Aunque tales emisores probablemente tendrán algunas características de calidad y protección, estas podrían verse superadas en ocasión de una elevada incertidumbre o de importantes exposiciones a condiciones adversas.
SD y D	omitida

Lecturas complementarias

QUÉ SON LOS CRITERIOS DE CALIFICACIÓN DE STANDARD & POOR´S

Los criterios de calificación son principios, metodologías y supuestos públicos que nuestros analistas usan para asignar calificaciones; proveen el marco mediante el cual nuestros analistas evalúan la calidad crediticia. De manera específica, nuestros criterios informan a nuestros analistas a medida que identifican riesgos y evalúan el impacto potencial de cada riesgo sobre la calidad crediticia. Nuestros criterios guían a los analistas de Standard & Poor's y a los comités de calificaciones en los que participan, ya que combinan y ponderan estos riesgos para determinar las opiniones finales de calificación crediticia.

Los criterios pueden ser tan amplios como un marco general usado para medir la calidad crediticia de un emisor o emisión, y tan específicos como una fórmula cuantitativa o un ajuste contable para medir la suficiencia del flujo de efectivo o del nivel de deuda, o tener matices como la evaluación del panorama competitivo o geopolítico en el que opera una empresa.

Principios, metodologías, y supuestos

Principios son los elementos fundamentales de análisis del riesgo crediticio y el tratamiento cualitativo y cuantitativo de la información que consideramos para llegar a una opinión de calificación. Estos elementos pueden incluir, por ejemplo, riesgo del negocio y riesgo financiero en el caso de la calificación de una empresa o institución financiera, o el riesgo geopolítico si se trata de un gobierno soberano. Al evaluar las emisiones de financiamiento estructurado, las áreas fundamentales amplias que normalmente consideramos incluyen: calidad crediticia de los activos, riesgos legales y regulatorios, estructura de pago y mecánica del flujo de efectivo, riesgos operativos y administrativos, y riesgo de contraparte.

Metodología se refiere a los métodos específicos que rigen la aplicación de los principios de criterios a cada calificación o práctica (por ejemplo, empresas, finanzas públicas, o instrumentos respaldados por activos). Las metodologías de los criterios son procesos específicos y marcos para aplicar los principios de los criterios para llegar a una calificación. Un ejemplo serían los indicadores cuantitativos específicos que usamos para evaluar los flujos de efectivo actuales y futuros, y la capacidad para cubrir los gastos esperados de intereses para emisores en sectores específicos de la industria.

Supuestos son proyecciones, estimaciones, parámetros usados en los modelos y todos los demás tipos de expectativas cualitativas o cuantitativas que usamos para llegar a una opinión de calificación. Por ejemplo, al analizar una empresa de petróleo y gas, generalmente hacemos supuestos sobre el precio del petróleo en el corto y largo plazo bajo ciertas condiciones del mercado. De manera similar, analizamos un instrumento respaldado por activos, hacemos supuestos sobre las pérdidas futuras de los activos subyacentes que pudieran afectar los flujos de efectivo.

Roles y responsabilidades clave de los criterios

Lección 2 Riesgo país

Conocimientos

I. Riesgo país[①]

En las operaciones financieras y de inversión en el ámbito internacional existe diversidad de factores o riesgos que afectan la percepción de rentabilidad y seguridad. El "riesgo" puede estar asociado al tipo de deudor (soberano o no soberano), al tipo de riesgo (político, financiero o económico), o a la posibilidad del repago (libertad de transferencia de divisas, voluntad de cumplimiento y ejecución del pago).

Hay diferentes definiciones sobre riesgo país. En general, riesgo país se define como la exposición a dificultades de repago en una operación de endeudamiento con acreedores extranjeros o con deuda emitida fuera del país de origen. El riesgo país califica a todos los deudores del país, sean estos públicos o privados. El riesgo soberano es un subconjunto del riesgo país y califica a las deudas garantizadas por el gobierno o un agente del gobierno. El riesgo no soberano es, por excepción, la calificación asignada a las deudas de las corporaciones o empresas privadas.

El riesgo país mide la probabilidad de incumplimiento de las obligaciones financieras de una nación debido a factores que van más allá de los riesgos inherentes a un préstamo. De esta manera, cuanto mayor sea el riesgo, peor calificación recibirá el país. De esta probabilidad dependerán en gran medida temas de relevancia como la inversión extranjera o el acceso a financiamiento internacional, variables importantes para la generación de empleo y la producción de bienes y servicios. El riesgo país tiene en cuenta variables relacionadas con el entorno macroeconómico, la estabilidad política y el marco jurídico e institucional.

① riesgo país: 国家风险。由于性质复杂，国家风险这一概念并没有公认或统一的定义。简单来说，它是指当债务国“不能”或“不愿”履行债务时，国际市场上几乎一切国际资本流动都面临的产生违约的风险。国际资本流动包括股票、债券、金融衍生品以及国际直接投资等。世界知名的几家国家风险测评机构（如国家风险国际指南发布机构、穆迪公司、标准普尔公司）所测定的国家风险，均包含了所有的国际贷款和投资所面临的损失可能性。国家风险的分析与评估包括经济风险、政治和社会风险以及自然灾害风险等维度。

II. ¿De qué depende el riesgo país?

Las calificaciones de un país dependen de varios factores tales como:

Factores económicos y financieros:
Nivel de déficit fiscal (ingresos - gastos)
Crecimiento del PIB
Relación ingresos/deuda
Consistencia de las políticas macroeconómicas
Grado de apertura comercial y financiera
Grado de diversificación de las exportaciones
etc.

Factores políticos y sociales:
Turbulencias políticas
Presiones políticas sobre el gasto público
Factores institucionales
Solidez y credibilidad de las instituciones
Estabilidad jurídica y tributaria
Seguridad pública
etc.

III. ¿Quién mide el riesgo país?

Existen diferentes formas de cálculo de este indicador, por lo que diferentes agencias o instituciones lo realizan, pero los principales referentes a nivel mundial son las mediciones que realizan las agencias Moody's, Standard & Poor's (S&P) y Fitch Ratings. No existe un consenso claro sobre los componentes en la evaluación del riesgo país. Cada agencia de calificación tiene sus propios indicadores.

Textos

CALIFICACIÓN DE CRITERIOS DE RIESGO PAÍS DE STANDARD & POOR'S

El riesgo país es el riesgo que una entidad enfrenta al tener algunas de sus operaciones o activos expuestos a uno o más países. Los riesgos específicos de cada país consisten en riesgo económico, riesgo de efectividad institucional y de gobierno, riesgo del sistema financiero, y riesgo de cultura de pago/ejercicio de la ley.

Subfactor 1, Riesgo económico: Varias fuentes documentan que existe una correlación entre el aumento de la volatilidad macroeconómica y el riesgo país elevado. Por ejemplo, "... las economías en desarrollo... pueden experimentar oscilaciones pronunciadas en el PIB y el desempleo en intervalos bastante frecuentes." También se observa que las economías de mercados emergentes tienen en promedio un ciclo de negocios dos veces más volátil que sus homólogos desarrollados. Por otro lado, los estudios de incumplimiento que se citan abajo indican que la Gran Recesión de 2009 tuvo un mayor efecto de incumplimiento en los mercados desarrollados y sirven como un recordatorio de que la volatilidad macroeconómica no se limita a los mercados emergentes. De manera similar los analistas documentan que la volatilidad del crecimiento del PIB real para las economías avanzadas aumentó sustancialmente durante la "Crisis financiera noratlántica de 2008-2009", en comparación con el periodo de "Gran Moderación" de 1984-2007. Anotan que "los grandes y volátiles flujos de capital han generado una mayor volatilidad en los mercados financieros, llevando a crisis financieras recurrentes" .

Al mismo tiempo, hemos observado que hay una elevada correlación entre las tasas de incumplimiento de empresas y las crisis soberanas y volatilidad macroeconómica, como confirma nuestro estudio de incumplimiento de mercados emergentes. De acuerdo con este estudio, las tasas de incumplimiento con calificación en grado especulativo en los mercados emergentes a nivel mundial alcanzaron un nivel máximo de 16% en 2002 después del incumplimiento soberano de Argentina y en medio de la agudizada volatilidad macroeconómica en Brasil. Esta tasa de incumplimiento es significativamente más alta que la tasa mundial de incumplimiento corporativa récord de 11% en 1991 (10,69% para Estados Unidos). El otro nivel máximo significativo en las tasas de incumplimiento con calificación en grado especulativo en los mercados emergentes fue de 8% en 1998, relacionada a las crisis macroeconómicas rusas y asiáticas.

Subfactor 2, Riesgo de efectividad institucional y de gobierno: También observamos que los periodos de estrés en los mercados emergentes estuvieron caracterizados por inestabilidad política, elevada deuda externa, políticas financieras insostenibles, fuerte dependencia de las exportaciones y mercados financieros inestables. En nuestro análisis soberano de riesgo de efectividad institucional y de gobierno, el principal enfoque se centra en los factores que a final de cuentas se relacionan con la estabilidad y previsibilidad del entorno para los no soberanos. "Efectividad, estabilidad y previsibilidad de la formulación de políticas y de las instituciones políticas del soberano", así como riesgo de eventos políticos, tales como riesgos de seguridad interna y externa, que pueden causar un impacto más severo para el entorno de negocios.

Subfactor 3, Riesgo del sistema financiero: Para los mercados desarrollados, nuestros estudios de incumplimiento a nivel mundial también demuestran una correlación significativa de incumplimientos en los puntos débiles de los ciclos económicos y las crisis bancarias. La tasa de incumplimiento más alta de 1991 mencionada arriba ocurrió después de una recesión moderada en Estados Unidos, una recesión severa pero corta en el Reino Unido, y la crisis bancaria nórdica. Otros puntos máximos de incumplimiento con calificación en grado especulativo en los mercados desarrollados fueron los siguientes:

Estados Unidos—10.6% en 2001 (la recesión en Estados Unidos), y 11.4% en 2009 (la recesión y crisis bancaria mundial), y Europa—12.3% en 2002, debido en parte a la ruptura de la burbuja tecnológica/de internet y las fallas de un gran número de lanzamientos de empresas de telecomunicaciones.

Los analistas indican que, aunque los países pueden "graduarse" de ciertos tipos de crisis, tales como los incumplimientos seriales sobre deuda soberana o episodios de hiperinflación, las economías desarrolladas y emergentes se mantienen sujetas a las crisis bancarias y financieras.

Subfactor 4, Cultura de pago/Ejercicio de la ley: Hemos dado a este factor una mayor ponderación, considerándola como uno de los cuatro subfactores. Esto se debe a la importancia clave de conceptos tales como el respeto por el ejercicio de la ley, los derechos de propiedad, derechos contractuales y obligatoriedad, corrupción y riesgo relacionado con eventos, incluyendo los casos extremos de expropiación y nacionalización en las consideraciones de riesgo país. De los muchos indicadores externos disponibles para este factor, nos hemos enfocado en el **indicador de BICRA**[①], el **indicador de World Bank Governance para el Ejercicio de la Ley**[②]y el Control de la Corrupción del **Índice de Percepción de Corrupción de Transparencia Internacional**[③]. También consideramos el **indicador "Doing Business" del Banco Mundial para la Hacer Cumplir los Contratos**[④]. De esta manera, evitamos depender de cualquier indicador o fuerte individual externa. También complementamos estos indicadores externos con el análisis de Standard & Poor's, incluyendo el análisis de régimen de insolvencia.

Ponderación de los cuatro subfactores: Tras una extensa revisión y procesamiento de pruebas, hemos concluido que una ponderación igual para los cuatro subfactores es el enfoque más representativo para el riesgo país. Aunque los perfiles de riesgo en algunos países podrían sugerir temporalmente una ponderación diferente (como cuando irrumpen hostilidades internas o hay una crisis bancaria en marcha), no encontramos un riesgo más determinante que otros en el tiempo para la mayoría de los países.

---

① indicador de BICRA: 银行业国别风险评估方法。BICRA的西班牙语全称为Análisis de Riesgos de la Industria Bancaria por País。

② indicador de World Bank Governance para el Ejercicio de la Ley: 世界银行的政府法治指数。

③ Índice de Percepción de Corrupción de Transparencia Internacional: 国际透明组织的全球清廉指数。

④ indicador "Doing Business" del Banco Mundial para la Hacer Cumplir los Contratos.: 世界银行的营商环境指数。

Marco de evaluación del riesgo país

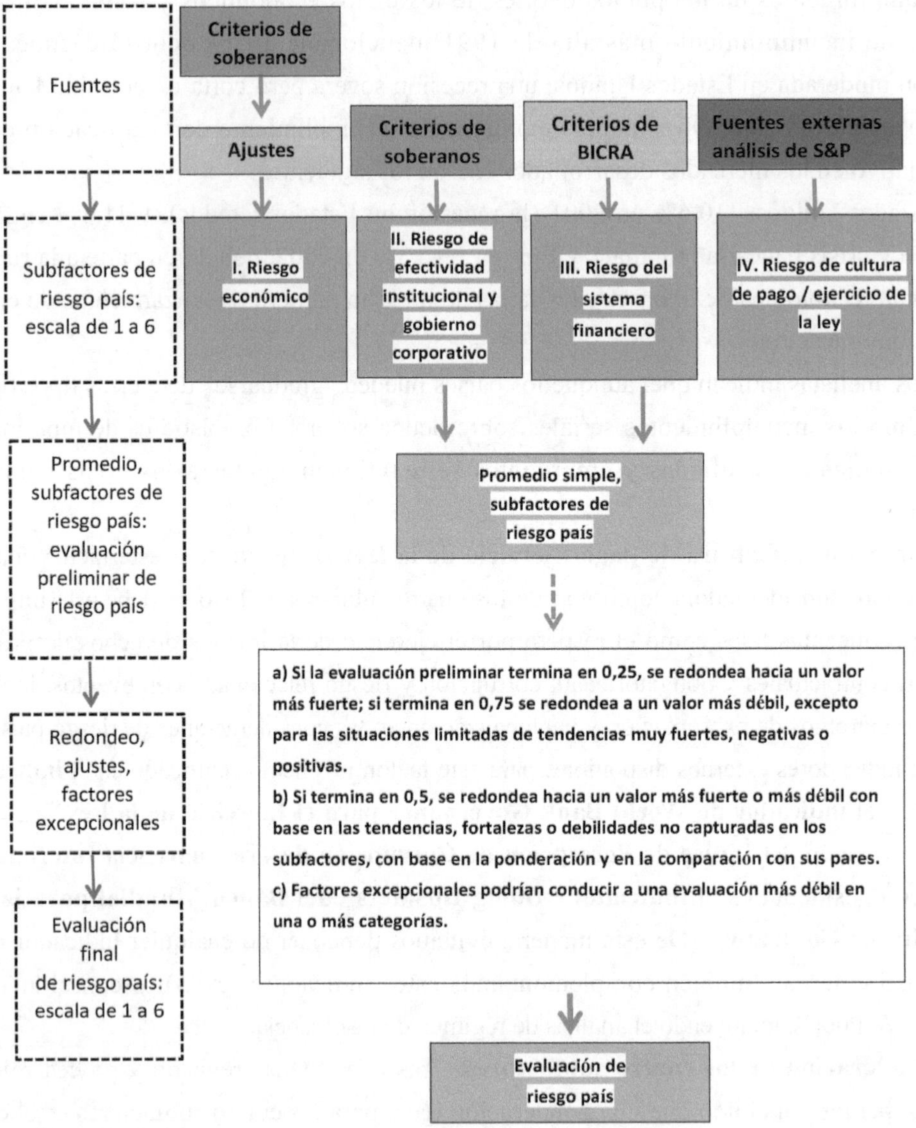

LOS 5 FACTORES CLAVE PARA DETERMINAR EL RIESGO PAÍS DE ARGENTINA EN 2019

Es una alarma que suena en el inconsciente colectivo nacional. El aumento del riesgo país se percibe como luces rojas, incendio, catástrofe. Pero las causas y consecuencias de sus variaciones no siempre se conocen. Un informe de la Universidad Austral explica el ABC del riesgo país en Argentina.

Según el reporte, la economía argentina está lejos de mostrar signos de recuperación. En 2018 estuvo marcada por un devenir de "fuerte contracción económica, aumento del índice promedio de precios, profundización de la volatilidad cambiaria y financiera, y el sustancial aumento de la deuda externa" para matizar los efectos de la salida de capitales.

Martín Calveira, economista e investigador del Área de Economía del IAE Business School de la Universidad Austral, explica que el riesgo país es el "sobrecosto de financiamiento que enfrentan las economías de mercado emergente como consecuencia del riesgo estimado que un Estado no cumpla con los servicios de sus pasivos". En resumen, si se estima que un país no puede pagar sus deudas, crece el riesgo país.

Según el especialista, existen causas externas e internas que pueden generar cambios en el índice. Estas explican las variaciones del año pasado y podrían determinar las expectativas para 2019:

FACTOR EXTERNO

1) La modificación de la tasa de interés de la Reserva Federal de Estados Unidos (FED). Si aumenta, crece el riesgo país junto con el interés en las emisiones de títulos emergentes. Esto se evidenció con el aumento de la tasa de la FED en diciembre de 2018 de 2,25% a 2,5%.

FACTORES INTERNOS

2) La devaluación. El tipo de cambio impacta en la variable y tuvo un revés con el salto nominal abrupto de agosto-septiembre de 2018.
3) La desaceleración de la actividad económica. Las condiciones macrofinancieras y el contexto político nacional afectan la confianza del mercado y generan incertidumbre.
4) El aumento de la deuda. El Fondo Monetario Internacional (FMI) entró a la escena en 2018 con líneas de financiamiento que buscaron la estabilidad económica pero generaron costo político para el gobierno. El organismo es otro de los términos llenos de fantasmas en el diccionario de la argentinidad.
5) La economía en recesión y la volatilidad. En 2018 la situación en Turquía se replicó en la región a lo que se agregó la incertidumbre electoral de Brasil y la descoordinación de la de la política económica en Argentina.

CONSECUENCIAS

El informe de Calveira advierte que "un aumento del índice de riesgo país se traduce en un aumento del costo del crédito". Esto genera una mayor necesidad de liquidez para afrontar los pagos de los servicios de deuda.

La necesidad de asignar recursos para pagar créditos restringe planes de inversión, consumo y recaudación impositiva. Las partidas posibles destinadas a inversión (construcción de rutas, puentes, escuelas, etc.) deberán reasignarse para el pago de deuda. Es un contexto que demanda un doble ajuste: público y privado.

El juego de estos factores será clave para la determinación del riesgo país en 2019. De cara a un año electoral, sus efectos serán determinantes para el posicionamiento de los futuros candidatos, especialmente los oficialistas, que deberán presumir de sus logros. Según el informe, la convergencia hacia un punto estable en el riesgo país dependerá del éxito en la política económica.

Actividades

I. Traduce al chino los siguientes términos.

índice de facilidad para hacer negocios
manejo de permisos de construcción
registro de propiedades
obtención de crédito
protección de los inversionistas minoritarios
pago de impuestos
comercio transfronterizo
cumplimiento de contratos
resolución de insolvencia
regulación del mercado laboral

II. Interpreta en español las siguientes frases subrayadas.

Las organizaciones multinacionales enfrentan un entorno de riesgo político complejo y en constante cambio. (1) La inestabilidad social y las acciones adversas del gobierno se encuentran entre los ejemplos más comunes de riesgos políticos que enfrentan las organizaciones multinacionales cuando comercian o invierten en países extranjeros.

¿Significa esto que las empresas deberían renunciar a las oportunidades si se encuentran en áreas potencialmente inestables? No necesariamente. Si bien los riesgos políticos generalmente no son directamente controlables, en muchos casos pueden mitigarse a través del seguro de crédito y riesgo político, lo que brinda una mayor confianza en los beneficios de la oportunidad.

Históricamente, las organizaciones multinacionales han comprado seguros contra la violencia política y/o terrorismo porque las tasas eran típicamente más bajas que las del seguro de riesgo político. (2) Pero las empresas deben tener en cuenta que esta estrategia tiene el potencial de dejar brechas significativas. Si se trata de una política de seguro de violencia política o de terrorismo que responde a un reclamo, a menudo depende de cómo los aseguradores y los gobiernos ven los eventos específicos. (3) En algunos casos, las aseguradoras de terrorismo y violencia política han negado la cobertura, alegando que un evento en particular debería estar cubierto por el otro tipo de política. Alternativamente, el seguro de riesgo político puede ayudar a cerrar brechas al incluir cobertura para ambos peligros, evitando potencialmente tales disputas.

Los contratos comerciales para el suministro de bienes y servicios con entidades gubernamentales o privadas en países emergentes a menudo están expuestos a una serie de riesgos políticos subyacentes. (4) El aumento del proteccionismo global, la restricción de pagos en divisas a empresas extranjeras y la imposición de embargos y sanciones comerciales son cuestiones recurrentes en países donde los gobiernos intentan imponer objetivos de política exterior, influir en la opinión pública nacional o gestionar problemas económicos. Además, las empresas pueden verse enfrentadas a restricciones de límites internas de contraparte que les impiden competir de manera efectiva en los mercados objetivo. Los contratos pueden ser cubiertos por plazos de hasta tres a siete años o, si un comprador es un Estado soberano, más de 10 años.

III. Traduce del español al chino las siguientes frases.

1. Definimos el "riesgo país" como la amplia gama de riesgos económicos, institucionales, de mercados financieros y legales que se presentan al hacer negocios con o en un país específico y que pueden afectar la calidad crediticia de una entidad no soberana. El riesgo crediticio para toda entidad y transacción calificada se ve influenciado en mayor o menor grado por estos tipos de riesgos específicos de cada país.
2. Actualmente, incorporamos los factores relevantes de riesgo país en nuestros análisis de todos los sectores y clases de activos. La evaluación de riesgo país se basa en los criterios relacionados que forman parte de nuestro análisis de calificación soberana y el Análisis de Riesgos de la Industria Bancaria por País (BICRA, por sus siglas en inglés) y también se alimenta de indicadores de riesgo país provenientes de fuentes externas para llegar a la evaluación general de riesgo país.
3. El riesgo soberano (sovereign risk): es aquel que corre el prestamista internacional en cuanto que el prestatario, deudor, o garante de la deuda es el Estado, que puede negarse al pago por razones de soberanía (consideraciones políticas o carencia de divisas). Se debe a la dificultad legal de embargar bienes de un país moroso. Normalmente, el riesgo soberano es el síntoma de un problema económico cuyo efecto es la escasez de fondos en moneda extranjera para hacer frente al servicio de la deuda.
4. Tradicionalmente, se ha considerado que los bonos soberanos de Estados Unidos son una de las inversiones más seguras y con menor riesgo de impago, aunque con una baja

rentabilidad. A partir de ellos, se valoran los bonos soberanos del resto de economías. Así, dado que el riesgo país de Colombia es más alto, sus bonos soberanos deben ofrecer no solo el rendimiento que ofrecen los bonos estadounidenses sino una prima adicional que compense los riesgos que tiene que asumir el inversionista por invertir en Colombia.

5. Un riesgo país bajo se traduce en endeudamiento internacional barato, que se puede reflejar en más gasto público que genere beneficios económicos y sociales, además este indicador es un referente para inversionistas privados, ya que refleja la situación económica de un país y permite comparar entre grupos de países, permitiéndole decidir a qué países llevara sus inversiones, las cuales pueden traducirse en generación de empleo y crecimiento de la actividad productiva, de ahí la importancia de mantener esta variable bajo control y procurar siempre por su disminución.

IV. Traduce del chino al español las siguientes frases.

1. 国家政治和社会风险评估是一门古老的艺术，自从有国际贸易以来，出口商一直使用这一概念，距今已有几百年的历史。
2. 当前，国家政治和社会风险评估在国家风险评估中的地位越来越受重视。这是因为在世界多极化、国际经济一体化的今天，在影响国际安全和特定国家的国家风险水平的要素中，政治和社会因素显得尤为突出。
3. 根据阿根廷国民银行的数据，当天比索对美元的汇率达到了44.9，较前一天贬值超过了3%。比索贬值，阿根廷国家风险指数相应飙升至962点，为近五年来最高值。
4. 中国出口信用保险公司发布的《国家风险分析报告》从“政治风险”“经济风险”“商业环境风险”和“法律风险”四个维度对国家风险进行了深入分析，并详细阐述了评级变动原因。
5. 由标准普尔分析师撰写的全球金融业评估报告中称，经济风险和近期美欧的政治事件持续影响着全球银行业。全球经济增长疲软，美国和欧洲国家的政治不稳定性、低利率影响了全球半数以上大银行的业务。

Etiquetas específicas

• Transparencia Internacional (国际透明组织)

Transparencia Internacional (TI) es la única organización no gubernamental a escala universal dedicada a combatir la corrupción, congregando a la sociedad civil, sector privado y los gobiernos en una amplia coalición global.

A través de sus capítulos en el mundo y su Secretariado Internacional, Transparencia

Internacional aborda las diferentes facetas de la corrupción, tanto al interior de los países como en el plano de las relaciones económicas, comerciales y políticas internacionales. El propósito es comprender y enfrentar los dos rostros de la corrupción: quien corrompe y quien permite ser corrompido.

En el ámbito internacional, TI impulsa campañas de concienciación sobre los efectos de la corrupción, promueve la adopción de reformas políticas, el establecimiento de convenciones internacionales sobre la materia; alienta la adhesión a las mismas y luego observa la implementación de dichos acuerdos por parte de los gobiernos, corporaciones y empresas. Asimismo, a nivel nacional, los capítulos de Transparencia Internacional actúan en aras de una mayor transparencia y del cumplimiento del principio de rendición de cuentas. Con este fin, TI monitorea el desempeño de algunas instituciones claves y ejerce presión para la adopción no-partidista de las reformas que sean necesarias.

TI no denuncia casos individuales de corrupción, sino que por el contrario orienta sus esfuerzos a una perspectiva de logros sustentables en el largo plazo, privilegiando la prevención y la reforma de los sistemas.

• El informe *Facilidad de hacer negocios (Doing Business)* (营商环境报告)

El informe *Facilidad de hacer negocios (Doing Business)* es un informe anual del Grupo Banco Mundial que evalúa las regulaciones que favorecen o restringen la actividad empresarial. *Facilidad de hacer negocios (Doing Business)* se compone de indicadores cuantitativos sobre las regulaciones empresariales y la protección de los derechos de propiedad que se pueden comparar en 190 economías, desde Afganistán hasta Zimbabwe, y con el tiempo.

Facilidad de hacer negocios (Doing Business) analiza las regulaciones que afectan 11 áreas del ciclo de vida de una empresa. Diez de estas áreas están incluidas en la clasificación del año sobre la facilidad para hacer negocios: apertura de una empresa, manejo de permisos de construcción, obtención de electricidad, registro de propiedades, obtención de crédito, protección de los inversionistas minoritarios, pago de impuestos, comercio transfronterizo, cumplimiento de contratos y resolución de insolvencia. También mide la regulación del mercado laboral, que no está incluida en la clasificación del año.

Los indicadores se utilizan para analizar los resultados económicos e identificar qué reformas de la regulación empresarial han funcionado, dónde y porqué se han implementado.

Lecturas complementarias

EL RIESGO DE SER HABITANTE DE PAÍSES EN RIESGO

El llamado riesgo país nos refiere a una situación de emergencia permanente: un país podría ser inviable, y la potestad de decretar su muerte económica, a más de dos mil años, todavía depende del dedo de un César que perdona o condena a muerte.

Y esa es una de las manifestaciones de la condicionalidad en la cual nos debatimos quienes pertenecemos a esa categoría llamada "países en vías de desarrollo". La condicionalidad pareciera ser ahora un elemento común para determinar el tipo de relaciones entre los Estados, o entre estos y las agencias que determinan los sistemas monetarios y económicos a nivel mundial o regional.

Se esgrimen diversos argumentos para imponerla, y así asegurar el orden mundial, y la condicionalidad se traduce en disposiciones de carácter multilateral o unilateral, dependiendo del poder de quien la utilice. La condición se puede imponer por cuanto de un lado se acepta que las relaciones son asimétricas, y de otro lado se valida un único modelo social, económico, y político el cual se piensa debe ser adoptado por el resto del mundo.

Un problema inicial para los países en desarrollo es debatirse entre diferentes tipos de condicionalidad, y lograr un equilibrio entre ellos, puesto que cada uno de los actores que la impone tiene un patrón o noción diferente del orden que quiere promover o preservar. Es decir si obedece a uno podría no clasificar dentro de los parámetros que le fija otro.

Para el Fondo Monetario Internacional, el Banco Mundial, y el Banco Interamericano de Desarrollo, la condicionalidad se expresa en el paquete de ajuste estructural y en los préstamos que se conceden, para lo cual existe una larga lista de requisitos (si se realiza tal o cual modificación legal o económica; si la inflación baja a un dígito; si la tasa de cambio está en determinado rango, etc.). Su objetivo último es propiciar un ambiente en el cual las inversiones y el servicio de la deuda se privilegia. Han introducido conceptos de buen gobierno, transparencia en manejo de recursos como requisitos necesarios que matizan su insistencia en ser organismos "apolíticos".

Nuestros gobiernos confieren a las calificaciones provenientes de las agencias de valoración de riesgo, o al cumplimiento de los acuerdos con las Instituciones Financieras Internacionales (IFIS) la mayor atención, así les correspondan implementar políticas represivas para ganar el galardón de una calificación favorable, para poder concertar mayor deuda y alentar más la situación de riesgo social interno. La buena nota que permite pasar el examen se recibe por parte de los gobernantes con extrema complacencia y más semeja la continuidad de la agonía, que un empuje vital.

Se observa que estas calificaciones se explican por una serie de factores económicos que solo miden los mismos datos que conviene alimentar para aumentar una mayor deuda: es decir si ha sido buen pagador se le puede seguir prestando; si se esperan ingresos puede hipotecarse el futuro. Y estos factores son seguidos atentamente por quienes tienen el capital para invertir en los bonos que emite el país.

Las condiciones de cumplimiento de derechos económicos, sociales y culturales, y de los derechos ambientales se desestiman por cuanto significaría un retroceso, es decir la satisfacción mínima de los derechos es un estorbo para lograr los objetivos macroeconómicos, y por lo tanto puede ser riesgoso. Otro tanto sucede con los impactos de actividades productivas sobre el ambiente, que se mide por el dinero que podría producir y no por el pasivo ambiental que se genera.

Los factores sociales, ambientales, y políticos se ocultan o disfrazan al máximo y se evita que se traduzcan, en lenguaje escolar, en una mala nota. De lo que se trata es que los desajustes internos no traspasen a la esfera económica, y por tanto el efecto de situaciones como la guerra, en el caso colombiano no parece afectar su calificación. Tampoco han influido en otros conflictos como el caso de Centroamérica. Es decir pareciera que el esfuerzo gubernamental y el de las agencias que valoran el riesgo, es desestimar aquellas situaciones de conflicto, y hacer como si esto no generara peligro para la economía, o mejor, que esos son costos que ya están internalizados en sus operaciones y de los cuales no se puede inferir ningún riesgo.

Mientras tanto en el plano político, las agencias intergubernamentales insisten en la observancia de los derechos humanos de manera integral, coinciden en presentar la democracia representativa como el único sistema aprobado, y continuamente se le incorporan nuevos ingredientes, tales como: la transparencia de las actividades gubernamentales, probidad, responsabilidad de los gobiernos en la gestión pública, el respeto por los derechos sociales y la libertad de expresión y de prensa, respeto por el Estado de Derecho, etc.

Para las Naciones Unidas, por ejemplo, la observancia de los derechos humanos, implica el reconocimiento, aplicación y vigencia de los derechos humanos entendidos de manera integral, es decir una situación que asegure el respeto y la realización de todos ellos (civiles y políticos, económicos, sociales y culturales, y el desarrollo y respeto al medio ambiente), y diversos instrumentos promueven estos principios. La Comunidad Europea estableció en 1991, la "cláusula derechos humanos y democracia ", y como tal forma parte de los contratos que ahora la Unión Europea firma con otros países, en aplicación de las políticas o en la ejecución de los contratos de préstamos o de ayuda al desarrollo.

El otro aspecto de esta situación es que cualquier tipo de condicionalidad implica la ausencia de situaciones de riesgo o de posible quiebra del orden del país o conjunto de países, no importa que sus economías, y sociedades se encarguen de agravar las inequidades de otras partes de globo; o que a causa de su buen desempeño económico y mayor consumo, la relación con el medio ambiente y los recursos sea deficitaria.

Es por ello que tal vez convenga que en los países en desarrollo grupos de ciudadanos, ONGs propongan "condicionalidades desde la gente". Dentro de esta categoría estarían las demandas por el cumplimiento de estándares ambientales, laborales, de género, y demás elementos que nos aseguren un bienestar colectivo. Se trata de afirmar nuestra existencia y proponer fórmulas que articulen los diversos elementos y las diferentes dimensiones de la vida (humana, animal, vegetal); que asegure condiciones de equidad; que admita formas organizativas a nivel social diferentes de modelos que continuamente muestran limitaciones; que respeten creencias y culturas diversas, en fin que nos asegure que no hay un único patrón, o que los patrones o medidas que haya que construir no puedan ser unidimensionales.

El ejercicio del riesgo país alternativo al pensar en otros criterios y problematizar esa noción de riesgo país pareciera encajarse dentro de estas condicionalidades alternativas, ya que se basa en que los desequilibrios sean reflejados en esa contabilidad universal, que como cualquiera, solo consigna los datos que le convienen.

(Adaptado de la ponencia de Margarita Flórez)

↘ CLAVE

UNIDAD 1

Lección 1

I.
1. F 2. V 3. F 4. V 5. F 6. F 7. F
8. F 9. F 10. F

II.
1. No 2. Sí 3. Sí 4. Sí 5. No 6. No 7. Sí
8. No 9. Sí 10. Sí.

III.
1. globalización; económicos; transnacional/internacional/libre.
2. integración; integración; aranceles.
3. integración; disparidades/diferencias; Latinoamérica.

IV. Contestación libre.

V. Contestación libre.

VI. Contestación libre.

Lección 2

I.
1. F 2. V 3. F 4. F 5. F 6. V 7. V
8. V 9. V 10. V

II. Contestación libre.

III.
1. Franja y la Ruta; desarrollo; la Ruta de la Seda Marítima del Siglo XXI; galeones/barcos; especies.
2. Conjunto; global/mundial; conectividad; mutuo.
3. portavoz; lazos; compartidos; iniciativa; rueda.

IV. Contestación libre.

V. Contestación libre.

Lección 3

I.
1. F 2.V 3. F 4. F 5. V 6. F 7. V
8. V 9. V 10. F

II.
1. Tratado de Libre Comercio; vigor.
2. eliminar; bienes/productos.
3. bloques/comunidades/organizaciones regionales; acuerdos; Comercio.
4. acuerdo/tratado; Estados Unidos; Estados Unidos; presidente; Estados Unidos; vigor.

III. Contestación libre.

IV. Contestación libre.

V. Contestación libre.

UNIDAD 2

Lección 1

I. Contestación libre.

II. interanual; ralentización; superávit; guerra; comercial; tendencia; descenso; flujo; gigante; comparación; datos.

III. Contestación libre.

IV. Contestación libre.

V. Contestación libre.

Lección 2

I.
1. EXW Fábrica en lugar convenido
2. CFR Coste y flete...puerto de destino convenido
3. DAT Entregado en terminal...puerto de destino convenido
4. B/L Conocimiento de embarque
5. L/C Carta de crédito

II. Contestación libre.

III. Contestación libre.

IV. Contestación libre.

Lección 3

I. Contestación libre.

II. pagando; imposición; fricciones; intimidación; determinación; postura; impactos; escalada; socavando; arrastrando.

III. Contestación libre.

IV. Contestación libre.

UNIDAD 3

Lección 1

I. 1. F 2. F 3. F 4. V 5. V 6. V 7. V
8. F 9. V 10. V

II. Contestación libre.
III. Contestación libre.
IV. Contestación libre.
V. Contestación libre.
VI. Contestación libre.

Lección 2

I. Contestación libre.

II. convertirse; promover; tomar; know-how; aportación; potenciar; parcela; adquirir; apuesta; invertir.

III.
1. know-how; productos.
2. activos no corrientes; bienes inmuebles; maquinaria; material de oficina.
3. activo corriente; activo movible; existencias; materias primas; clientes.
4. activo intangible; inmaterial.

IV. Contestación libre.

V. Contestación libre.

VI. Plantas, coches, líneas de producción, depósitos bancarios/cuentas bancarias, acciones, depósitos a plazo de diez años, productos semiacabados, marcas registradas, tecnología patentada, existencias, tierra, efectivo, clientela, clientes/derechos a cobrar a clientes, derechos de autor, computadoras, software desarrollado propio, mobiliario de oficina, materias primas.

Activos tangibles		Activos intangibles
Activos corrientes	Activos no corrientes	
depósitos bancarios/cuentas bancarias, clientes/derechos a cobrar a clientes, existencias, acciones, productos semiacabados, efectivo, materias primas.	plantas, coches, líneas de producción, depósitos a plazo de diez años, tierra, computadoras, mobiliario de oficina,	clientela, derechos de autor, software desarrollado propio, marcas registradas, tecnología patentada,

UNIDAD 4

Lección 1

I.

1. F	2. V	3. V	4. F	5. V	6. V	7. F
8. F	9. V	10. F				

II. Contestación libre.

III. Contestación libre.

IV. Contestación libre.

Lección 2

I. 1. F 2. V 3. V 4. F 5. V 6. F 7. F 8. V 9. F

II. Contestación libre.

III. Contestación libre.

IV. Contestación libre.

V. A.

La cuanta de P y G de la actividad			
Ingresos		Gastos	
Ingreso por las matrículas	31.000	*Alquiler del aula en el centro de la ciudad*	10.000
		Marketing	3.200
		Remuneración para los administrativos y personal de seguridad	5.500
		Agua y luz	2.850
		Transporte	760
Total ingresos	**31.000**	**Total gastos**	**22.310**
Resultado	**8.690**		

El cursillo tiene un resultado positivo, han ganado dinero los estudiantes, obtienen una renta de 8.690 euros.

B. 1.

Activos	Pasivos
Dinero en efectivo -> 13.500€ *Derechos sobre clientes A-> 20.000€* *Derechos sobre clientes B-> 6.000€* *Edificio de su propiedad-> 61.000€* *Maquinaria-> 31.000€* *Cuentas bancarias -> 21.000€* *Lámparas hechas en el almacén-> 14.000€* *Planta de fabricación-> 50.000€*	*Deudas con los proveedores de su materia prima -> 19.500€* *Préstamo a devolver en 5 años -> 20.000€* *Préstamo a devolver en 3 años -> 51.000€* *Préstamos a devolver en 3 meses -> 12.500€*
216.500€	*103.000€*
Patrimonio neto: 216.500 – 103.000 = 113.500€	

2.

BALANCE DE SITUACIÓN DE EMPRESA "Fantasía S.L."	
Activo	Patrimonio neto
Construcción: 111.000	Fondos propios: 113.500
Maquinaria: 31.000	
Mercaderías: 14.000	Pasivo
Cliente: 26.000	Deudas con entidades de crédito: 71.000
Caja: 13.500	Proveedor: 19.500
Banco: 21.000	Deudas a corto plazo con entidades de crédito: 12.500
Total activo: 216.500	**Total pasivo: 216.500**

Lección 3

I. 1. F 2. F 3. F 4. V 5. V 6. F 7. F 8. V 9. F 10. F

II. Contestación libre.

III. Contestación libre.

IV. A.

Ingresos		Gastos	
ingreso de su curso en línea	25.000	gastos de mantenimiento de los servidores	10.000
Intereses financieros	900	Sueldo y otros gastos personales	4.200
		Gastos de publicidad	2.000
		Aprovisionamiento	1.000
Total ingresos	**25.900**	**Total gastos**	**17.000**
Resultado	**8.900**		

El impuesto de sociedad que debe pagar la empresa en este ejercicio es:

8.900 × 25%=2.225

B.

1.700 × 12=20.400

12.450 × 19%+(20.200-12.450) × 24%+(20.400-20.200) × 30%=2.365,5+1.860+60=
4.285,5

C.

Factura

N.º de factura: XXX *Fecha de factura: 10-11-2019*

Emisor: SUPERTEC S.L. Av. Jimena, 87, 28001, Madrid. NIF: Y5803780-M

Tel. 987543290. Fax 987543291. Email: info@supertec.com

Facturar a: MIAQUESA, S.A. C/Molinés, 52, 08020, Barcelona. NIF: Y4589432-A

Cantidad	Descripción	Precio unitario	Total
2	**Portátiles**	**500**	**1,000**
3	**Ordenadores**	**400**	**1,200**

Subtotal sin IVA: 2,200

IVA 21%: 462

Fecha de vencimiento: 09-12-2019

Total a pagar en EUR: 2662

UNIDAD 5

Lección 1

I. 1. F 2. F 3. V 4. F 5. V 6. V 7. F
8. V 9. V 10. V

II.

1. licitación	<u>concurso</u>
2. anuncio	<u>convocatoria</u>
3. oferente	<u>proponente</u>
4. propuesta	<u>oferta</u>
5. financiamiento	<u>préstamo</u>
6. aval	<u>garantía</u>
7. proveedor	<u>abastecedor</u>
8. adjunto	<u>adherido</u>
9. reclamo	<u>protesta</u>
10. rubro	<u>rama</u>

III.
1. de, a, de, en, de, de, en, de
2. a, de, en, en, a, hasta, en, con, por, de, a, de
3. de, a, a, en, en, de, por, en, de, en, a, a, en

IV. Contestación libre.

V. Contestación libre.

Lección 2

I.

compromiso	<u>deber</u>
acreditar	<u>atestiguar</u>
convocante	<u>llamador</u>
monto	<u>volumen</u>
impuesto	<u>tributo</u>
oficio	<u>expediente</u>
providencias	<u>disposición</u>
suscribir	<u>firmar</u>
conducente	<u>causante</u>

prescripción <u>descripción</u>

II. Distinguidos; una carta de invitación; consultoría; dirigirnos; esta licitación; adjuntos; por triplicado; de antemano; candidatura; ampliar.

III.

Cálculo de los costos indirectos	非直接成本计算
Honorarios, sueldos y prestaciones	报酬、工资和补助
Personal Directivo	领导人员
Personal Técnico	技术人员
Personal Administrativo	管理人员
Pasajes y viáticos del personal	人员差旅费
Depreciación, mantenimiento y rentas	折旧、维修和（固定资产）税
Edificios y locales	楼宇和场地
Locales de mantenimiento y guarda	维护和警卫场地
Bodegas	仓库
Instalaciones generales	总体安装
Equipos, Muebles y enseres	设备、家具和必要设施
Depreciación o renta y operación de vehículos	折旧和车辆税费
Servicios de los siguientes conceptos	以下项目的服务费
Consultores, asesores y servicios	咨询、顾问和服务
Estudios e investigaciones	研究和调查
Gastos de oficina	办公费用
Papelería y útiles de escritorio	办公用品
Correos, teléfonos, telégrafos y radio	邮件、电话、电报和无线通信
Equipo de computación	电脑设备
Copias y duplicados	复印和复件
Luz, gas y otros consumos	电费、煤气费和其他消费
Gastos de licitación	投标费用

IV. Contestación libre.

V. Contestación libre.

Lección 3

I. Contestación libre.

II. debidamente；licitante；aclaraciones；en representación de un tercero；en forma electrónica；se levante；Acudir；convocatoria；apertura de proposiciones.

III.
1. llamado; Anuncio.
2. procedimiento; pública, publicación.
3. interesados; documentos; reembolsable.
4. licitante; contratante; adjudicación.
5. intereses; tasa; demora.

IV. Contestación libre.

V. Contestación libre.

VI. Contestación libre.

UNIDAD 6

Lección 1

I. 1. V 2. F 3. V 4. V 5. V 6. F 7. V
8. V 9. F 10. V

II. Contestación libre.

III. 1. internet; economía digital; proporcionarnos.
2. han establecido; redes sociales; proveedores; clientes.
3. aplicación; usuarios; acceso; plataforma.

IV. Contestación libre.

V. Contestación libre.

VI. Contestación libre.

Lección 2

I. 1. V 2. V 3. F 4. F 5. V 6. V 7. F
8. V 9. F 10. V

II. Contestación libre.

III. 1. nicho de mercado.
2. intermediario.
3. mayorista; minorista.
4. costo; coste.
5. buscador.

IV. Contestación libre.

V. Contestación libre.

VI. 1. Es una plataforma de B2B.
2. Es una plataforma de C2C.

UNIDAD 7

Lección 1

I. 1. BID <u>Banco Interamericano de Desarrollo</u>
2. CAF <u>Corporación Andina de Fomento</u>

3. BM Banco Mundial
4. FMI Fondo Monetario Internacional
5. OMC Organización Mundial de Comercio
6. CEPAL Comisión Económica para América Latina y el Caribe

II. multilateral; fundamental; correr; perfil; presencia; actor; proporcionando; modo; posibilitar; mediano.

III. Contestación libre.

IV. Contestación libre.

Lección 2

I. cultura, esferas, civil, sostenibilidad, productividad, transformar, gestionar, instancia,valor, cadena, vital, extensivos

II.

无贫穷	Poner fin a la pobreza en todas sus formas en todo el mundo.
零饥饿	Poner fin al hambre, lograr la seguridad alimentaria y la mejora de la nutrición y promover la agricultura sostenible.
良好健康与福祉	Garantizar una vida sana y promover el bienestar para todos en todas las edades.
优质教育	Garantizar una educación inclusiva, equitativa y de calidad y promover oportunidades de aprendizaje durante toda la vida para todos.
性别平等	Lograr la igualdad entre los géneros y empoderar a todas las mujeres y las niñas.
清洁饮水和卫生设施	Garantizar la disponibilidad de agua y su gestión sostenible y el saneamiento para todos.
经济适用的清洁能源	Garantizar el acceso a una energía asequible, segura, sostenible y moderna para todos.
体面工作和经济增长	Promover el crecimiento económico sostenido, inclusivo y sostenible, el empleo pleno y productivo y el trabajo decente para todos.
产业、创新和基础设施	Industria, innovación e infraestructura.
减少不平等	Reducir la desigualdad en y entre los países.
可持续城市和社区	Lograr que las ciudades y los asentamientos humanos sean inclusivos, seguros, resilientes y sostenibles.
负责任消费和生产	Garantizar modalidades de consumo y producción sostenibles.
气候行动	Adoptar medidas urgentes para combatir el cambio climático y sus efectos.

水下生物	Conservar y utilizar en forma sostenible los océanos, los mares y los recursos marinos para el desarrollo sostenible.
陆地生物	Gestionar sosteniblemente los bosques, luchar contra la desertificación, detener e invertir la degradación de las tierras y detener la pérdida de biodiversidad.
和平、正义与强大机构	Promover sociedades justas, pacíficas e inclusivas.
促进目标实现的伙伴关系	Revitalizar la alianza mundial para el desarrollo sostenible.

III. Contestación libre.

IV. Contestación libre.

V. Contestación libre.

VI. Contestación libre.

UNIDAD 8

Lección 1

I. emiten; recopilación; financiera; complementada; directivo; interpretados; determinada; cuestión; estándar; nomenclatura.

II.

主权债务评级	calificación de la deuda soberana
评级机构	agencias de calificación
债务发行人信用	crédito del emisor
债券信用	crédito de la emisión
长期信用评级	calificación crediticia a largo plazo
短期信用评级	calificación crediticia a corto plazo
基金稳定性评级	calificación de volatilidad de fondos
财务稳健性评级	calificación de solidez financiera
中小企业发展评级	calificación de evaluación de PyMES
展望评级：积极、负面、稳定	calificación de perspectiva: positiva, negativa, estable

III. Contestación libre.

IV. Contestación libre.

Lección 2

I.

índice de facilidad para hacer negocios	营商便利化指数
manejo de permisos de construcción	建设许可的管理
registro de propiedades	产权登记
obtención de crédito	贷款的获得

protección de los inversionistas minoritarios	对少数投资人的保护
pago de impuestos	税收缴纳
comercio transfronterizo	跨境贸易
cumplimiento de contratos	履约
resolución de insolvencia	破产的解决
regulación del mercado laboral	劳动力市场的有序化

II. Contestación libre.

III. Contestación libre.

IV. Contestación libre.